知识产权密集型产业报告

中美韩与拉美五国卷

ZHISHI CHANQUAN MIJIXING CHANYE BAOGAO
ZHONG MEI HAN YU LAMEI WUGUO JUAN

国家知识产权局战略规划司 组织编写

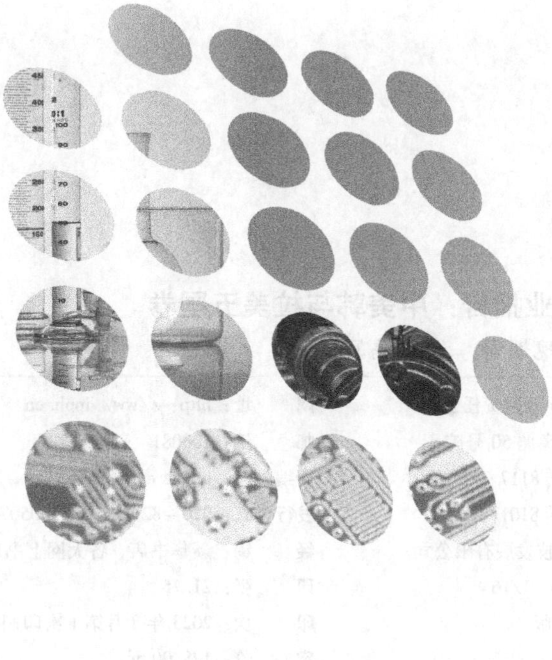

知识产权出版社
全国百佳图书出版单位
—北京—

图书在版编目（CIP）数据

知识产权密集型产业报告. 中美韩与拉美五国卷/国家知识产权局战略规划司组织编写. —北京：知识产权出版社，2023. 8

ISBN 978 - 7 - 5130 - 8826 - 8

Ⅰ. ①知…　Ⅱ. ①国…　Ⅲ. ①知识产权—研究报告—世界　Ⅳ. ①D913. 404

中国国家版本馆 CIP 数据核字（2023）第 130547 号

责任编辑：黄清明　　**责任校对**：潘凤越
执行编辑：刘林波　　**责任印制**：刘译文
封面设计：智兴设计室 · 索晓青

知识产权密集型产业报告：中美韩与拉美五国卷

国家知识产权局战略规划司　组织编写

出版发行：知识产权出版社有限责任公司　　**网　址**：http：//www. ipph. cn
社　址：北京市海淀区气象路 50 号院　　**邮　编**：100081
责编电话：010 - 82000860 转 8117　　**责编邮箱**：hqm@ cnipr. com
发行电话：010 - 82000860 转 8101/8102　　**发行传真**：010 - 82000893/82005070/82000270
印　刷：北京中献拓方科技发展有限公司　　**经　销**：新华书店、各大网上书店及相关专业书店
开　本：787mm × 1092mm　1/16　　**印　张**：21. 75
版　次：2023 年 8 月第 1 版　　**印　次**：2023 年 8 月第 1 次印刷
字　数：390 千字　　**定　价**：128. 00 元

ISBN 978 - 7 - 5130 - 8826 - 8

编委会

主　编： 李眈陆

副主编： 葛　树　刘菊芳

编　委： 刘　磊　李凤新　常　伟　李斌卫　李　硕
朱丹丹　方风雷　何　平　倪　苹

统　稿： 李　硕

校　对： 李　硕　倪　苹

译　者： 何　平　李　硕　倪　苹　金善花　何新宇
黄　煌　韩尚容　彭燕芬　宋　毅　宋雅琳

目　录

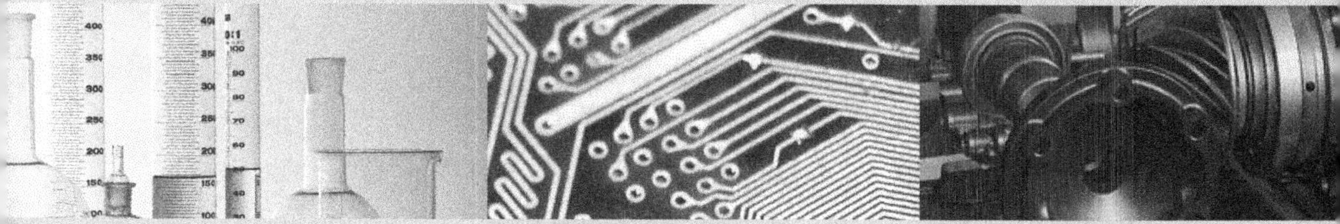

2021年中国知识产权（专利）密集型产业统计报告

国家知识产权局战略规划司　编写

2022年2月

目 录

摘 要*

知识产权（专利）密集型产业具有创新能力突出、市场竞争力强的特点，培育壮大知识产权（专利）密集型产业是“十四五”时期推动知识产权融入产业创新发展、助力经济高质量发展的重要举措。国家知识产权局与国家统计局联合公告显示，2020 年全国知识产权（专利）密集型产业增加值达到 12.13 万亿元，同比增长 5.8%（未扣除价格因素，下同），高于同期国内生产总值（GDP）现价增速 3.1 个百分点。

国家知识产权局战略规划司委托第三方机构开展了进一步统计分析❶，数据表明，2020 年，我国知识产权（专利）密集型产业对于提升经济效益、促进创新、稳定就业的贡献更加突出，具体呈现以下特点。

一是发展韧性大，对经济增长拉动作用强。在新冠疫情造成较大冲击的背景下，2020 年我国知识产权（专利）密集型产业增加值实现较快增长，较上年增长 5.8%，占国内生产总值（GDP）的比重达到 11.97%，较上年提高 0.35 个百分点，对 GDP 增长的贡献率达到 24.6%。其中，信息通信技术服务业、医药医疗产业和研发、设计和技术服务业等知识产权（专利）密集型产业增加值分别同比增长 15.7%、10.1% 和 5.9%，成为带动经济高质量发展的重要产业。从国际比较来看，欧盟❷2017—2019 年知识产权（专利）密集型产业增加值占 GDP 比重为 17.4%，我国知识产权（专利）密集型产业仍有较大成长空间。

二是经济效益好，产业利润率实现快速增长。2020 年，我国知识产权（专利）密集型产业成本费用利润率❸为 9.8%，较上年提高 0.7 个百分点，比非知识产权（专利）密集型产业高出 2.8 个百分点。成本费用利润率排名前三的产业依次为医药医疗产业（22.0%）、信息通信技术服务业（20.7%）和研发、设计和技术服务业（15.8%）。

三是创新能力强，新产品销售收入占比进一步提高。知识产权（专利）

---

* 本报告因统计分析需要，统计数据未做配平处理。

❶ 委托北京立言创新科技咨询中心开展相关统计分析工作。基础数据来源于《中国统计年鉴》《中国工业统计年鉴》《中国第三产业统计年鉴》《中国科技统计年鉴》《中国劳动统计年鉴》《知识产业统计年报》等统计资料。

❷ 欧盟数据来自 2022 年 10 月欧洲专利局与欧盟知识产权局联合发布的《欧盟知识产权密集型产业与经济表现》报告，下同。

❸ 指利润总额与成本费用总额的比值，其中成本费用总额为营业成本与管理费用之和。利润总额统计使用规模以上企业数据。除增加值、就业人员数、就业人员平均工资外，其他指标均为规模以上企业数据。

密集型产业新产品销售收入占营业收入比重为35.7%，较上年提高2.6个百分点，比非知识产权（专利）密集型产业高17.1个百分点。新产品销售收入占营业收入比重排名前三的产业依次为：信息通信技术服务业（48.3%）、信息通信技术制造业（42.4%）和研发、设计和技术服务业（39.2%）。

四是创新投入强度高，研发经费和人力投入继续加大。2020年，我国知识产权（专利）密集型产业R&D经费投入强度[1]达到2.3%，较上年提高0.15个百分点，是非知识产权（专利）密集型产业的2.1倍。知识产权（专利）密集型产业R&D人员投入强度[2]达到928人/万人，较上年提高65人/万人，是非知识产权（专利）密集型产业的1.7倍。

五是吸纳就业稳中有升，劳动生产率[3]稳步提高。2020年，我国知识产权（专利）密集型产业就业人员数为4676.6万人，较上年增加38.4万人，占全社会就业人员比重为6.2%。知识产权（专利）密集型产业以占全社会6.2%的就业人员，创造了全国近12.0%的GDP。知识产权（专利）密集型产业劳动生产率达到25.9万元/人，较上年提高4.9%，是非知识产权（专利）密集型产业劳动生产率的2.0倍。

六是平均工资收入高，从业人员高收入特点与欧美类似。2020年，我国知识产权（专利）密集型产业城镇非私营单位就业人员年平均工资为11.1万元，同比增长8.8%，比非知识产权（专利）密集型产业城镇非私营单位就业人员年平均工资（9.4万元）高18.1%、工资增速（7.5%）高出1.3个百分点，与欧美知识产权（专利）密集型产业就业人员年平均工资较高、增速更快的特点相似。

七是专利密集型产业发明专利密集度远高于非专利密集型产业。2016—2020年，我国专利密集型产业年均发明专利授权量为21.6万件（不包括港澳台，下同），占全部国民经济行业发明专利授权总量的61.8%，比2015—2019年提高了1.3个百分点。专利密集型产业发明专利密集度[4]达到230件/万人（万名就业人员，下同），人均比2015—2019年提高了28件，是全部国民经济行业平均水平的10.0倍，是非专利密集型产业的24.6倍[5]。其中，研发、设计和技术服务业的发明专利密集度最高，为1231件/万人；其次为环保产业，为365件/万人；再次为新材料制造业，为240件/万人。与2015—2019年比较，各产业的发明专利密集度均有所提高。

---

[1] 指R&D经费内部支出与营业收入的比值。

[2] 指R&D人员数与平均用工人数的比值。

[3] 指产业增加值与平均就业人员数的比率。增加值数据为2020年当年价，未考虑价格因素。

[4] 指5年期间平均每万名就业人员的发明专利授权量，即5年发明专利授权总量除以相应期间的年平均就业人员数。

[5] 根据《知识产权统计年报》《中国统计年鉴》，2015—2019年、2016—2020年我国发明专利授权总量分别为1599420件、1776675件，年平均就业人员数为75970万人、75719万人，计算得到发明专利密集度为21件/万人、23件/万人。

1 研究意义

创新是引领发展的第一动力。我国经济已由高速增长阶段转向高质量发展阶段，知识产权作为国家发展战略性资源和国际竞争力核心要素的作用更加凸显，知识产权密集型产业已成为经济高质量发展的重要支撑。《中华人民共和国国民经济和社会发展第十四个五年规划和2035年远景目标纲要》明确要"更好保护和激励高价值专利，培育专利密集型产业"，《知识产权强国建设纲要（2021—2035年）》《"十四五"国家知识产权保护和运用规划》提出，到2025年专利密集型产业增加值占GDP比重达到13%，版权产业增加值占GDP比重达到7.5%。开展知识产权密集型产业统计监测对于落实党中央、国务院有关决策部署具有重要意义。

首先，知识产权密集型产业在塑造世界经济格局中发挥重要作用。现代知识产权制度起源于西方，为部分发达国家的创新发展和快速崛起提供了巨大助力。欧美等发达经济体高度重视知识产权密集型产业发展，自2012年起，美国、欧盟、英国、韩国及拉美等国家和地区相继发布知识产权密集型产业统计报告，报告显示知识产权密集型产业有力贡献了该国（地区）经济增长，为实现更高就业质量、更具竞争力的贸易提供了强大动力。对于我国而言，追踪国际知识产权密集型产业研究最新动向，开展本国知识产权密集型产业统计监测，有利于在全球产业经济格局下衡量、评估和比较我国相关产业发展状况，为我国由知识产权大国向强国迈进、增强产业竞争力提供更加广阔的国际视野。

其次，培育知识产权密集型产业是推动经济高质量发展的有力抓手。我国正在加快建设创新引领、协同发展的现代化产业体系。知识产权是创新发展的刚需，是国际贸易的标配。构建现代化产业体系，需要更加高效集聚创新要素，充分发挥知识产权市场价值，塑造经济增长"新动能"，打造换挡升级"新引擎"，培育产业发展"新优势"。加强知识产权密集型产业统计监测，有利于更加准确把握知识产权与产业经济融合发展的主攻方向，为推动经济高质量发展提供更为有力的支撑。

再次，发展知识产权密集型产业是推进知识产权强国建设的重要内容。建设激励创新发展的知识产权市场运行机制是推动知识产权强国建设的重点任务之一。知识产权密集型产业集中体现了知识产权与科技创新、产业发展的紧密融合，其对国民经济的贡献，已成为知识产权强国建设的一个重要标志。随着我国知识产强国建设的深入推进，知识产权将在资源配置中发挥更加强大的作用。这就要求健全专利密集型产业增加值核算与发布机制，加强统计监测评价，更好反映知识产权强国建设成效。

总之，开展知识产权密集型产业统计监测，能够为知识产权密集型产业相关政策制定提供数据依据，有利于推动知识产权与产业深度融合发展、促进知识产权转换为现实生产力、更好助力我国经济社会高质量发展。

2 研究方法和数据来源

2.1 研究方法

专利是专利权的简称，它是国家按专利法授予专利权人在一定时间内对其发明创造成果所享有的独占实施权。我国专利密集型产业分类参考国际常用方法，兼顾我国产业发展特色，确定了以定量测度行业发明专利密集度和规模等指标为主、定性考虑政策引导性等因素为辅的分类方法。2016 年 9 月，国家知识产权局发布《专利密集型产业目录（2016）》（试行）。2019 年 4 月，国家统计局发布《知识产权（专利）密集型产业统计分类（2019）》（以下简称《分类》）。

根据《分类》，专利密集型产业是指发明专利密集度、规模达到规定的标准，依靠知识产权参与市场竞争，符合创新发展导向的产业集合。专利密集型产业的范围包括信息通信技术制造业，信息通信技术服务业，新装备制造业，新材料制造业，医药医疗产业，环保产业，研发、设计和技术服务业等七大类。

专利密集型产业至少应当具备下列条件之一：

（1）行业发明专利规模和密集度均高于全国平均水平；

（2）行业发明专利规模和 R&D 投入强度高于全国平均水平，且属于战略性新兴产业、高技术制造业、高技术服务业；

（3）行业发明专利密集度和 R&D 投入强度高于全国平均水平，且属于战略性新兴产业、高技术制造业、高技术服务业。

对于工业行业，上述条件中的平均水平是指工业平均水平。

首先，计算行业发明专利规模。发明专利规模指连续 5 年期间发明专利授权量之和。

其次，计算行业发明专利密集度。发明专利密集度指单位就业人员连续 5 年期间获得的发明专利授权量，即发明专利规模与同一时期年平均就业人员数之比。

再次，计算行业 R&D 投入强度。R&D 投入强度指 R&D 经费支出与主营业务收入之比。R&D 是指为增加知识存量（也包括有关人类、文化和社会的知识）以及涉及已有知识的新应用而进行的创造性、系统性工作。

最后，考虑政策引导性。专利密集型产业统计分类兼顾考虑与国家政策性文件的衔接，包括战略性新兴产业、高技术制造业、高技术服务业等。

2.2 数据口径、来源与整理

2.2.1 分行业专利数据

（1）专利数据口径与来源。本期报告使用的专利数据为 2015—2020 年国内发明专利授权数据，来源于国家知识产权局。专利可划分为职务发明专利和非职务发明专利。职务发明，是指执行本单位的任务或者主要是利用本单位的物质条件所完成的发明创造，申请专利的权利属于本单位，按照申请人类型可划分为企业、高等院校、科研单位和事业单位；非职务发明申请专利的权利则属于个人。基于专利对经济社会的价值贡献不仅仅局限于企业专利，因此本报告专利数据包含企业、高等院校、科研单位、事业单位和个人在内的全口径数据。

（2）技术领域对照依据国际专利分类（IPC）。国际专利分类（International Patent Classification，IPC）是目前国际唯一通用的专利文献分类和检索工具，为世界各国所必备。我国专利分类便采用 IPC 分类。《国际专利分类表》是根据 1971 年签订的《国际专利分类斯特拉斯堡协定》编制的。1999—2005 年，IPC 联盟大会成员国、世界知识产权组织对其进行了改革，形成了第 8 版的基本版和高级版两级结构。一个完整的 IPC 分类号由代表部、大类、小类、大组、小组的符号组合构成，即把整个技术领域分成 5 个等级。2018 年 9 月，国家知识产权局编制印发《国际专利分类与国民经济行业分类参照关系表（2018）》（国知办发规字〔2018〕31 号），为专利与国民经济行业对接提供了桥梁。

（3）采用分数计数方法。采用 IPC 对照，一项专利可能对应多个行业（产业），因此专利数据有两种计数方法：一是整数计数方法，对于一项专利对应的每个产业都计数 1 次，即若 1 件专利对应 n 个产业，则在每个产业中都计数 1 件。显然，专利按行业（产业）对应的整体计数之和大于专利总数。二是分数计数方法，对于一项专利对应的每个产业给出均等的分数计数，即若 1 件专利对应 n 个产业，则在每个产业中都计数 $1/n$ 件。

由此，专利按行业（产业）对应的整体计数之和等于专利总数。本报告即采用第二种计数方法，即分数计数方法。

2.2.2 分行业经济社会数据

（1）统计依据。知识产权（专利）密集型产业依据《知识产权（专利）密集型产业统计分类（2019）》进行统计，对应188个国民经济小类行业，其中工业小类155个，信息传输、软件和信息技术服务业小类21个，科学研究和技术服务业小类12个。

（2）数据来源。分行业相关经济社会数据主要包括财务数据、科技数据、就业数据和核算数据。其中，营业收入、营业成本、管理费用、利润总额、平均用工人数等财务数据来源于《中国统计年鉴》《中国工业统计年鉴》《中国第三产业统计年鉴》《中国经济普查年鉴》等年鉴和年报。R&D人员数、R&D经费内部支出、新产品销售收入等科技数据来源于《中国科技统计年鉴》《全国企业创新调查年鉴》等年鉴和年报。就业人员数、就业人员平均工资等就业工资数据来源于《中国人口和就业统计年鉴》《中国劳动统计年鉴》《中国人口普查资料》等年鉴和年报。增加值等核算数据来源于国家知识产权局和国家统计局联合公告。

3 知识产权（专利）密集型产业的经济贡献

2020 年，是全面建成小康社会和“十三五”规划收官之年，也是谋划“十四五”规划的关键之年。数据显示，我国专利密集型产业取得高质量发展，经济规模稳步扩大，经济效益不断提高，新产品竞争力快速提升，创新能力明显增强，成为优化经济结构、培育发展新动能的重要支撑力量。

3.1 带动就业效果明显

2020 年，我国专利密集型产业带动就业效果明显。专利密集型产业就业人员占全社会就业人员的比重为 6.23% *，比 2019 年提高了 0.08 个百分点。其中，制造业相关行业中的信息通信技术制造业，医药医疗产业，环保产业，以及服务业相关行业中的信息通信技术服务业，研发、设计和技术服务业不断提高（见图 1、表 1）。

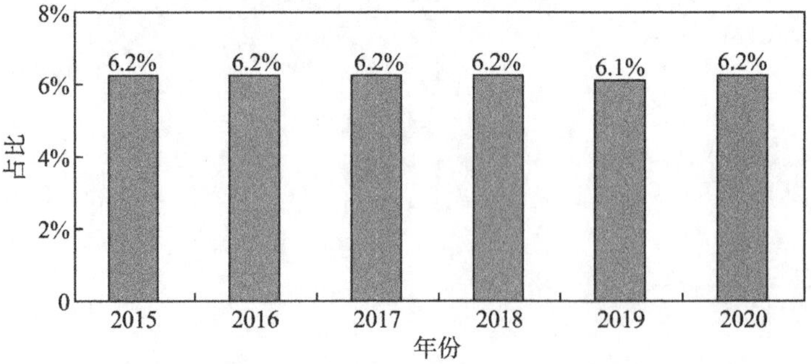

图 1 专利密集型产业就业人员占比变化

表 1 专利密集型产业就业人员占比重 （单位：%）

分类名称	2019 年	2020 年	提高
专利密集型产业	6.15	6.23	0.08
信息通信技术制造业	1.39	1.44	0.05
新装备制造业	1.92	1.91	-0.01
新材料制造业	0.54	0.52	-0.02

* 图 1 中为 6.2%，是约数。全书文中数字可能与图表中有差异，以下不再说明。

续表

分类名称	2019 年	2020 年	提高
医药医疗产业	0.43	0.46	0.03
环保产业	0.11	0.11	0.00
信息通信技术服务业	1.34	1.36	0.02
研发、设计和技术服务业	0.42	0.43	0.01
非专利密集型产业	93.85	93.77	-0.08

从国际比较看，2019 年美国专利密集型产业就业人员占全社会就业人员比重为13%，2017—2019 年欧盟为 11.0%，2014—2019 年拉丁美洲国家在 5.9%～7.9% 范围❶，2015 年韩国为 15.7%，2017—2019 年英国为 4.7%（见表 2）。

表 2　主要国家或组织专利密集型产业就业人员占比

国家或地区	中国	美国	欧盟	拉丁美洲国家	韩国	英国
年份	2020	2019	2017—2019	2014—2019	2015	2017—2019
占比（%）	6.23	13	11.0	5.9～7.9	15.7	4.7

3.2　经济规模稳步扩大

2020 年，我国专利密集型产业增加值为 121289 亿元，比 2019 年增长 5.8%（未扣除价格因素，下同），比同期国内生产总值（GDP）现价增速（2.74%）高 3.1 个百分点；占 GDP 的比重为 11.97%，比 2019 年提高 0.35 个百分点（见表 3）。

表 3　专利密集型产业增加值占 GDP 比重　　（单位：%）

分类名称	2019 年	2020 年	提高
专利密集型产业	11.62	11.97	0.35
信息通信技术制造业	2.33	2.39	0.06
新装备制造业	3.45	3.37	-0.08
新材料制造业	1.42	1.39	-0.03
医药医疗产业	1.01	1.08	0.07
环保产业	0.26	0.27	0.01
信息通信技术服务业	2.31	2.61	0.30
研发、设计和技术服务业	0.83	0.86	0.03
非专利密集型产业	88.38	88.03	-0.35

❶ 拉丁美洲国家知识产权（专利）密集型产业就业人员占全社会就业人员比重分别为：2019 年墨西哥为 7.1%，2014—2019 年阿根廷、智利、乌拉圭为 7.9%、5.9%、7.8%，2015—2018 年秘鲁为 6.9%。拉丁美洲国家之间就业人员数统计口径不同，如私营单位或全部单位、在岗职工或全部就业人员等，为了提高可比性，报告给出的以上占比为调整后数据，但未给出 5 国总体占比数据。

从内部结构看，新装备制造业规模最大，增加值为34194亿元，占专利密集型产业增加值的比重为28.2%；其次是信息通信技术服务业，增加值为26415亿元，所占比重为21.8%，由上年总量第3位上升到第2位；再次是信息通信技术制造业，增加值为24177亿元，所占比重为19.9%；规模最小的是环保产业，增加值为2748亿元，所占比重为2.3%。

从增长速度看，信息通信技术服务业增长15.7%，增长最快。受国内外防疫产品需求旺盛、企业加大安排生产等因素拉动，医药医疗产业增速加快，增长10.1%，比上年提高4.7个百分点。

从国际比较看，最新数据显示，2019年美国专利密集型产业增加值占美国GDP的比重为24%；2017—2019年欧盟的该占比为17.4%；2014—2019年拉丁美洲国家的该占比为19.3%[1]；2015年，韩国的该占比为27.3%；2017—2019年，英国的为8.2%[2]（见表4）。

表4　主要国家或组织专利密集型产业增加值占该国或组织GDP的比重

国家或地区	中国	美国	欧盟	拉丁美洲国家	韩国	英国
年份	2020年	2019年	2017—2019年	2014—2019年	2015年	2017—2019年
占比（%）	11.97	24	17.4	19.3	27.3	8.2

3.3　工资水平普遍较高

2020年，我国专利密集型产业城镇非私营单位就业人员平均工资为111267元，比2019年增长8.8%。专利密集型产业就业人员工资水平及提升速度均优于全部国民经济行业平均水平（见表5）。

表5　专利密集型产业就业人员平均工资　（单位：元）

分类名称	2019年	2020年	提高（%）
全部国民经济行业	90501	97379	7.6
#工业	82917	85966	7.6
#专利密集型产业	102302	111267	8.8
信息通信技术制造业	84209	90847	7.9
信息通信技术服务业	162142	178507	10.1
新装备制造业	87925	93807	6.7

[1] 拉丁美洲国家知识产权（专利）密集型产业增加值占GDP比重分别为：2019年墨西哥为23.0%，2014—2019年阿根廷、智利、乌拉圭为13.5%、8.4%、22.8%，2015—2018年秘鲁为23.0%。

[2] 英国知识产权（专利）密集型产业增加值核算基于年度企业调查，为非金融企业部门数据。金融机构部门数据缺失。

续表

分类名称	2019 年	2020 年	提高（%）
新材料制造业	84740	92096	8.7
医药医疗产业	88523	98644	11.4
环保产业	72115	76865	6.6
研发、设计和技术服务业	133712	140610	5.2
非专利密集型产业	87057	93589	7.5

其中，服务业相关行业中的信息通信技术服务业，研发、设计和技术服务业的就业人员平均工资较高，分别达到 178507 元、140610 元；制造业相关行业普遍高于制造业平均水平[1]。与 2019 年比较，医药医疗产业就业人员平均工资增长最快，其次为信息通信技术服务业。

3.4 经济效益不断提高

2020 年，我国专利密集型产业营业收入利润率为 8.4%[2]，比 2019 年提高了 0.6 个百分点，比 2015 年提高了 1.1 个百分点，比非专利密集型产业高 2.1 个百分点。其中，医药医疗产业，信息通信技术服务业，研发、设计和技术服务业等超过 10%。与 2019 年比较，绝大多数产业有不同程度的提高，信息通信技术服务业略有下降（见图 2、表 6）。

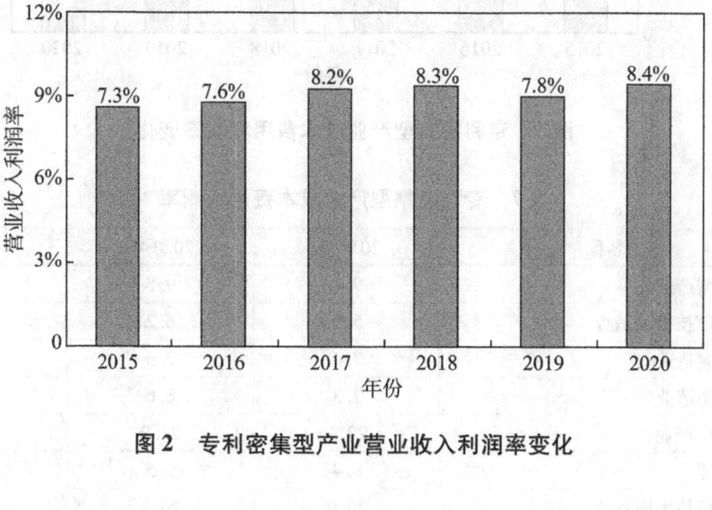

图 2　专利密集型产业营业收入利润率变化

❶ 根据《中国劳动统计年鉴》，2019 年、2020 年我国制造业就业人员平均工资分别为 78147 元、82783 元。

❷ 根据《中国统计年鉴》，2019 年、2020 年我国规模以上工业企业利润总额分别为 65799.0 亿元、68465.0 亿元，营业收入为 1067397.2 亿元、1083658.4 亿元，计算得到营业收入利润率为 6.2%、6.3%。

表6　专利密集型产业营业收入利润率　　（单位：%）

分类名称	2019 年	2020 年	提高
专利密集型产业	7.8	8.4	0.6
信息通信技术制造业	5.4	5.7	0.3
新装备制造业	6.6	6.8	0.2
新材料制造业	6.5	7.6	1.2
医药医疗产业	13.5	15.0	1.5
环保产业	7.5	8.4	0.9
信息通信技术服务业	14.6	14.4	-0.1
研发、设计和技术服务业	12.2	12.9	0.7
非专利密集型产业	6.2	6.3	0.0

2020 年，我国专利密集型产业成本费用利润率达到 9.8%❶，比 2019 年提高了 0.7 个百分点，比 2015 年提高 1.5 个百分点，比非专利密集型产业高 2.7 个百分点。其中，七大产业的成本费用利润率表现出与营业收入利润率类似的特征（见图 3、表 7）。

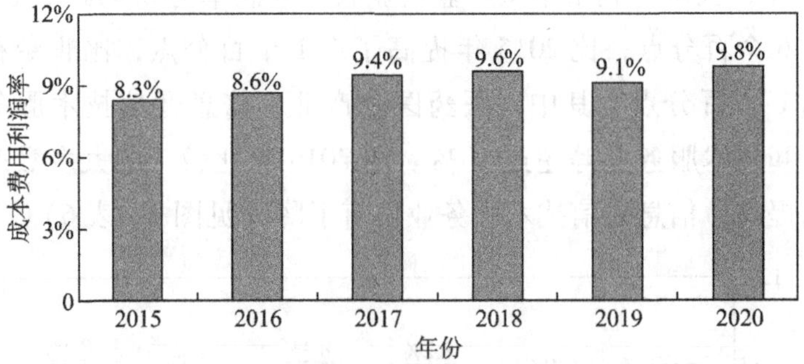

图3　专利密集型产业成本费用利润率变化

表7　专利密集型产业成本费用利润率　　（单位：%）

分类名称	2019 年	2020 年	提高
专利密集型产业	9.1	9.8	0.7
信息通信技术制造业	5.9	6.2	0.3
新装备制造业	7.4	7.6	0.2
新材料制造业	7.3	8.6	1.3
医药医疗产业	20.1	22.0	1.9
环保产业	8.4	9.5	1.1
信息通信技术服务业	20.9	20.7	-0.2
研发、设计和技术服务业	14.7	15.8	1.1
非专利密集型产业	7.0	7.1	0.0

❶ 根据《中国统计年鉴》，2019 年、2020 年我国规模以上工业企业营业成本分别为 891095.0 亿元、903752.5 亿元，管理费用为 54801.7 亿元、58274.7 亿元，计算得到成本费用利润率为 7.0%、7.1%。

3.5 新产品竞争力明显增强

2020 年，我国专利密集型产业新产品销售收入占营业收入比重为 35.7%[1]，比 2019 年提高了 2.7 个百分点，比 2015 年提高了 15.5 个百分点，比非专利密集型产业高 17.1 个百分点。其中，信息通信技术制造业，信息通信技术服务业，研发、设计和技术服务业高于平均水平；医药医疗产业，环保产业，研发、设计和技术服务业高于平均增幅（见图4、表8）。

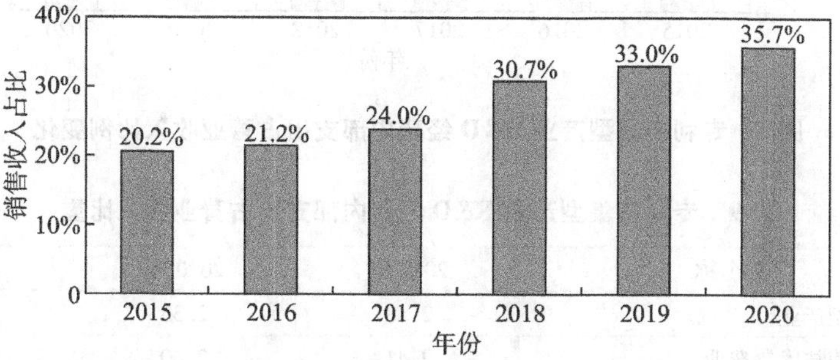

图 4 专利密集型产业新产品销售收入占营业收入比例变化

表 8 专利密集型产业新产品销售收入占营业收入比重 （单位：%）

分类名称	2019 年	2020 年	提高
专利密集型产业	33.0	35.7	2.7
信息通信技术制造业	40.4	42.4	1.9
新装备制造业	31.5	33.7	2.2
新材料制造业	17.9	20.3	2.4
医药医疗产业	27.7	30.6	2.9
环保产业	20.0	23.2	3.2
信息通信技术服务业	48.2	48.3	0.1
研发、设计和技术服务业	34.2	39.2	5.0
非专利密集型产业	16.6	18.6	1.9

3.6 创新投入力度持续加大

2020 年，我国专利密集型产业 R&D 经费内部支出占营业收入比重为 2.33%[2]，比 2019 年提高 0.15 个百分点，是 2015 年的 1.5 倍，是非专利密集型产业的 2.1 倍。其中，研发、设计和技术服务业的 R&D 经费投入

[1] 根据《中国统计年鉴》，2019 年、2020 年我国规模以上工业企业新产品销售收入分别为 212060.3 亿元、238073.7 亿元，计算得到新产品销售收入占营业收入比重为 19.9%、22.0%。

[2] 根据《中国统计年鉴》，2019 年、2020 年我国规模以上工业企业 R&D 经费内部支出分别为 13971.1 亿元、15271.3 亿元，计算得到 R&D 经费内部支出占营业收入比重为 1.32%、1.41%。

强度最高。与2019年比较，新材料制造业、信息通信技术服务业有所下降（见图5、表9）。

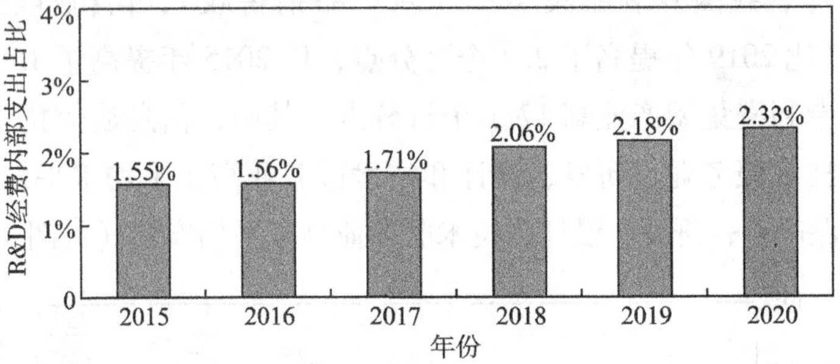

图5　专利密集型产业R&D经费内部支出占营业收入比例变化

表9　专利密集型产业R&D经费内部支出占营业收入比重　（单位：%）

分类名称	2019年	2020年	提高
专利密集型产业	2.18	2.33	0.15
信息通信技术制造业	2.41	2.60	0.19
新装备制造业	2.13	2.33	0.20
新材料制造业	1.39	1.25	-0.14
医药医疗产业	2.66	3.23	0.57
环保产业	1.71	1.94	0.23
信息通信技术服务业	1.84	1.76	-0.08
研发、设计和技术服务业	9.66	10.37	0.71
非专利密集型产业	1.06	1.12	0.06

2020年，我国专利密集型产业每万名就业人员R&D人员数为928人[1]，比2019年提高了65人，是2015年的1.4倍，是非专利密集型产业的1.7倍。其中，医药医疗产业略有下降（见图6、表10）。

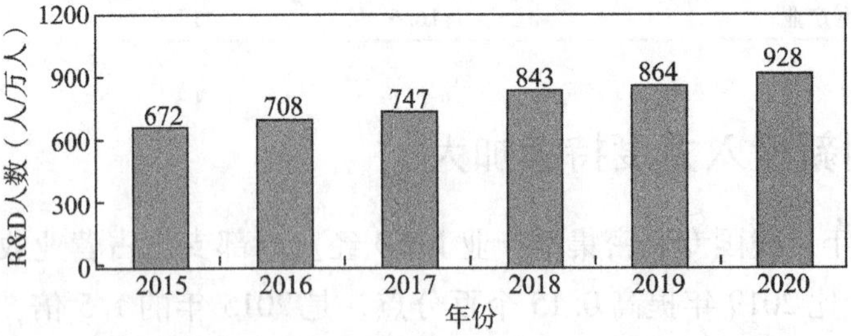

图6　专利密集型产业每万名就业人员R&D人数变化

[1] 根据《中国科技统计年鉴》《中国统计年鉴》，2019年、2020年我国规模以上工业企业R&D人员数分别为4440550人、4767501人，平均用工人数为7929.1万人、7756.1万人，计算得到万名就业人员R&D人员数为560人/万人、615人/万人。

表10　专利密集型产业每万名就业人员R&D人员数　（单位：人）

分类名称	2019年	2020年	提高
专利密集型产业	864	928	64
信息通信技术制造业	813	884	71
新装备制造业	844	926	82
新材料制造业	702	752	50
医药医疗产业	890	877	-13
环保产业	744	811	67
信息通信技术服务业	856	896	40
研发、设计和技术服务业	3190	3443	253
非专利密集型产业	472	540	68

3.7 劳动生产率日益提升

2020年，我国专利密集型产业劳动生产率达到26.0万元/人[❶]，人均比2019年提高了1.4万元，是非专利密集型产业的2.1倍。其中，新材料制造业、医药医疗产业、环保产业较高；信息通信技术服务业、医药医疗产业增幅较大（见表11）。

表11　专利密集型产业劳动生产率　（单位：万元/人）

分类名称	2019年	2020年	提高
专利密集型产业	24.6	26.0	1.4
信息通信技术制造业	22.0	22.8	0.8
新装备制造业	23.2	23.7	0.5
新材料制造业	33.8	35.3	1.5
医药医疗产业	30.2	32.7	2.5
环保产业	32.6	33.7	1.1
信息通信技术服务业	22.7	26.0	3.3
研发、设计和技术服务业	25.7	27.1	1.4
非专利密集型产业	12.3	12.6	0.3

❶ 按照当年价计算，2019年、2020年我国全员劳动生产率为13.0万元/人、13.5万元/人。

附　录

附录1　知识产权（专利）密集型产业统计分类（2019）

一、分类目的

为科学界定知识产权（专利）密集型产业统计范围，建立知识产权（专利）密集型产业统计监测体系，更好地服务于知识产权强国建设，根据《“十三五”国家知识产权保护和运用规划》（国发〔2016〕86号）、《国务院关于新形势下加快知识产权强国建设的若干意见》（国发〔2015〕71号）和《深入实施国家知识产权战略行动计划（2014—2020年）》（国办发〔2014〕64号）中有关知识产权密集型产业的发展要求，以《国民经济行业分类》（GB/T 4754—2017）为基础，制定本分类。

二、分类定义和范围

本分类规定的知识产权（专利）密集型产业是指发明专利密集度、规模达到规定的标准，依靠知识产权参与市场竞争，符合创新发展导向的产业集合。知识产权（专利）密集型产业的范围包括信息通信技术制造业，信息通信技术服务业，新装备制造业，新材料制造业，医药医疗产业，环保产业，研发、设计和技术服务业七大类。

三、编制原则

（一）以国务院有关文件为指导。本分类主要以《“十三五”国家知识产权保护和运用规划》、《国务院关于新形势下加快知识产权强国建设的若干意见》和《深入实施国家知识产权战略行动计划（2014—2020年）》等国务院有关文件为指导，界定知识产权（专利）密集型产业分类范围。

（二）以《国民经济行业分类》为基础。本分类依据《国民经济行业分类》（GB/T 4754—2017），对其中符合知识产权（专利）密集型产业特征的有关活动进行再分类。

（三）以推动创新发展为导向。本分类范围限定于经国务院专利行政部门实质审查、创新水平更高的发明专利，未纳入实用新型专利和外观设计专利。同时参考《战略性新兴产业分类（2018）》、《高技术产业（制造业）分类（2017）》和《高技术产业（服务业）分类（2018）》，将R&D投入强度高的行业纳入本分类范围。

（四）以国际通行的分类方法为参考。本分类借鉴了美国、欧盟等关于知识产权（专利）密集型产业的测算方法，聚焦发明专利，依据统计数据测算结果，确定产业范围和对应的行业类别。

四、分类方法

知识产权（专利）密集型产业至少应当具备下列条件之一：

1. 行业发明专利规模[1]和密集度[2]均高于全国平均水平；

2. 行业发明专利规模和R&D投入强度[3]高于全国平均水平，且属于战略性新兴产业、高技术制造业、高技术服务业；

3. 行业发明专利密集度和R&D投入强度高于全国平均水平，且属于战略性新兴产业、高技术制造业、高技术服务业。

对于工业行业，上述条件中的全国平均水平是指全国工业平均水平。

五、结构和编码

本分类采用线分类法和分层次编码方法，将知识产权（专利）密集型产业划分为两层，分别用阿拉伯数字编码表示。第一层为大类，用2位数字表示，共有7个大类；第二层为中类，用4位数字表示，前两位为大类代码，共有31个中类。

本分类代码结构：

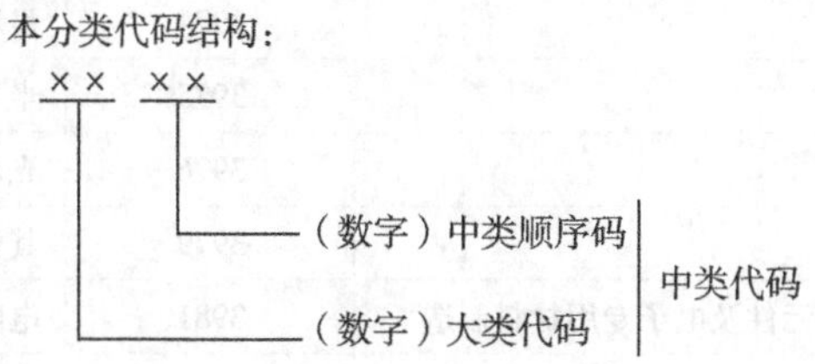

❶ 发明专利规模，指连续5年期间发明专利授权量之和。

❷ 发明专利密集度，指单位就业人员连续5年期间获得的发明专利授权量，即发明专利规模与同一时期年平均就业人员数之比。

❸ R&D投入强度，指企业R&D经费支出与主营业务收入之比。R&D是指为增加知识存量（也包括有关人类、文化和社会的知识）以及设计已有知识的新应用而进行的创造性、系统性工作。

六、有关说明

（一）本分类建立了与《国民经济行业分类》（GB/T 4754—2017）的对应关系，共对应国民经济行业小类 188 个。

（二）本分类对应《国民经济行业分类》（GB/T 4754—2017）的具体范围和说明，参见《2017 国民经济行业分类注释》。

七、知识产权（专利）密集型产业统计分类表

大类	中类	分类名称	国民经济行业代码（2017）	国民经济行业名称
01		信息通信技术制造业		
	0101	通信设备、雷达及配套设备制造	3921	通信系统设备制造
			3922	通信终端设备制造
			3940	雷达及配套设备制造
	0102	计算机制造	3913	计算机外围设备制造
			3914	工业控制计算机及系统制造
			3915	信息安全设备制造
			3919	其他计算机制造
	0103	广播电视设备制造	3931	广播电视节目制作及发射设备制造
			3932	广播电视接收设备制造
			3933	广播电视专用配件制造
			3934	专业音响设备制造
	0104	电子器件制造	3971	电子真空器件制造
			3972	半导体分立器件制造
			3973	集成电路制造
			3974	显示器件制造
			3975	半导体照明器件制造
			3976	光电子器件制造
			3979	其他电子器件制造
	0105	电子元件及电子专用材料制造	3981	电阻电容电感元件制造
			3982	电子电路制造
			3983	敏感元件及传感器制造
			3984	电声器件及零件制造
			3985	电子专用材料制造
			3989	其他电子元件制造
	0106	电子专用设备制造	3562	半导体器件专用设备制造

续表

大类	中类	分类名称	国民经济行业代码（2017）	国民经济行业名称
			3563	电子元器件与机电组件设备制造
			3569	其他电子专用设备制造
	0107	智能消费设备制造	3961	可穿戴智能设备制造
			3962	智能车载设备制造
			3963	智能无人飞行器制造
			3964	服务消费机器人制造
			3969	其他智能消费设备制造
	0108	其他电子设备制造	3990	其他电子设备制造
02		信息通信技术服务业		
	0201	通信和卫星传输	6312	移动电信服务
			6331	广播电视卫星传输服务
			6339	其他卫星传输服务
	0202	互联网服务	6421	互联网搜索服务
			6422	互联网游戏服务
			6429	互联网其他信息服务
			6431	互联网生产服务平台
			6432	互联网生活服务平台
			6433	互联网科技创新平台
			6434	互联网公共服务平台
			6439	其他互联网平台
			6440	互联网安全服务
			6450	互联网数据服务
	0203	软件开发	6511	基础软件开发
			6512	支撑软件开发
			6513	应用软件开发
			6519	其他软件开发
	0204	信息技术服务	6550	信息处理和存储支持服务
			6571	地理遥感信息服务
			6572	动漫、游戏数字内容服务
			6579	其他数字内容服务
03		新装备制造业		
	0301	通用设备制造	3411	锅炉及辅助设备制造
			3412	内燃机及配件制造
			3419	其他原动设备制造

续表

大类	中类	分类名称	国民经济行业代码（2017）	国民经济行业名称
			3421	金属切削机床制造
			3422	金属成形机床制造
			3423	铸造机械制造
			3424	金属切割及焊接设备制造
			3425	机床功能部件及附件制造
			3429	其他金属加工机械制造
			3431	轻小型起重设备制造
			3432	生产专用起重机制造
			3434	连续搬运设备制造
			3441	泵及真空设备制造
			3442	气体压缩机械制造
			3443	阀门和旋塞制造
			3444	液压动力机械及元件制造
			3445	液力动力机械及元件制造
			3446	气压动力机械及元件制造
			3459	其他传动部件制造
			3461	烘炉、熔炉及电炉制造
			3463	气体、液体分离及纯净设备制造
			3464	制冷、空调设备制造
			3466	喷枪及类似器具制造
			3467	包装专用设备制造
			3474	复印和胶印设备制造
			3491	工业机器人制造
			3492	特殊作业机器人制造
			3493	增材制造装备制造
			3499	其他未列明通用设备制造业
	0302	专用设备制造	3511	矿山机械制造
			3515	建筑材料生产专用机械制造
			3516	冶金专用设备制造
			3521	炼油、化工生产专用设备制造
			3523	塑料加工专用设备制造
			3529	其他非金属加工专用设备制造

续表

大类	中类	分类名称	国民经济行业代码（2017）	国民经济行业名称
			3531	食品、酒、饮料及茶生产专用设备制造
			3532	农副食品加工专用设备制造
			3542	印刷专用设备制造
			3544	制药专用设备制造
			3551	纺织专用设备制造
			3572	机械化农业及园艺机具制造
			3596	交通安全、管制及类似专用设备制造
			3597	水资源专用机械制造
			3599	其他专用设备制造
	0303	航空、航天器及设备制造	3741	飞机制造
			3742	航天器及运载火箭制造
			3743	航天相关设备制造
			3744	航空相关设备制造
			3749	其他航空航天器制造
	0304	汽车与轨道设备制造	3630	改装汽车制造
			3670	汽车零部件及配件制造
			3714	高铁设备、配件制造
			3716	铁路专用设备及器材、配件制造
	0305	电气设备制造	3812	电动机制造
			3821	变压器、整流器和电感器制造
			3823	配电开关控制设备制造
			3824	电力电子元器件制造
			3825	光伏设备及元器件制造
			3829	其他输配电及控制设备制造
			3832	光纤制造
			3833	光缆制造
			3841	锂离子电池制造
			3844	锌锰电池制造
			3849	其他电池制造
			3871	电光源制造
			3874	智能照明器具制造

续表

大类	中类	分类名称	国民经济行业代码（2017）	国民经济行业名称
			3879	灯用电器附件及其他照明器具制造
			3891	电气信号设备装置制造
	0306	仪器仪表设备制造	4011	工业自动控制系统装置制造
			4012	电工仪器仪表制造
			4013	绘图、计算及测量仪器制造
			4014	实验分析仪器制造
			4015	试验机制造
			4023	导航、测绘、气象及海洋专用仪器制造
			4025	地质勘探和地震专用仪器制造
			4026	教学专用仪器制造
			4028	电子测量仪器制造
			4029	其他专用仪器制造
			4040	光学仪器制造
	0307	其他装备制造	3351	建筑、家具用金属配件制造
			3737	海洋工程装备制造
04		新材料制造业		
	0401	金属材料制造	3240	有色金属合金制造
	0402	非金属材料制造	3051	技术玻璃制品制造
			3073	特种陶瓷制品制造
	0403	化学原料及化学制品制造	2612	无机碱制造
			2613	无机盐制造
			2614	有机化学原料制造
			2619	其他基础化学原料制造
			2624	复混肥料制造
			2631	化学农药制造
			2632	生物化学农药及微生物农药制造
			2641	涂料制造
			2642	油墨及类似产品制造
			2645	染料制造
			2651	初级形态塑料及合成树脂制造

续表

大类	中类	分类名称	国民经济行业代码（2017）	国民经济行业名称
			2659	其他合成材料制造
			2661	化学试剂和助剂制造
			2662	专项化学用品制造
			2663	林产化学产品制造
			2669	其他专用化学产品制造
			2682	化妆品制造
			2684	香料、香精制造
	0404	化学纤维制造	2829	其他合成纤维制造
05		医药医疗产业		
	0501	医药制造业	2710	化学药品原料药制造
			2720	化学药品制剂制造
			2730	中药饮片加工
			2740	中成药生产
			2750	兽用药品制造
			2761	生物药品制造
			2762	基因工程药物和疫苗制造
			2770	卫生材料及医药用品制造
			2780	药用辅料及包装材料制造
	0502	医疗设备制造	3581	医疗诊断、监护及治疗设备制造
			3584	医疗、外科及兽医用器械制造
			3585	机械治疗及病房护理设备制造
			3586	康复辅具制造
			3589	其他医疗设备及器械制造
06		环保产业		
	0601	环保专用设备仪器制造业	3591	环境保护专用设备制造
			4021	环境监测专用仪器仪表制造
	0602	环境污染处理专用药剂材料制造	2666	环境污染处理专用药剂材料制造
	0603	环保相关活动	3360	金属表面处理及热处理加工
			4620	污水处理及其再生利用
07		研发、设计和技术服务业		
	0701	研究和试验发展服务	7310	自然科学研究和试验发展

续表

大类	中类	分类名称	国民经济行业代码（2017）	国民经济行业名称
			7320	工程和技术研究和试验发展
			7340	医学研究和试验发展
	0702	专业化设计服务	7491	工业设计服务
			7492	专业设计服务
	0703	技术推广服务	7512	生物技术推广服务
			7513	新材料技术推广服务
			7514	节能技术推广服务
			7515	新能源技术推广服务
			7516	环保技术推广服务
			7517	三维（3D）打印技术推广服务
			7519	其他技术推广服务

附录2 国家知识产权局 国家统计局2018年全国专利密集型产业增加值数据公告（第351号）

为全面反映我国专利密集型产业发展状况，根据国家统计局发布的《知识产权（专利）密集型产业统计分类（2019）》（国家统计局令第25号），利用第四次全国经济普查数据，首次开展了全国专利密集型产业增加值核算。

经核算，2018年全国专利密集型产业增加值为107090亿元，占国内生产总值（GDP）的比重为11.6%。

从专利密集型产业内部结构看，新装备制造业增加值为32833亿元，占专利密集型产业增加值的比重最高，为30.7%；信息通信技术制造业增加值为21551亿元，所占比重为20.1%；信息通信技术服务业增加值为19472亿元，所占比重为18.2%；新材料制造业增加值为14130亿元，所占比重为13.2%；医药医疗产业增加值为9465亿元，所占比重为8.8%；研发、设计和技术服务业增加值为7215亿元，所占比重为6.7%；环保产业增加值为2424亿元，所占比重为2.3%。

国家知识产权局 国家统计局

2020年3月5日

2018 年专利密集型产业增加值

分类名称	增加值（亿元）	构成（%）
专利密集型产业	107090	100.0
一、信息通信技术制造业	21551	20.1
二、信息通信技术服务业	19472	18.2
三、新装备制造业	32833	30.7
四、新材料制造业	14130	13.2
五、医药医疗产业	9465	8.8
六、环保产业	2424	2.3
七、研发、设计和技术服务业	7215	6.7

附注：

1. 指标解释

专利密集型产业，指发明专利密集度、规模达到规定的标准，依靠知识产权参与市场竞争，符合创新发展导向的产业集合。

专利密集型产业增加值，指我国专利密集型产业所有常住单位一定时期内生产活动所创造的新增价值。

常住单位指在我国的经济领土上具有经济利益中心的经济单位。

生产是指在机构单位的控制和组织下，利用劳动、资本、货物和服务投入，创造新的货物和服务产出的活动。

2. 核算分类

专利密集型产业核算分类以《知识产权（专利）密集型产业统计分类（2019）》为基础，采用两级分类。第一级分类按照经济活动性质分为信息通信技术制造业，信息通信技术服务业，新装备制造业，新材料制造业，医药医疗产业，环保产业，研发、设计和技术服务业等七大类。第二级分类是在第一级分类的基础上，细化为 188 个国民经济行业小类。

3. 核算方法和资料来源

专利密集型产业增加值按照国家统计局制定的《专利密集型产业增加值核算方法》进行核算。

核算所需基础数据，主要来源于全国经济普查资料，国家统计局有关专业统计资料和国民经济核算资料等。

附录 3　国家知识产权局　国家统计局关于 2019 年全国专利密集型产业增加值的公告（第 396 号）

经核算，2019 年全国专利密集型产业增加值为 114631 亿元，比上年增长7.0%（未扣除价格因素，下同），占国内生产总值（GDP）的比重为11.6%，与上年持平。

从内部结构看，专利密集型产业中制造业相关行业规模大，增加值占比达到72.9%。其中，新装备制造业增加值为34004亿元，占专利密集型产业增加值的比重最高，为29.7%；其次是信息通信技术制造业，增加值为23021亿元，所占比重为20.1%；新材料制造业、医药医疗产业、环保产业所占比重分别为12.2%、8.7%和2.3%。

从增长速度看，专利密集型产业中服务业相关行业发展较快。信息通信技术服务业增长17.2%，研发、设计和技术服务业增长14.0%，明显高于制造业。

2019年专利密集型产业增加值

分类名称	增加值（亿元）	增速（%）	构成（%）
专利密集型产业	114630.7	7.0	100.0
信息通信技术制造业	23020.5	6.8	20.1
新装备制造业	34004.1	3.6	29.7
新材料制造业	13983.4	-1.0	12.2
医药医疗产业	9974.3	5.4	8.7
环保产业	2599.6	7.2	2.3
信息通信技术服务业	22822.9	17.2	19.9
研发、设计和技术服务业	8225.9	14.0	7.2

注：1. 增速为现价增长速度，未扣除价格因素。

2. 若数据分项合计与总计不等，是由于数据修约误差所致。

附注：

1. 指标解释

专利密集型产业，指发明专利密集度、规模达到规定的标准，依靠知识产权参与市场竞争，符合创新发展导向的产业集合。

专利密集型产业增加值，指我国专利密集型产业所有常住单位一定时期内生产活动所创造的增加值。

常住单位指在我国的经济领土上具有经济利益中心的经济单位。

生产是指在机构单位负责、控制和管理下，利用劳动和资本等要素，创造新的货物和服务产出的活动。

2. 核算分类

专利密集型产业核算分类以《知识产权（专利）密集型产业统计分类（2019）》为基础，采用两级分类。第一级分类按照经济活动性质分为信息通信技术制造业，信息通信技术服务业，新装备制造业，新材料制造业，医药医疗产业，环保产业，研发、设计和技术服务业等七大类。第二级分类是在第一级分类的基础上，细化为 188 个国民经济行业小类。

3. 核算方法和资料来源

专利密集型产业增加值按照收入法核算。

核算所需基础数据，主要来源于全国经济普查资料，国家统计局有关专业统计资料和国民经济核算资料等。

国家知识产权局　国家统计局

2020 年 12 月 28 日

附录 4　国家知识产权局　国家统计局关于 2020 年全国专利密集型产业增加值数据公告（第 466 号）

经核算，2020 年全国专利密集型产业增加值为 121289 亿元，比上年增长 5.8%（未扣除价格因素，下同），比同期国内生产总值（GDP）现价增速高 3.1 个百分点；占 GDP 的比重为 11.97%，比上年提高 0.35 个百分点。

从内部结构看，新装备制造业规模最大，增加值为 34194 亿元，占专利密集型产业增加值的比重为 28.2%；其次是信息通信技术服务业，增加值为 26415 亿元，所占比重为 21.8%，由上年总量第三位上升到第二位；再次是信息通信技术制造业，增加值为 24177 亿元，所占比重为 19.9%；规模最小的是环保产业，增加值为 2748 亿元，所占比重为 2.3%。

从增长速度看，信息通信技术服务业增长 15.7%，增长最快。受国内外防疫产品需求旺盛、企业加大安排生产等因素拉动，医药医疗产业增速加快，增长 10.1%，比上年提高 4.7 个百分点。

2020 年全国专利密集型产业增加值

分类名称	增加值（亿元）	增速（%）	构成（%）
专利密集型产业	121289	5.8	100.0
信息通信技术制造业	24177	5.0	19.9
新装备制造业	34194	0.6	28.2
新材料制造业	14064	0.6	11.6
医药医疗产业	10984	10.1	9.1
环保产业	2748	5.7	2.3
信息通信技术服务业	26415	15.7	21.8
研发、设计和技术服务业	8708	5.9	7.2

注：1. 增速为现价增长速度，未扣除价格因素。

2. 若数据分项合计与总计不等，是由于数据修约误差所致。

附注：

1. 指标解释

专利密集型产业，指发明专利密集度、规模达到规定的标准，依靠知识产权参与市场竞争，符合创新发展导向的产业集合。

专利密集型产业增加值，指我国专利密集型产业所有常住单位一定时期内生产活动所创造的增加值。

常住单位指在我国的经济领土上具有经济利益中心的经济单位。

生产是指在机构单位负责、控制和管理下，利用劳动和资本等要素，创造新的货物和服务产出的活动。

2. 核算分类

专利密集型产业核算分类以《知识产权（专利）密集型产业统计分类（2019）》为基础，采用两级分类。第一级分类按照经济活动性质分为信息通信技术制造业，信息通信技术服务业，新装备制造业，新材料制造业，医药医疗产业，环保产业，研发、设计和技术服务业等七大类。第二级分类是在第一级分类的基础上，细化为188个国民经济行业小类。

3. 核算方法和资料来源

专利密集型产业增加值按照收入法核算。核算所需基础数据，主要来源于全国经济普查资料，国家统计局有关专业统计资料和国民经济核算资料等。

国家知识产权局　国家统计局

2021年12月30日

附录5　国家知识产权局　国家统计局关于2021年全国专利密集型产业增加值数据的公告（第509号）

经核算，2021年全国专利密集型产业增加值为142983亿元，比上年增长17.9%（未扣除价格因素，下同），比同期国内生产总值（GDP）现价增速高4.5个百分点；占GDP的比重为12.44%，比上年提高0.47个百分点。

从内部结构看，新装备制造业规模最大，增加值为38452亿元，占专利密集型产业增加值的比重为26.9%；其次是信息通信技术服务业，增加值为30636亿元，所占比重为21.4%；再次是信息通信技术制造业，增加值为28546亿元，所占比重为20.0%；规模最小的是环保产业，增加值为3228亿元，所占比重为2.3%。

从增长速度看，受国内外防疫产品需求旺盛等因素影响，医药医疗产业增速持续加快，增长 40.9%，比上年提高 30.8 个百分点，增长最快。其次为信息通信技术制造业，增速为 18.1%；另外，环保产业和新材料制造业也实现较快增长，增速分别为 17.5% 和 17.1%。

2021 年全国专利密集型产业增加值

分类名称	增加值（亿元）	增速（%）	构成（%）
专利密集型产业	142983	17.9	100.0
信息通信技术制造业	28546	18.1	20.0
新装备制造业	38452	12.5	26.9
新材料制造业	16469	17.1	11.5
医药医疗产业	15479	40.9	10.8
环保产业	3228	17.5	2.3
信息通信技术服务业	30636	16.0	21.4
研发、设计和技术服务业	10174	16.8	7.1

注：1. 增速为现价增长速度，未扣除价格因素。

2. 若数据分项合计与总计不等，是由于数据修约误差所致。

国家知识产权局　国家统计局

2022 年 12 月 28 日

附表 1

专利密集型产业发明专利密集度（件/万人）

分类名称	2015—2019 年	2016—2020 年	提高
全部国民经济行业	21	23	2
工业	88	104	16
专利密集型产业	202	230	28
信息通信技术制造业	142	168	26
信息通信技术服务业	79	97	18
新装备制造业	177	204	28
新材料制造业	218	240	22
医药医疗产业	74	77	3
环保产业	345	365	20
研发、设计和技术服务业	1199	1231	32
非专利密集型产业	9	9	0

附表2

2016—2020年国民经济小类行业发明专利密集度（件/万人）

行业代码	行业名称	发明专利密集度	位次
0610	烟煤和无烟煤开采洗选	0.4	726
0620	褐煤开采洗选	12.0	492
0690	其他煤炭采选	916.8	46
0711	陆地石油开采	7.7	536
0712	海洋石油开采	7.9	531
0721	陆地天然气开采	142.8	192
0722	海洋天然气及可燃冰开采	12.2	491
0810	铁矿采选	2.7	655
0820	锰矿、铬矿采选	3.5	628
0890	其他黑色金属矿采选	23.1	413
0911	铜矿采选	7.3	542
0912	铅锌矿采选	4.2	608
0913	镍钴矿采选	40.3	354
0914	锡矿采选	9.1	516
0915	锑矿采选	7.3	540
0916	铝矿采选	10.3	509
0917	镁矿采选	9.0	519
0919	其他常用有色金属矿采选	13.6	472
0921	金矿采选	1.6	689
0922	银矿采选	10.5	505
0929	其他贵金属矿采选	59.6	301
0931	钨钼矿采选	5.6	569
0932	稀土金属矿采选	30.8	383
0933	放射性金属矿采选	0.0	746
0939	其他稀有金属矿采选	55.7	308
1011	石灰石、石膏开采	0.1	740
1012	建筑装饰用石开采	0.3	733
1013	耐火土石开采	3.1	642
1019	黏土及其他土砂石开采	0.4	722
1020	化学矿开采	6.3	553
1030	采盐	8.7	524
1091	石棉、云母矿采选	12.8	482
1092	石墨、滑石采选	4.5	594

续表

行业代码	行业名称	发明专利密集度	位次
1093	宝石、玉石采选	45. 1	337
1099	其他未列明非金属矿采选	3. 8	623
1110	煤炭开采和洗选专业及辅助性活动	474. 1	84
1120	石油和天然气开采专业及辅助性活动	15. 8	456
1190	其他开采专业及辅助性活动	60056. 3	1
1200	其他采矿业	268. 1	122
1311	稻谷加工	1. 0	705
1312	小麦加工	0. 4	725
1313	玉米加工	0. 4	720
1314	杂粮加工	2. 6	656
1319	其他谷物磨制	0. 1	739
1321	宠物饲料加工	1. 6	692
1329	其他饲料加工	33. 7	370
1331	食用植物油加工	3. 8	618
1332	非食用植物油加工	7. 7	535
1340	制糖业	24. 2	406
1351	牲畜屠宰	0. 2	735
1352	禽类屠宰	0. 0	744
1353	肉制品及副产品加工	4. 8	590
1361	水产品冷冻加工	0. 4	728
1362	鱼糜制品及水产品干腌制加工	4. 3	605
1363	鱼油提取及制品制造	38. 2	358
1369	其他水产品加工	1. 4	698
1371	蔬菜加工	2. 5	659
1372	食用菌加工	4. 2	607
1373	水果和坚果加工	2. 5	661
1391	淀粉及淀粉制品制造	12. 7	485
1392	豆制品制造	5. 1	584
1393	蛋品加工	15. 9	455
1399	其他未列明农副食品加工	154. 3	181
1411	糕点、面包制造	3. 3	637
1419	饼干及其他焙烤食品制造	2. 5	660
1421	糖果、巧克力制造	5. 2	581
1422	蜜饯制作	5. 3	577
1431	米、面制品制造	12. 5	488
1432	速冻食品制造	0. 4	724

续表

行业代码	行业名称	发明专利密集度	位次
1433	方便面制造	0.3	730
1439	其他方便食品制造	1.5	693
1441	液体乳制造	4.4	598
1442	乳粉制造	2.4	662
1449	其他乳制品制造	22.0	417
1451	肉、禽类罐头制造	0.5	715
1452	水产品罐头制造	3.1	641
1453	蔬菜、水果罐头制造	0.4	721
1459	其他罐头食品制造	1.9	682
1461	味精制造	2.2	668
1462	酱油、食醋及类似制品制造	22.0	418
1469	其他调味品、发酵制品制造	42.4	347
1491	营养食品制造	25.0	403
1492	保健食品制造	67.6	289
1493	冷冻饮品及食用冰制造	12.3	489
1494	盐加工	10.9	500
1495	食品及饲料添加剂制造	30.4	384
1499	其他未列明食品制造	48.9	327
1511	酒精制造	19.7	430
1512	白酒制造	1.9	681
1513	啤酒制造	2.7	654
1514	黄酒制造	21.5	422
1515	葡萄酒制造	15.3	458
1519	其他酒制造	151.8	184
1521	碳酸饮料制造	0.3	731
1522	瓶（罐）装饮用水制造	2.1	674
1523	果菜汁及果菜汁饮料制造	4.8	592
1524	含乳饮料和植物蛋白饮料制造	4.1	613
1525	固体饮料制造	20.8	425
1529	茶饮料及其他饮料制造	14.4	466
1530	精制茶加工	20.5	426
1610	烟叶复烤	5.4	575
1620	卷烟制造	4.1	610
1690	其他烟草制品制造	48.0	329
1711	棉纺纱加工	0.6	712
1712	棉织造加工	0.8	707

续表

行业代码	行业名称	发明专利密集度	位次
1713	棉印染精加工	5.6	570
1721	毛条和毛纱线加工	25.9	399
1722	毛织造加工	3.9	616
1723	毛染整精加工	71.0	280
1731	麻纤维纺前加工和纺纱	11.3	495
1732	麻织造加工	2.1	673
1733	麻染整精加工	805.7	55
1741	缫丝加工	4.4	599
1742	绢纺和丝织加工	2.8	649
1743	丝印染精加工	53.1	313
1751	化纤织造加工	12.9	480
1752	化纤织物染整精加工	63.3	297
1761	针织或钩针编织物织造	8.5	526
1762	针织或钩针编织物印染精加工	37.1	360
1763	针织或钩针编织品制造	7.1	545
1771	床上用品制造	1.0	704
1772	毛巾类制品制造	1.9	677
1773	窗帘、布艺类产品制造	6.1	557
1779	其他家用纺织制成品制造	69.9	282
1781	非织造布制造	12.6	487
1782	绳、索、缆制造	19.3	434
1783	纺织带和帘子布制造	6.6	547
1784	篷、帆布制造	3.5	629
1789	其他产业用纺织制成品制造	52.4	315
1811	运动机织服装制造	0.1	741
1819	其他机织服装制造	2.0	676
1821	运动休闲针织服装制造	0.7	710
1829	其他针织或钩针编织服装制造	3.3	638
1830	服饰制造	1.5	695
1910	皮革鞣制加工	227.8	140
1921	皮革服装制造	0.4	718
1922	皮箱、包（袋）制造	0.1	743
1923	皮手套及皮装饰制品制造	0.3	732
1929	其他皮革制品制造	50.1	321
1931	毛皮鞣制加工	5.3	578
1932	毛皮服装加工	0.4	729

续表

行业代码	行业名称	发明专利密集度	位次
1939	其他毛皮制品加工	2.6	657
1941	羽毛（绒）加工	2.2	666
1942	羽毛（绒）制品加工	0.6	713
1951	纺织面料鞋制造	0.8	708
1952	皮鞋制造	0.1	742
1953	塑料鞋制造	1.7	686
1954	橡胶鞋制造	1.9	678
1959	其他制鞋业	49.7	324
2011	锯材加工	9.0	521
2012	木片加工	3.8	619
2013	单板加工	3.2	640
2019	其他木材加工	77.5	272
2021	胶合板制造	1.8	684
2022	纤维板制造	3.3	635
2023	刨花板制造	6.2	556
2029	其他人造板制造	8.4	527
2031	建筑用木料及木材组件加工	20.4	427
2032	木门窗制造	9.0	520
2033	木楼梯制造	2.1	669
2034	木地板制造	5.7	567
2035	木制容器制造	3.4	633
2039	软木制品及其他木制品制造	113.0	219
2041	竹制品制造	3.0	645
2042	藤制品制造	10.7	504
2043	棕制品制造	2.5	658
2049	草及其他制品制造	74.3	278
2110	木质家具制造	0.2	736
2120	竹、藤家具制造	3.4	631
2130	金属家具制造	1.2	699
2140	塑料家具制造	3.5	630
2190	其他家具制造	98.8	235
2211	木竹浆制造	129.0	205
2212	非木竹浆制造	998.5	42
2221	机制纸及纸板制造	1.9	683
2222	手工纸制造	22.7	415
2223	加工纸制造	14.4	465

续表

行业代码	行业名称	发明专利密集度	位次
2231	纸和纸板容器制造	4.3	606
2239	其他纸制品制造	33.8	369
2311	书、报刊印刷	6.4	551
2312	本册印制	0.4	723
2319	包装装潢及其他印刷	2.8	648
2320	装订及印刷相关服务	78.6	269
2330	记录媒介复制	0.5	716
2411	文具制造	50.5	320
2412	笔的制造	236.2	136
2413	教学用模型及教具制造	1764.9	23
2414	墨水、墨汁制造	105.9	229
2419	其他文教办公用品制造	495.9	83
2421	中乐器制造	39.4	356
2422	西乐器制造	181.7	167
2423	电子乐器制造	90.8	251
2429	其他乐器及零件制造	163.3	175
2431	雕塑工艺品制造	2.7	652
2432	金属工艺品制造	5.7	568
2433	漆器工艺品制造	1.6	690
2434	花画工艺品制造	4.5	595
2435	天然植物纤维编织工艺品制造	0.6	711
2436	抽纱刺绣工艺品制造	0.3	734
2437	地毯、挂毯制造	5.8	565
2438	珠宝首饰及有关物品制造	2.1	672
2439	其他工艺美术及礼仪用品制造	24.1	408
2441	球类制造	21.4	423
2442	专项运动器材及配件制造	147.1	188
2443	健身器材制造	137.5	197
2444	运动防护用具制造	15.3	459
2449	其他体育用品制造	58.4	303
2451	电玩具制造	19.4	432
2452	塑胶玩具制造	0.4	719
2453	金属玩具制造	5.5	573
2454	弹射玩具制造	7.5	539
2455	娃娃玩具制造	36.3	364
2456	儿童乘骑玩耍的童车类产品制造	31.7	379

续表

行业代码	行业名称	发明专利密集度	位次
2459	其他玩具制造	13.6	471
2461	露天游乐场所游乐设备制造	90.9	249
2462	游艺用品及室内游艺器材制造	231.3	138
2469	其他娱乐用品制造	381.0	97
2511	原油加工及石油制品制造	18.3	439
2519	其他原油制造	398.1	91
2521	炼焦	3.8	621
2522	煤制合成气生产	7.8	532
2523	煤制液体燃料生产	4.9	586
2524	煤制品制造	15.0	463
2529	其他煤炭加工	2.4	663
2530	核燃料加工	420.1	87
2541	生物质液体燃料生产	270.9	120
2542	生物质致密成型燃料加工	1.2	700
2611	无机酸制造	824.5	54
2612	无机碱制造	279.7	115
2613	无机盐制造	288.2	113
2614	有机化学原料制造	189.6	160
2619	其他基础化学原料制造	506.6	81
2621	氮肥制造	2.2	667
2622	磷肥制造	4.4	602
2623	钾肥制造	43495.1	2
2624	复混肥料制造	17.4	443
2625	有机肥料及微生物肥料制造	134.5	199
2629	其他肥料制造	146.1	189
2631	化学农药制造	135.2	198
2632	生物化学农药及微生物农药制造	402.2	89
2641	涂料制造	148.9	186
2642	油墨及类似产品制造	160.1	177
2643	工业颜料制造	6.2	555
2644	工艺美术颜料制造	0.5	717
2645	染料制造	472.3	85
2646	密封用填料及类似品制造	38.0	359
2651	初级形态塑料及合成树脂制造	148.3	187
2652	合成橡胶制造	91.0	248
2653	合成纤维单（聚合）体制造	55.3	309

续表

行业代码	行业名称	发明专利密集度	位次
2659	其他合成材料制造	598.2	76
2661	化学试剂和助剂制造	366.4	99
2662	专项化学用品制造	287.3	114
2663	林产化学产品制造	1254.4	35
2664	文化用信息化学品制造	63.0	298
2665	医学生产用信息化学品制造	4.5	596
2666	环境污染处理专用药剂材料制造	1459.4	29
2667	动物胶制造	13.0	479
2669	其他专用化学产品制造	394.4	93
2671	炸药及火工产品制造	97.5	237
2672	焰火、鞭炮产品制造	12.6	486
2681	肥皂及洗涤剂制造	31.2	382
2682	化妆品制造	142.5	193
2683	口腔清洁用品制造	100.2	234
2684	香料、香精制造	80.7	266
2689	其他日用化学产品制造	126.3	210
2710	化学药品原料药制造	45.5	336
2720	化学药品制剂制造	44.7	339
2730	中药饮片加工	5.2	582
2740	中成药生产	67.7	288
2750	兽用药品制造	13.4	474
2761	生物药品制造	112.6	220
2762	基因工程药物和疫苗制造	227.7	141
2770	卫生材料及医药用品制造	18.9	436
2780	药用辅料及包装材料制造	13.8	467
2811	化纤浆粕制造	90.4	252
2812	人造纤维（纤维素纤维）制造	3.9	615
2821	锦纶纤维制造	43.9	340
2822	涤纶纤维制造	7.1	544
2823	腈纶纤维制造	16.6	450
2824	维纶纤维制造	33.9	368
2825	丙纶纤维制造	52.7	314
2826	氨纶纤维制造	12.7	484
2829	其他合成纤维制造	77.9	271
2831	生物基化学纤维制造	49.7	323
2832	生物基、淀粉基新材料制造	64.1	296

续表

行业代码	行业名称	发明专利密集度	位次
2911	轮胎制造	0.5	714
2912	橡胶板、管、带制造	9.1	518
2913	橡胶零件制造	1.1	702
2914	再生橡胶制造	7.6	538
2915	日用及医用橡胶制品制造	1.7	688
2916	运动场地用塑胶制造	1.1	701
2919	其他橡胶制品制造	42.5	346
2921	塑料薄膜制造	217.8	145
2922	塑料板、管、型材制造	11.7	494
2923	塑料丝、绳及编织品制造	3.7	624
2924	泡沫塑料制造	43.5	342
2925	塑料人造革、合成革制造	3.8	622
2926	塑料包装箱及容器制造	6.0	560
2927	日用塑料制品制造	6.1	558
2928	人造草坪制造	0.2	738
2929	塑料零件及其他塑料制品制造	24.4	405
3011	水泥制造	38.7	357
3012	石灰和石膏制造	155.8	180
3021	水泥制品制造	33.5	373
3022	砼结构构件制造	244.7	131
3023	石棉水泥制品制造	13.8	468
3024	轻质建筑材料制造	49.4	326
3029	其他水泥类似制品制造	18.7	437
3031	黏土砖瓦及建筑砌块制造	7.3	541
3032	建筑用石加工	4.4	600
3033	防水建筑材料制造	4.2	609
3034	隔热和隔音材料制造	43.5	341
3039	其他建筑材料制造	76.2	275
3041	平板玻璃制造	4.1	614
3042	特种玻璃制造	105.0	230
3049	其他玻璃制造	52.0	318
3051	技术玻璃制品制造	13.4	475
3052	光学玻璃制造	19.2	435
3053	玻璃仪器制造	128.5	206
3054	日用玻璃制品制造	1.0	703
3055	玻璃包装容器制造	3.6	627

续表

行业代码	行业名称	发明专利密集度	位次
3056	玻璃保温容器制造	5.5	574
3057	制镜及类似品加工	65.6	292
3059	其他玻璃制品制造	6.0	559
3061	玻璃纤维及制品制造	23.2	411
3062	玻璃纤维增强塑料制品制造	16.9	447
3071	建筑陶瓷制品制造	15.2	461
3072	卫生陶瓷制品制造	3.0	643
3073	特种陶瓷制品制造	56.4	305
3074	日用陶瓷制品制造	7.7	537
3075	陈设艺术陶瓷制造	6.2	554
3076	园艺陶瓷制造	2.1	671
3079	其他陶瓷制品制造	13.7	470
3081	石棉制品制造	6.0	561
3082	云母制品制造	48.8	328
3089	耐火陶瓷制品及其他耐火材料制造	13.4	477
3091	石墨及碳素制品制造	69.7	283
3099	其他非金属矿物制品制造	329.6	108
3110	炼铁	23.2	412
3120	炼钢	13.7	469
3130	钢压延加工	2.0	675
3140	铁合金冶炼	68.6	286
3211	铜冶炼	7.9	530
3212	铅锌冶炼	5.9	564
3213	镍钴冶炼	11.1	497
3214	锡冶炼	4.1	611
3215	锑冶炼	9.1	517
3216	铝冶炼	5.9	563
3217	镁冶炼	8.4	528
3218	硅冶炼	32.6	377
3219	其他常用有色金属冶炼	31.3	381
3221	金冶炼	6.4	550
3222	银冶炼	10.2	510
3229	其他贵金属冶炼	42.1	348
3231	钨钼冶炼	10.8	502
3232	稀土金属冶炼	26.5	396
3239	其他稀有金属冶炼	64.5	294

续表

行业代码	行业名称	发明专利密集度	位次
3240	有色金属合金制造	114.2	216
3251	铜压延加工	3.3	636
3252	铝压延加工	2.8	650
3253	贵金属压延加工	14.9	464
3254	稀有稀土金属压延加工	12.8	481
3259	其他有色金属压延加工	26.2	397
3311	金属结构制造	21.5	420
3312	金属门窗制造	19.8	429
3321	切削工具制造	132.2	202
3322	手工具制造	702.3	67
3323	农用及园林用金属工具制造	530.4	80
3324	刀剪及类似日用金属工具制造	406.7	88
3329	其他金属工具制造	273.3	118
3331	集装箱制造	24.1	407
3332	金属压力容器制造	44.9	338
3333	金属包装容器及材料制造	29.7	388
3340	金属丝绳及其制品制造	120.2	212
3351	建筑、家具用金属配件制造	133.5	201
3352	建筑装饰及水暖管道零件制造	52.3	317
3353	安全、消防用金属制品制造	19.4	433
3359	其他建筑、安全用金属制品制造	8.6	525
3360	金属表面处理及热处理加工	202.5	151
3371	生产专用搪瓷制品制造	47.4	331
3372	建筑装饰搪瓷制品制造	270.3	121
3373	搪瓷卫生洁具制造	9.6	514
3379	搪瓷日用品及其他搪瓷制品制造	21.4	424
3381	金属制厨房用器具制造	57.1	304
3382	金属制餐具和器皿制造	10.3	507
3383	金属制卫生器具制造	84.1	262
3389	其他金属制日用品制造	182.7	163
3391	黑色金属铸造	97.0	239
3392	有色金属铸造	313.9	110
3393	锻件及粉末冶金制品制造	78.5	270
3394	交通及公共管理用金属标牌制造	103.8	231
3399	其他未列明金属制品制造	152.7	183
3411	锅炉及辅助设备制造	33.4	375

续表

行业代码	行业名称	发明专利密集度	位次
3412	内燃机及配件制造	112.0	222
3413	汽轮机及辅机制造	76.7	274
3414	水轮机及辅机制造	120.1	213
3415	风能原动设备制造	21.5	421
3419	其他原动设备制造	17.9	442
3421	金属切削机床制造	140.0	194
3422	金属成形机床制造	153.3	182
3423	铸造机械制造	106.1	228
3424	金属切割及焊接设备制造	835.0	53
3425	机床功能部件及附件制造	1505.0	28
3429	其他金属加工机械制造	656.6	71
3431	轻小型起重设备制造	131.3	203
3432	生产专用起重机制造	125.8	211
3433	生产专用车辆制造	19.5	431
3434	连续搬运设备制造	1252.7	36
3435	电梯、自动扶梯及升降机制造	71.0	281
3436	客运索道制造	68.0	287
3437	机械式停车设备制造	472.1	86
3439	其他物料搬运设备制造	1446.7	30
3441	泵及真空设备制造	83.2	264
3442	气体压缩机械制造	80.2	267
3443	阀门和旋塞制造	40.5	353
3444	液压动力机械及元件制造	97.9	236
3445	液力动力机械及元件制造	11.9	493
3446	气压动力机械及元件制造	56.1	307
3451	滚动轴承制造	5.5	571
3452	滑动轴承制造	7.3	543
3453	齿轮及齿轮减、变速箱制造	113.1	218
3459	其他传动部件制造	401.8	90
3461	烘炉、熔炉及电炉制造	679.7	69
3462	风机、风扇制造	21.8	419
3463	气体、液体分离及纯净设备制造	774.7	64
3464	制冷、空调设备制造	18.6	438
3465	风动和电动工具制造	56.3	306
3466	喷枪及类似器具制造	715.5	66
3467	包装专用设备制造	335.0	106

续表

行业代码	行业名称	发明专利密集度	位次
3471	电影机械制造	1764.6	24
3472	幻灯及投影设备制造	375.4	98
3473	照相机及器材制造	3.7	626
3474	复印和胶印设备制造	8.3	529
3475	计算器及货币专用设备制造	28.3	391
3479	其他文化、办公用机械制造	1224.8	38
3481	金属密封件制造	8.8	523
3482	紧固件制造	87.3	260
3483	弹簧制造	200.4	153
3484	机械零部件加工	97.0	238
3489	其他通用零部件制造	259.3	124
3491	工业机器人制造	675.9	70
3492	特殊作业机器人制造	92.5	246
3493	增材制造装备制造	201.6	152
3499	其他未列明通用设备制造业	2110.4	21
3511	矿山机械制造	174.9	171
3512	石油钻采专用设备制造	33.7	371
3513	深海石油钻探设备制造	4.5	597
3514	建筑工程用机械制造	353.7	101
3515	建筑材料生产专用机械制造	1246.0	37
3516	冶金专用设备制造	499.6	82
3517	隧道施工专用机械制造	96.2	241
3521	炼油、化工生产专用设备制造	608.1	75
3522	橡胶加工专用设备制造	1401.9	31
3523	塑料加工专用设备制造	589.2	77
3524	木竹材加工机械制造	939.7	45
3525	模具制造	144.3	190
3529	其他非金属加工专用设备制造	2321.7	17
3531	食品、酒、饮料及茶生产专用设备制造	585.5	78
3532	农副食品加工专用设备制造	240.8	134
3533	烟草生产专用设备制造	390.1	94
3534	饲料生产专用设备制造	204.6	149
3541	制浆和造纸专用设备制造	725.9	65
3542	印刷专用设备制造	784.1	60
3543	日用化工专用设备制造	193.9	156
3544	制药专用设备制造	51.4	319

续表

行业代码	行业名称	发明专利密集度	位次
3545	照明器具生产专用设备制造	94.0	245
3546	玻璃、陶瓷和搪瓷制品生产专用设备制造	1207.0	39
3549	其他日用品生产专用设备制造	67.3	290
3551	纺织专用设备制造	199.0	155
3552	皮革、毛皮及其制品加工专用设备制造	335.7	105
3553	缝制机械制造	178.6	168
3554	洗涤机械制造	2628.5	14
3561	电工机械专用设备制造	182.4	165
3562	半导体器件专用设备制造	35.9	365
3563	电子元器件与机电组件设备制造	12.3	490
3569	其他电子专用设备制造	17.3	444
3571	拖拉机制造	25.7	401
3572	机械化农业及园艺机具制造	578.4	79
3573	营林及木竹采伐机械制造	785.5	58
3574	畜牧机械制造	1783.5	22
3575	渔业机械制造	4872.5	6
3576	农林牧渔机械配件制造	26.8	394
3577	棉花加工机械制造	182.6	164
3579	其他农、林、牧、渔业机械制造	231.8	137
3581	医疗诊断、监护及治疗设备制造	184.7	162
3582	口腔科用设备及器具制造	158.1	179
3583	医疗实验室及医用消毒设备和器具制造	382.4	96
3584	医疗、外科及兽医用器械制造	128.4	207
3585	机械治疗及病房护理设备制造	697.1	68
3586	康复辅具制造	229.1	139
3587	眼镜制造	25.8	400
3589	其他医疗设备及器械制造	94.3	244
3591	环境保护专用设备制造	193.4	157
3592	地质勘查专用设备制造	1543.3	26
3593	邮政专用机械及器材制造	11896.7	3
3594	商业、饮食、服务专用设备制造	2267.5	18
3595	社会公共安全设备及器材制造	398.0	92
3596	交通安全、管制及类似专用设备制造	1291.2	34
3597	水资源专用机械制造	784.5	59
3599	其他专用设备制造	1698.5	25
3611	汽柴油车整车制造	0.2	737

续表

行业代码	行业名称	发明专利密集度	位次
3612	新能源车整车制造	2.3	665
3620	汽车用发动机制造	66.3	291
3630	改装汽车制造	23.5	410
3640	低速汽车制造	8.9	522
3650	电车制造	169.8	173
3660	汽车车身、挂车制造	33.9	367
3670	汽车零部件及配件制造	29.7	387
3711	高铁车组制造	16.5	451
3712	铁路机车车辆制造	111.2	223
3713	窄轨机车车辆制造	29.1	389
3714	高铁设备、配件制造	10.8	501
3715	铁路机车车辆配件制造	40.6	352
3716	铁路专用设备及器材、配件制造	143.5	191
3719	其他铁路运输设备制造	171.3	172
3720	城市轨道交通设备制造	160.3	176
3731	金属船舶制造	4.3	604
3732	非金属船舶制造	89.4	255
3733	娱乐船和运动船制造	103.3	232
3734	船用配套设备制造	137.7	196
3735	船舶改装	88.1	259
3736	船舶拆除	75.0	277
3737	海洋工程装备制造	17.1	446
3739	航标器材及其他相关装置制造	865.6	50
3741	飞机制造	96.3	240
3742	航天器及运载火箭制造	258.3	126
3743	航天相关设备制造	11.1	496
3744	航空相关设备制造	17.3	445
3749	其他航空航天器制造	46.4	335
3751	摩托车整车制造	10.9	499
3752	摩托车零部件及配件制造	10.3	508
3761	自行车制造	33.1	376
3762	残疾人座车制造	163.9	174
3770	助动车制造	33.5	372
3780	非公路休闲车及零配件制造	126.5	209
3791	潜水装备制造	7415.4	5
3792	水下救捞装备制造	790.8	57

续表

行业代码	行业名称	发明专利密集度	位次
3799	其他未列明运输设备制造	2982.0	12
3811	发电机及发电机组制造	15.6	457
3812	电动机制造	16.5	452
3813	微特电机及组件制造	3.8	620
3819	其他电机制造	0.4	727
3821	变压器、整流器和电感器制造	36.3	363
3822	电容器及其配套设备制造	106.9	227
3823	配电开关控制设备制造	33.5	374
3824	电力电子元器件制造	92.1	247
3825	光伏设备及元器件制造	13.2	478
3829	其他输配电及控制设备制造	95.3	243
3831	电线、电缆制造	9.8	513
3832	光纤制造	206.2	148
3833	光缆制造	75.7	276
3834	绝缘制品制造	54.7	311
3839	其他电工器材制造	26.5	395
3841	锂离子电池制造	62.7	299
3842	镍氢电池制造	15.3	460
3843	铅蓄电池制造	30.2	386
3844	锌锰电池制造	6.0	562
3849	其他电池制造	795.3	56
3851	家用制冷电器具制造	28.9	390
3852	家用空气调节器制造	101.5	233
3853	家用通风电器具制造	90.9	250
3854	家用厨房电器具制造	46.6	334
3855	家用清洁卫生电器具制造	83.6	263
3856	家用美容、保健护理电器具制造	31.5	380
3857	家用电力器具专用配件制造	352.0	102
3859	其他家用电力器具制造	40.0	355
3861	燃气及类似能源家用器具制造	55.1	310
3862	太阳能器具制造	199.1	154
3869	其他非电力家用器具制造	647.0	72
3871	电光源制造	20.3	428
3872	照明灯具制造	4.4	601
3873	舞台及场地用灯制造	139.2	195
3874	智能照明器具制造	71.9	279

续表

行业代码	行业名称	发明专利密集度	位次
3879	灯用电器附件及其他照明器具制造	6.3	552
3891	电气信号设备装置制造	178.3	170
3899	其他未列明电气机械及器材制造	3143.0	11
3911	计算机整机制造	1.7	687
3912	计算机零部件制造	347.7	104
3913	计算机外围设备制造	242.5	132
3914	工业控制计算机及系统制造	218.1	144
3915	信息安全设备制造	350.6	103
3919	其他计算机制造	217.8	146
3921	通信系统设备制造	289.6	112
3922	通信终端设备制造	64.3	295
3931	广播电视节目制作及发射设备制造	4201.5	8
3932	广播电视接收设备制造	49.6	325
3933	广播电视专用配件制造	334.9	107
3934	专业音响设备制造	279.3	116
3939	应用电视设备及其他广播电视设备制造	1.5	694
3940	雷达及配套设备制造	778.3	63
3951	电视机制造	77.1	273
3952	音响设备制造	15.1	462
3953	影视录放设备制造	34.2	366
3961	可穿戴智能设备制造	7739.9	4
3962	智能车载设备制造	159.8	178
3963	智能无人飞行器制造	778.9	62
3964	服务消费机器人制造	387.1	95
3969	其他智能消费设备制造	69.7	284
3971	电子真空器件制造	113.3	217
3972	半导体分立器件制造	624.1	73
3973	集成电路制造	47.6	330
3974	显示器件制造	186.5	161
3975	半导体照明器件制造	41.3	350
3976	光电子器件制造	127.0	208
3979	其他电子器件制造	112.3	221
3981	电阻电容电感元件制造	89.5	253
3982	电子电路制造	31.7	378
3983	敏感元件及传感器制造	237.9	135
3984	电声器件及零件制造	42.6	345

续表

行业代码	行业名称	发明专利密集度	位次
3985	电子专用材料制造	241.3	133
3989	其他电子元件制造	88.7	258
3990	其他电子设备制造	249.9	130
4011	工业自动控制系统装置制造	47.4	332
4012	电工仪器仪表制造	968.1	43
4013	绘图、计算及测量仪器制造	863.3	51
4014	实验分析仪器制造	1306.9	33
4015	试验机制造	1531.7	27
4016	供应用仪器仪表制造	89.2	257
4019	其他通用仪器制造	22.3	416
4021	环境监测专用仪器仪表制造	2373.2	16
4022	运输设备及生产用计数仪表制造	26.0	398
4023	导航、测绘、气象及海洋专用仪器制造	1099.8	41
4024	农林牧渔专用仪器仪表制造	2174.8	20
4025	地质勘探和地震专用仪器制造	2648.8	13
4026	教学专用仪器制造	900.7	49
4027	核子及核辐射测量仪器制造	289.9	111
4028	电子测量仪器制造	2544.6	15
4029	其他专用仪器制造	203.9	150
4030	钟表与计时仪器制造	89.4	256
4040	光学仪器制造	227.3	142
4050	衡器制造	273.6	117
4090	其他仪器仪表制造业	4484.6	7
4111	鬃毛加工、制刷及清扫工具制造	258.4	125
4119	其他日用杂品制造	82.1	265
4120	核辐射加工	6.6	548
4190	其他未列明制造业	837.2	52
4210	金属废料和碎屑加工处理	119.9	214
4220	非金属废料和碎屑加工处理	910.9	47
4310	金属制品修理	3223.3	10
4320	通用设备修理	1368.8	32
4330	专用设备修理	1140.1	40
4341	铁路运输设备修理	25.3	402
4342	船舶修理	323.3	109
4343	航空航天器修理	7.8	533
4349	其他运输设备修理	117.6	215

续表

行业代码	行业名称	发明专利密集度	位次
4350	电气设备修理	193.1	158
4360	仪器仪表修理	962.7	44
4390	其他机械和设备修理业	182.2	166
4411	火力发电	43.2	344
4412	热电联产	4.8	589
4413	水力发电	0.8	709
4414	核力发电	79.4	268
4415	风力发电	89.4	254
4416	太阳能发电	36.9	361
4417	生物质能发电	5.3	580
4419	其他电力生产	213.0	147
4420	电力供应	10.4	506
4430	热力生产和供应	10.1	511
4511	天然气生产和供应业	50.1	322
4512	液化石油气生产和供应业	13.5	473
4513	煤气生产和供应业	9.9	512
4520	生物质燃气生产和供应业	16.0	454
4610	自来水生产和供应	1.4	697
4620	污水处理及其再生利用	263.8	123
4630	海水淡化处理	365.3	100
4690	其他水的处理、利用与分配	3344.4	9
6311	固定电信服务	2.7	651
6312	移动电信服务	3.3	634
6319	其他电信服务	3.4	632
6321	有线广播电视传输服务	4.8	591
6322	无线广播电视传输服务	5.0	585
6331	广播电视卫星传输服务	149.6	185
6339	其他卫星传输服务	192.3	159
6410	互联网接入及相关服务	40.8	351
6421	互联网搜索服务	5.4	576
6422	互联网游戏服务	7.7	534
6429	互联网其他信息服务	5.8	566
6431	互联网生产服务平台	252.4	129
6432	互联网生活服务平台	272.3	119
6433	互联网科技创新平台	226.1	143
6434	互联网公共服务平台	254.3	128

续表

行业代码	行业名称	发明专利密集度	位次
6439	其他互联网平台	0.0	746
6440	互联网安全服务	18.2	440
6450	互联网数据服务	41.8	349
6490	其他互联网服务	85.3	261
6511	基础软件开发	133.9	200
6512	支撑软件开发	111.1	224
6513	应用软件开发	111.0	225
6519	其他软件开发	910.7	48
6520	集成电路设计	10.8	503
6531	信息系统集成服务	1.5	696
6532	物联网技术服务	1.6	691
6540	运行维护服务	6.5	549
6550	信息处理和存储支持服务	178.5	169
6560	信息技术咨询服务	6.6	546
6571	地理遥感信息服务	11.1	498
6572	动漫、游戏数字内容服务	4.6	593
6579	其他数字内容服务	2.7	653
6591	呼叫中心	9.6	515
6599	其他未列明信息技术服务业	13.4	476
7310	自然科学研究和试验发展	129.2	204
7320	工程和技术研究和试验发展	2220.5	19
7330	农业科学研究和试验发展	256.4	127
7340	医学研究和试验发展	780.0	61
7350	社会人文科学研究	614.1	74
7410	气象服务	59.8	300
7420	地震服务	107.6	226
7431	海洋气象服务	58.5	302
7432	海洋环境服务	69.4	285
7439	其他海洋服务	46.8	333
7441	遥感测绘服务	16.5	453
7449	其他测绘地理信息服务	12.7	483
7451	检验检疫服务	27.0	393
7452	检测服务	43.3	343
7453	计量服务	52.4	316
7454	标准化服务	96.1	242
7455	认证认可服务	53.7	312

续表

行业代码	行业名称	发明专利密集度	位次
7459	其他质检技术服务	64.6	293
7461	环境保护监测	27.5	392
7462	生态资源监测	30.3	385
7463	野生动物疫源疫病防控监测	16.7	448
7471	能源矿产地质勘查	23.1	414
7472	固体矿产地质勘查	24.5	404
7473	水、二氧化碳等矿产地质勘查	24.1	409
7474	基础地质勘查	16.6	449
7475	地质勘查技术服务	18.1	441
7481	工程管理服务	2.3	664
7482	工程监理服务	1.9	679
7483	工程勘察活动	2.9	646
7484	工程设计活动	1.8	685
7485	规划设计管理	1.9	680
7486	土地规划服务	0.9	706
7491	工业设计服务	3.0	644
7492	专业设计服务	2.8	647
7493	兽医服务	3.3	639
7499	其他未列明专业技术服务业	0.0	746
7511	农林牧渔技术推广服务	3.7	625
7512	生物技术推广服务	5.5	572
7513	新材料技术推广服务	5.2	583
7514	节能技术推广服务	4.1	612
7515	新能源技术推广服务	3.8	617
7516	环保技术推广服务	4.9	587
7517	三维（3D）打印技术推广服务	5.3	579
7519	其他技术推广服务	4.4	603
7520	知识产权服务	2.1	670
7530	科技中介服务	36.5	362
7540	创业空间服务	4.9	588
7590	其他科技推广服务业	0.0	745

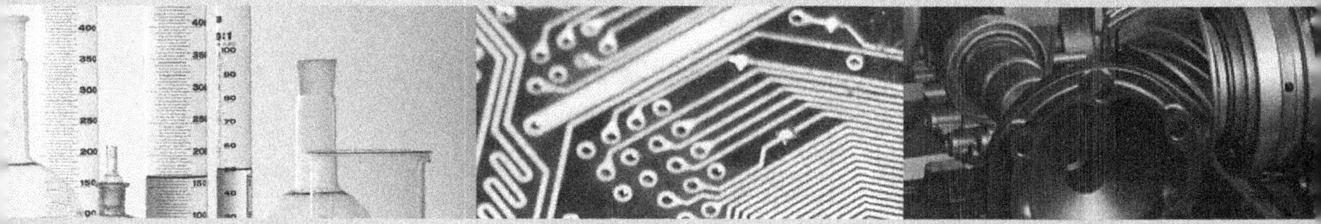

知识产权与美国经济

（第三版）

安德鲁·A. 托勒（Andrew A. Toole），博士，首席经济学家
理查德·D. 米勒（Richard D. Miller），博士，经济学家
尼古拉斯·拉达（Nicholas Rada），博士，副首席经济学家

目 录

1 执行摘要*

1.1 引言

2012 年，美国商务部发布了一份题为“知识产权与美国经济：聚焦产业”的报告（以下简称 2012 年报告）。该报告将最依赖知识产权（IP）的产业（专利、商标或版权）确定为知识产权密集型产业，并估计了它们对美国经济的贡献。它引起了人们极大的兴趣，并激励其他机构和组织开展类似的研究，研究知识产权在国家、行业和企业中的使用和影响。2016 年，美国专利商标局（USPTO）在 2012 年报告的基础上发布了一份更新报告，题为“知识产权与美国经济：2016 年更新版”。

这份 2021 年报告以 2012 年和 2016 年报告版本为基础，更新了知识产权密集型产业对美国经济的重要性，并重新审视了所用的研究方法。[1] 更新版继续侧重于衡量工业知识产权使用强度以及知识产权密集型产业与产出、就业和工资等经济指标的持续关系。报告中使用的数据更精细，使得确认产业中的企业时精度更高，并筛选出了新的产业。虽然本报告研究方法不允许我们将结论单独归因于知识产权，但它提供了一个有用的基准来描述那些最密集使用知识产权保护的产业对行业经济的重要性，并将这些结果进行国际比较。

1.2 问题是什么

有形资产（可衡量的资本形式，如机器）的使用一直是推动经济增长的核心。当农业经济占主导地位时，犁和蒸汽机帮助农民提高生产力。在工业革命期间，机械和工厂创造了新产品和经济增长动力。最近，数字革命带来了先进的计算和通信设备，以提高生产力，从而刺激经济增长。

20 世纪 90 年代中期，美国企业在无形资产（如计算机软件和品牌开

* 中文版严格遵从原文，出现的数据均与原文保持一致，未做任何修改。——译者注

[1] 本报告和之前关于知识产权和美国经济的报告并未表明知识产权和经济绩效之间的因果关系。

发）上的支出开始超过在有形资产上的支出。企业开始更多地投资于研究、开发和无形资产的商业化，而不是依靠有形资产投资刺激增长。知识产权有助于保护这些无形资产并促进经济增长，尽管其方式难以观察或衡量。本研究调查了密集使用知识产权的产业，并描述了截至2019年知识产权密集型产业对美国经济总产出和就业的贡献。

1.3 研究发现了什么

2019年，美国知识产权密集型产业占国内经济活动或产出的41%。在过去5年中，知识产权密集型产业的产出增长速度与国内整体经济增长大致相同，其中版权密集型产业除外，其产出增长速度快于国内经济。

2019年，知识产权密集型产业总共提供了6300万个就业岗位，占美国就业总数的44%。知识产权密集型产业直接支持了约33%的就业岗位，即超过4700万个就业岗位。它们还通过提供中间产品和服务等间接支持了额外的1550万个就业岗位，占总数的11%。

东北部、大西洋中部、中西部的北部和西海岸地区各州的劳动者多集中在知识产权密集型产业中。

本报告还发现，相对于非知识产权密集型产业的工人，知识产权密集型产业的工人更有可能：

（1）工资较高，版权密集型产业收入最高，发明专利密集型产业、外观设计专利密集型产业、商标密集型产业收入次之；

（2）在较大的企业（500人或更多员工）工作；

（3）参加雇主赞助的健康保险；

（4）参加雇主赞助的退休计划；

（5）拥有学士或研究生学位；

（6）是退伍军人。

最后，报告指出了知识产权和非知识产权密集型产业在种族和性别方面的劳动力构成差异。

1.4 这项研究是如何进行的

在确定知识产权密集型产业时，本研究考虑了国内产业对4种知识产权保护形式的相对使用情况：发明专利、外观设计专利、商标和版权。对于前3种形式的知识产权保护，我们在行业层面衡量知识产权的使用情况，即获得的知识产权数量（如专利授权量或商标注册量）与行业就业的关系。我们通过将注册的国内权利所有者与国家机构时间序列（NETS）

数据库相匹配，将每个授予的知识产权与对应的行业相联系。该数据库包含超过6000万家企业的详细数据（包括第一产业），涵盖1989—2016年时间段。对于每项知识产权，我们构建了一个行业层面知识产权密集度的衡量标准，该标准等于每千名员工在截至2016年的5年期间获得的知识产权数量。如果某一产业的知识产权密集度大于所有产业的知识产权密集度，则该产业在特定知识产权方面属于知识产权密集型产业。

我们通过参考世界知识产权组织（WIPO）的《版权产业经济贡献调查指南》（*Guide on Surveying the Economic Contribution of the Copyright – Based Industries*）来识别版权密集型产业。我们的报告不包括世界知识产权组织报告中确定的所有行业，因为我们对版权密集型产业的定义比世界知识产权组织对其的定义更窄。我们将版权密集型产业定义为主要负责创作或生产版权材料的行业，并排除了仅与版权材料发行相关的行业，如图书和音乐商店。

2 简介

纵观人类历史，有形资产（可衡量的有形资产，如机械）的使用极大地促进了经济增长。无论是农业社会的犁和蒸汽机，19 世纪末的机械和工厂，还是数字革命期间先进的计算机和通信设备，企业都利用有形资产来提高生产力，从而刺激经济增长。❶

在 20 世纪 90 年代中期，美国对无形资产（如计算机软件和品牌开发）的投资超过了对有形资产的投资。❷ 美国更多地投资于创新（无形资产的研究、开发和商业化）而非购买设备和机器以刺激增长。

知识产权激励组织和个人开发和寻求与其无形资产相关的商业机会。专利授予排除他人在美国制造、使用、许诺销售或销售该发明或将该发明进口到美国的权利，从而使专利权人有机会从基础创新中获得更大的回报。本研究分别考虑发明专利和外观设计专利。发明专利保护有用的工艺流程、机器、产品和物质的成分。外观设计专利保护产品的装饰设计（可能与其形状/配置、表面装饰或两者有关），从而使企业能够进一步将其产品与竞争对手的产品区分开来，并提高商业成功的概率。版权通过授予作者对其作品的商业化和发行的专有权来激励文学和其他艺术作品的创作。商标通过识别商品或服务的来源来提高专利和非专利创新的价值以及声誉。

这些知识产权保护无形资产，这些资产以难以观察和衡量的方式促进经济增长。❸ 但是，我们可以识别出哪些行业是密集使用知识产权保护的行业，并评估它们对美国经济产出和就业的贡献。我们表明，这些知识产

---

❶ 见 Schwab（2016）。Schwab 是世界经济论坛的创始人和执行主席。

❷ 无形资产由旨在提高未来企业生产率但不是传统类似有形资产的投资组成（例如，无形资产包括计算机软件、数据库、研发、设计、培训、品牌资产以及结构和效率，企业组织的改进，以及娱乐、文学或艺术原创作品的创作）（Sichel 2008；Haskel 和 Westlake 2018）。Corrado 和 Hulten（2010）表明，从 1973 年到 1994 年，有形资产的投资率高于无形资产。但 1995—2007 年这种关系逆转，无形资产的投资率更高。Lev（2018）扩展了 Corrado 和 Hulten 的研究，对接下来 10 年的评估表明，到 2017 年，无形资产的投资率一直高于有形资产的投资率。Spulber（2021，43）发现，在 2018 年，“标准普尔 500 指数企业价值的 85% 由无形资产构成”。在英国，无形资产投资在 21 世纪初期超过了有形资产投资。参见 Haskel 和 Westlake（2018，24 – 25）。

❸ 由于企业或行业层面关于商业秘密的数据有限，我们在报告中不包括商业秘密。

权密集型产业占美国经济活动的很大一部分。此外，知识产权密集型产业不仅提供大量工作岗位，而且提供更高水平的薪酬；知识产权密集型产业的工人往往会获得更高的工资，并且更容易获得附带福利。与非知识产权密集型产业的员工相比，这些工人也更有可能拥有全职职位，在大企业工作，并且具有不同的人口特征（例如，性别、种族/民族和退伍军人）。

本报告是“知识产权与美国经济”系列的第三版。它更新和扩展了以前的报告，加入了外观设计专利，并使用比以前美国专利商标局能获取的更全面的企业级数据。具体而言，自 2016 年报告发布以来，我们成功地将授予美国实体的绝大多数发明专利、外观设计专利和注册商标与国家机构时间序列（NETS）数据库进行匹配。NETS 数据库包括几乎所有美国商业机构（上市和私营企业）以及每个机构的主要行业信息等。通过将每项知识产权与这些企业级数据联系起来，我们现在可以将知识产权与上市企业和私营企业直接匹配。[1]

为了确定一个行业在发明专利、外观设计专利或商标方面是否是知识产权密集型的，本研究使用了根据行业规模调整的知识产权授权数量进行界定。调整行业规模是使行业具有可比性的一种方法。对于每个行业，授予发明专利、外观设计专利和注册商标的总数是按 5 年期间（2012—2016 年）计算的。[2] 这些总数除以同期行业的平均就业人数，得出知识产权与就业人数的比率。如果某个特定行业的比率高于美国所有行业的总体平均水平，则该行业被归类为知识产权密集型产业。

例如，我们确定了 2012—2016 年国内汽车制造业企业获得的 10334 项发明专利。该行业的平均就业人数为 191000 名工人，每 1000 名工人获得 54 项发明专利。由于密集度大于所考虑行业的总体平均密集度（大约每 1000 名工人有 4.25 项专利），我们将其归类为专利密集型产业。

我们使用相同的方法识别外观设计专利密集型和商标密集型产业。相比之下，与之前的报告一致，版权密集型产业是 WIPO 的《版权产业经济贡献调查指南》（*Guide on Surveying the Economic Contribution of the Copyright - Based Industries*）（WIPO，2003）中确定的产业的一个子集。最后，

---

[1] 这种方法类似于 USPTO 在之前的报告中将注册商标与行业匹配的方法（参见 ESA 和 USPTO 2012、2016）。它也类似于欧洲专利局（EPO）、欧盟知识产权局（EUIPO）以及英国知识产权局（UKIPO）在最近的研究中采用的方法。EPO 和 EUIPO（2019 年）的联合研究将知识产权所有者与欧洲企业的 Orbis 数据库进行了匹配，UKIPO（2020 年）的研究将知识产权权利人与英国企业的 Fame 数据库进行了匹配。鉴于单个知识产权与行业匹配的变化，我们特别提出要谨慎比较本报告的结果与前两份报告的结果。

[2] 2012—2016 年时间段的确定主要是由于 NETS 数据库的可得性，由于知识产权密集型产业随着时间的推移趋势会相对稳定，这样不会过度影响调查结果。

如果一个行业在任何单一类别的知识产权中属于密集型产业，我们将其归类为知识产权密集型产业。[1]

知识产权密集型产业列表见附录表 A1。在考虑的 210 个行业中，我们发现 13 个为版权密集型，70 个为发明专利密集型，87 个为外观设计专利密集型，110 个为商标密集型。产业集之间存在显著重叠。例如，有 68 个发明专利密集型产业同时也至少是一种其他形式的知识产权密集型产业。外观设计专利密集型产业的结果类似，87 个产业中有 81 个产业同时也至少是一种其他形式的知识产权密集型产业。即使是商标密集型产业，也有近 80%（110 个中有 85 个）密集利用一种或多种其他形式的知识产权保护。总体而言，127 个产业属于知识产权密集型产业。

[1] 有关这些方法的更多信息，请参阅 www. uspto. gov/sites/default/fles/documents/oce - ip - economysupplement. pdf 上的在线补充材料的第 2 节。

3 知识产权密集型产业的产出和就业

就产出［以国内生产总值（GDP）衡量］和就业而言，知识产权密集型产业在美国经济中发挥着重要作用。GDP 和就业是衡量整体经济表现的两个最重要的指标。GDP 的水平和趋势衡量的是该国国内商品和服务产出的数量和趋势。更高的 GDP 表明美国行业生产更多产品，而更多的就业意味着更多的美国人在谋生。在本节中，我们报告知识产权密集型产业直接贡献的产出和就业情况。❶

3.1 产出

2019 年，知识产权密集型产业的增加值为 7.8 万亿美元（见图 1）。❷ * 按知识产权类型分，商标密集型产业近 7.0 万亿美元，发明专利密集型和外观设计专利密集型产业各近 4.5 万亿美元。版权密集型产业在美国经济活动中的占比较小，总额略低于 1.3 万亿美元。请注意，许多行业都集中在不止一种类型的知识产权上。出于这个原因，7.8 万亿美元的知识产权密集型产业增加值小于各个知识产权类型的总和。

根据 2014—2019 年价格上涨（即通货膨胀）对 GDP 进行价格平减后，知识产权密集型产业增加值增长约为 12%，年增长率为 2.3%。❸ 2014 年以来，版权密集型产业的增加值增长超过了其他知识产权密集型产业——增长了 4.2%。外观设计专利密集型、发明专利密集型和商标密集型产业的产值年均增长率在 2.2% 至 2.6%❹。出于比较目的，2014 年至 2019 年期间 GDP 每年增长 2.4%，这意味着只有版权密集型产业占

---

❶ 尽管知识产权可以通过刺激投资和创新来提高 GDP 和就业（参见 Verspagen 2006；Park 2007），但我们没有捕捉到这些创新可能在其他非知识产权密集型产业中刺激产出增加。

❷ 请参阅在线补充材料的第 3.1 节，了解我们如何估算知识产权密集型产业的总产出。请注意，由于企业在使用多种类型时交叉归类为知识产权密集型，因此单个知识产权类型不会与知识产权总数相加一致。

* 原文文中与图表中数据可能略有差异，或因小数点进位原因，百分数加和有时不是 100%，诸如此类情形，保留原文数据。——译者注

❸ 2014 年，知识产权密集型产业的 GDP 贡献为 6.92 万亿美元。

❹ 按 2019 年不变价计算，2014 年发明专利密集型产业的增加值为 3.91 万亿美元，2014 年外观设计专利密集型产业为 4.00 万亿美元，2014 年商标密集型产业为 6.15 万亿美元，2014 年版权密集型产业为 1.05 万亿美元。

GDP 的比重是这段时间显著增长的❶。在详细介绍这些比重之前，我们将重点介绍知识产权密集型产业的就业情况。

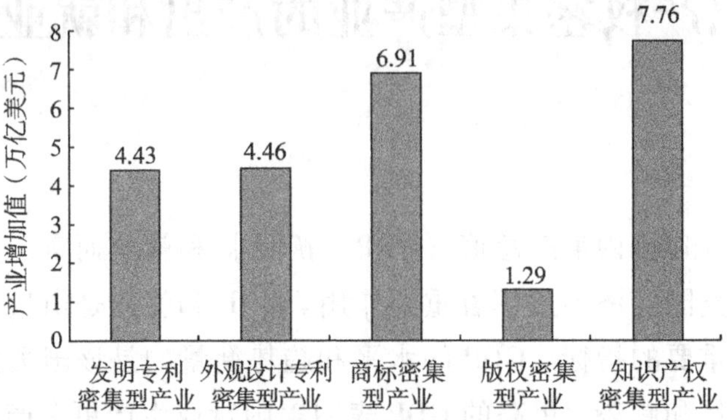

图 1 2019 年美国知识产权密集型产业增加值❷

数据来源：美国专利商标局使用经济分析局和劳工统计局数据测算。

3.2 就业

知识产权密集型产业是美国经济的重要就业来源。我们将这些行业的总就业人数分为直接就业和间接就业。直接就业涵盖了知识产权密集型产业的所有工人，而间接就业涵盖了非知识产权密集型产业中工作的员工，但这些产业至少部分依赖知识产权密集型产业的最终销售❸。

如图 2 中的深色条形部分所示，2019 年知识产权密集型产业直接提供的就业岗位数为 4720 万个，自 2014 年以来增长了约 7%。相对于美国劳动力市场，2014 年至 2019 年，知识产权密集型产业直接就业的占比稳定在 33%。

与本系列之前的报告类似，本报告发现商标密集型产业对直接就业的贡献最大——2019 年提供了 4160 万个就业岗位（高于 2014 年的 3880 万个），占所有知识产权密集型就业岗位的 88%。版权密集型产业创造了 660 万个工作岗位（2014 年为 570 万个）。外观设计专利密集型产业直接创造了 2160 万个就业岗位，比 2014 年增加了 100 万个就业岗位。

2019 年发明专利密集型产业直接提供就业岗位 1820 万个，比前 5 年

❶ 值得注意的是，尽管法院对标的物资格的裁决和《美国发明法案》的某些条款造成了不确定性，但发明专利密集型产业仍以全经济平均水平增长，其中一些人认为专利权减弱了。

❷ 单个类别的增加值加总不等于总的知识产权增加值，因为产业之间有交叉。

❸ 补充材料第 3.2 节可以查看间接就业如何界定。

增加100万个就业岗位❶。2019年的结果表明，发明专利密集型产业的直接就业份额为13%，这与欧洲知识产权局报告的10%的直接就业份额相当（EUIPO和EPO，2019年）❷。

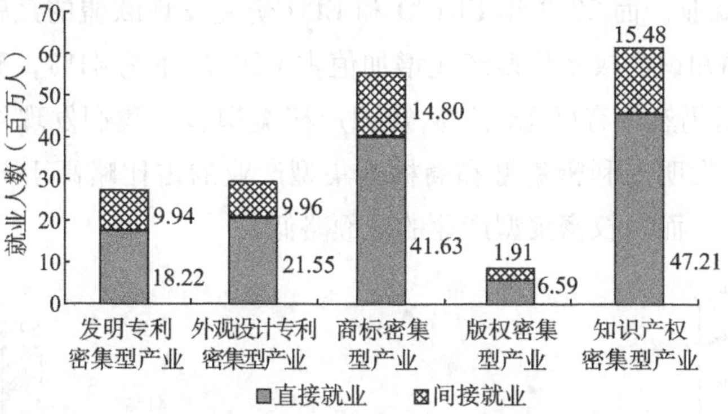

图2　2019年美国知识产权密集型产业的就业人数❸

数据来源：美国专利商标局使用经济分析局和劳工统计局数据测算。

知识产权密集型产业也在非知识产权密集型产业中间接创造了额外的1550万个就业岗位。这些非知识产权密集型产业的工作提供商品和服务（即供应链），作为向知识产权密集型产业的中间投入。与直接创造的就业相结合，知识产权密集型产业提供了6300万个就业岗位，占全国就业岗位的44%。

正如商标密集型产业对GDP的贡献最大一样，它在就业方面也贡献最大，支持超过5600万个工作岗位，占知识产权密集型产业所有工作岗位的90%。外观设计专利密集型和发明专利密集型产业就业岗位均徘徊在3000万左右，版权密集型产业提供了850万个就业岗位。

3.3　产出与就业占比

为了帮助正确看待每种知识产权密集型产业的产出（即增加值）和就业，我们估计了它们占美国GDP和就业总额的比重。如图3所示，商标密集型产业占美国GDP的37%，而版权密集型产业占7%。值得注意

---

❶ 我们认为，外观设计专利密集型产业比发明专利密集型产业雇用更多的个人，这并不意味着外观设计专利对美国经济的重要性高于发明专利。简单地说，我们鼓励更多的行业成为外观设计专利密集型产业，例如，61个行业都是外观设计专利和发明专利密集型产业，占发明专利密集型产业的87%，但仅占外观设计专利密集型产业的70%。

❷ 发明专利密集型产业的就业结果比美国专利商标局之前的报告要高得多，因为新方法根据拥有发明专利的企业将专利和产业联系起来。

❸ 单个类别的就业加总不等于总的知识产权就业，因为产业之间有交叉。

的是，知识产权密集型产业在产出中的占比高于在就业中的占比，这表明这些产业的劳动生产率水平很高。知识产权密集型产业的产出和就业占比与最新的EUIPO和EPO研究（2019年）相当。知识产权密集型产业贡献了33%的就业，而2019年EUIPO和EPO研究发现欧盟的该就业比重为29%。美国知识产权密集型产业增加值占GDP比重为41%，略小于欧盟的45%，但仍然具有可比性。从知识产权类型看，我们发现外观设计专利密集型、发明专利密集型和商标密集型产业的占比略高于EUIPO/EPO报告的占比，而版权密集型产业的份额略低。

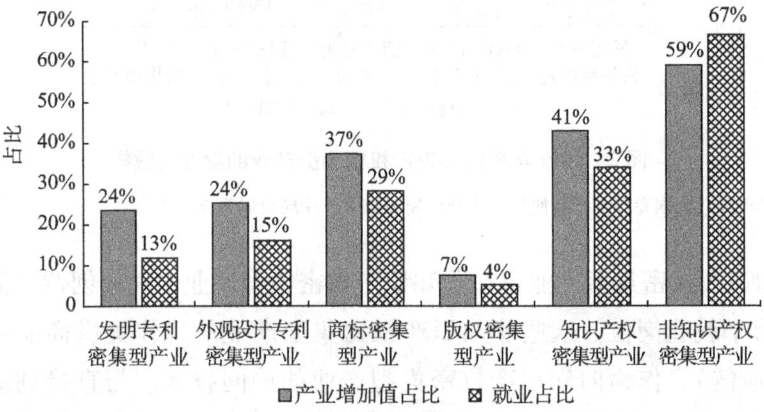

图3　2019年美国知识产权密集型产业的产业增加值占比和就业占比❶

数据来源：美国专利商标局使用经济分析局和劳工统计局数据测算。

❶ 单个类别的增加值和就业占比加总不等于总的知识产权增加值和就业占比，因为产业之间有交叉。

4 知识产权密集型产业的就业

知识产权密集型产业直接支撑着美国经济中三分之一的就业岗位❶。在本节中，我们使用新获得的企业层面数据，详细对比了不同行业中不同的知识产权密集型产业就业情况。我们还研究了这些知识产权密集型产业就业如何随着时间的推移而增长，并且我们将该增长与非知识产权密集型产业的就业增长进行比较。我们发现，除版权密集型产业外，知识产权密集型产业的就业增长速度比全国整体就业增长速度慢。最后，我们展示了美国各州知识产权密集型就业占比的差异。

4.1 分产业的就业

行业层面的就业数据能够帮助我们对知识产权密集型产业就业的行业分布有一个详尽的了解（见表1）。制造业等一些行业长期以来一直被认为是知识产权密集型产业就业的主要来源，但其实其他行业也很重要，事实上，对知识产权密集型产业就业贡献最大的行业是商标密集型的批发零售业（1130 万个工作岗位）❷。

表1 2019 年分行业的知识产权密集型产业就业分布（百分比）

行业	发明专利密集型	外观设计专利密集型	商标密集型	版权密集型	知识产权密集型	非知识产权密集型
农、林、牧、渔业	0.0	0.0	0.1	0.0	0.1	4.7
采矿、公用事业和建筑业	1.9	0.0	0.0	0.0	0.7	10.5
制造业	44.1	46.0	18.4	0.0	22.6	2.6
批发零售业	7.1	36.1	27.2	0.0	24.0	11.5
交通运输、仓储和邮政业	0.0	0.0	0.0	0.0	0.0	7.1
信息服务业	11.9	4.4	6.4	29.6	6.4	0.0
金融、保险、房地产和租赁业	5.2	3.7	10.6	0.0	9.4	5.3

❶ 在这个部分我们仅考虑直接就业的贡献。

❷ 2019 年，商标密集型产业提供了 4163 万个就业岗位，这些就业岗位中 27%（1130 万）是批发零售业。

续表

行　业	发明专利密集型	外观设计专利密集型	商标密集型	版权密集型	知识产权密集型	非知识产权密集型
专业服务业	19.0	9.1	24.3	63.0	21.4	13.9
教育和医疗保健服务业	10.2	0.0	5.5	0.0	8.7	22.1
艺术、娱乐和休闲业	0.7	0.0	2.9	7.4	2.6	1.8
住宿和餐饮服务业	0.0	0.0	0.0	0.0	0.0	15.0
其他服务业	0.0	0.6	4.6	0.0	4.1	5.5
合计	100	100	100	100	100	100

资料来源：美国专利商标局使用劳工统计局劳动生产力和成本计划的数据进行的估计。

从知识产权密集型产业就业分布看，除了制造业和批发零售业，专业服务业的知识产权密集型就业占比也很高。这3个行业加起来占所有知识产权密集型产业就业的68%，而仅占非知识产权密集型产业就业的28%。在发明专利密集型和外观设计专利密集型产业中，制造业的贡献尤为突出，而在外观设计专利密集型和商标密集型产业中，批发零售业的贡献尤为突出。

版权密集型产业就业的行业分布与其他知识产权密集型明显不同。在这些就业岗位中，63%的人从事专业服务业，例如计算机系统设计、专业设计服务和广告。另有30%的人在出版、软件开发、广播、电影和视频制作等领域的信息服务业工作[1]。

4.2 就业的动态分布

自1989年以来，知识产权密集型产业的就业可能经历了3个增长阶段（见图4）。首先，在1989—2000年，就业增长了大约14%，并在2000年达到了最初的峰值。接下来的10年经历了“互联网泡沫”破裂和2008年的金融危机，知识产权密集型产业的就业几乎回落到1989年水平。2010年以后，迎来了更好的经济形势，知识产权密集型产业的就业再次增长了14%，收复了过去10年失去的所有优势。在此期间，版权密集型产业的就业增长最为迅速，增加了近30%的就业岗位，远远超过了非知识产权密集型产业18%的增长。

[1] 也许令人惊讶的是，在版权密集型产业中，只有不到10%的员工从事艺术和娱乐行业。然而，电影和音乐制作都属于信息部门，这至少部分解释了这种违反直觉的结果。将这些行业（占版权密集型就业的8%）重新分配给艺术、娱乐和休闲行业将使其份额增加到15.0%以上，并将信息行业份额降低到21.5%。

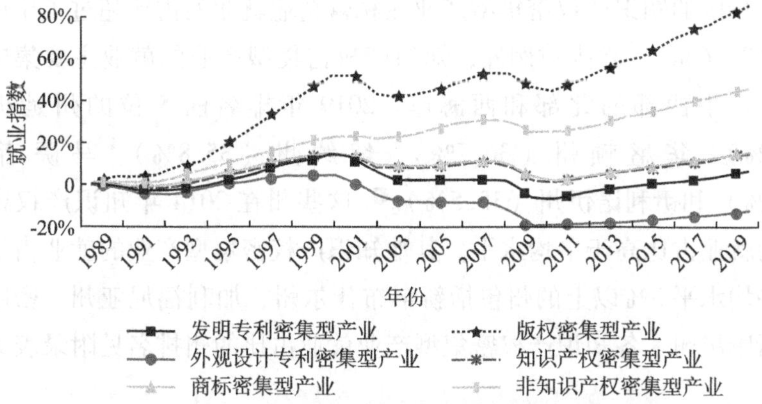

图 4 1989—2019 年美国知识产权密集型产业就业指数

数据来源：美国专利商标局使用劳工统计局劳动生产率和成本估算项目的数据进行估计。

4.3 知识产权密集型产业就业按州分布

近年来，政策制定者一直对促进创新的地域多样性很感兴趣。[1] 如图 5 所示，知识产权密集型产业的就业在美国各地差异很大。16 个州以及哥

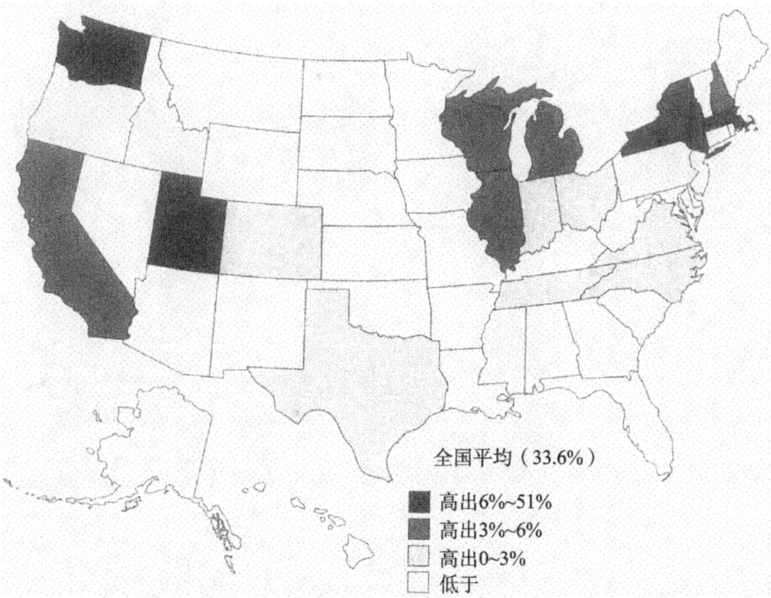

图 5 2019 年知识产权密集型产业就业占比按州分布的情况

注：美国知识产权密集型产业就业占比的全国平均水平为 33.6%。就业占比高的州用深蓝色表示，这些州比全国平均水平高出至少 6%。例如，犹他州拥有 37% 的知识产权密集型产业就业占比，超过了全国平均水平［(37－33.6)/33.6］=10.1%。用浅蓝色表示的州也超过了全国平均水平，但差距较小。

数据来源：美国专利商标局使用来自季度就业和工资普查的数字估计。

---

[1] 参见美国 2021 年创新与竞争法（S. 1260）第Ⅱ部分 B 部分。

伦比亚特区的知识产权密集型产业在私营企业就业的占比超过了全国平均水平（33.6%）。除少数例外，知识产权密集型产业的就业主要集中在新英格兰、中西部的北部和西海岸。2019 年排名前 5 位的州是犹他州（37.0%）、华盛顿州（36.7%）、纽约州（35.8%）、马萨诸塞州（35.7%）和伊利诺伊州（35.5%）。[1] 这些州在 2014 年知识产权密集型产业的就业占比高于平均水平。其他知识产权密集型产业的就业占比高于全国平均水平 3% 以上的州包括新罕布什尔州、加利福尼亚州、密歇根州和威斯康星州。各知识产权密集型产业就业占比的州排名见附录表 A2。

[1] 哥伦比亚特区在知识产权密集型产业的私营部门就业份额最高，为 50.7%。

5 知识产权密集型产业的工作特点

创造就业对政策制定者很重要。通过向工人提供适当的补偿，创造有助于提高生活水平的就业机会也是如此。例如，与收入较低或没有福利的工作相比，平均而言，收入较高且附带福利（如退休和医疗）的工作提供的薪酬水平更高。因此，我们探讨了知识产权密集型产业的工资收入和附带福利的差异，并将这些收入与非知识产权密集型产业的收入进行了比较。我们还探讨了其他就业特征的差异，如雇主规模和就业类型。平均而言，较非知识产权密集型产业，知识产权密集型产业的工作者更有可能获得更高的工资，两者的其他工作特征也不尽相同。

5.1 平均收入

2019 年，所有知识产权密集型产业的工人平均周收入为 1517 美元，比其他行业工人的每周收入高 60%（见图 6）。经济学家将这种差异称为知识产权密集型产业工人的“收入溢价”。例如，非知识产权密集型产业的工人在 2019 年平均每周赚取 947 美元，而发明专利密集型产业的工人每周赚取 1869 美元，为发明专利密集型雇员带来了 97% 的收入溢价。商标密集型产业工人的平均收入低于其他知识产权密集型产业工人，但仍比非知识产权密集型产业的工人高 60%。

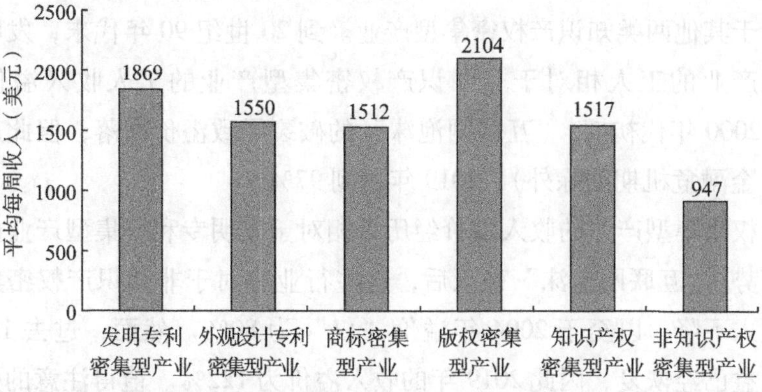

图 6　2019 年美国知识产权密集型产业私营部门工薪人员的平均每周收入

数据来源：美国专利商标局使用季度就业和工资普查数据进行的估计。

自1990年以来，知识产权密集型工作，尤其是版权密集型工作的收入溢价一直在上升（见图7）。2009年，知识产权密集型产业的收入溢价为50%并稳步增长，在2019年达到60%。鉴于知识产权密集型产业多为商标密集型产业，商标密集型产业从业人员的收入溢价随着时间的推移也遵循了非常相似的趋势。同样，外观设计专利密集型产业的收入溢价往往略高于商标密集型产业，但随着时间的推移，其趋势与总体指标相似。

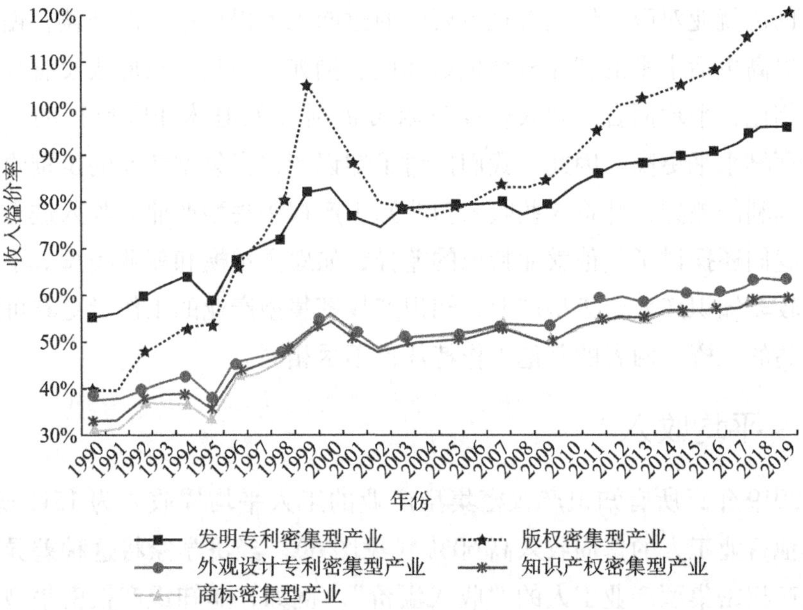

图7 1990—2019年美国知识产权密集型产业的工人平均每周收入相对于非知识产权密集型产业的溢价

数据来源：美国专利商标局使用季度就业和工资普查数据进行的估计。

从历史趋势看，发明专利和版权密集型产业的工人所享有的收入溢价一直高于其他两类知识产权密集型产业。到20世纪90年代末，发明专利密集型产业的工人相对于非知识产权密集型产业的工人收入溢价超过80%。2000年代初期，“互联网泡沫”的破裂导致溢价回落，但此后稳步增长（金融危机期间除外），2019年达到97%。

版权密集型产业的收入溢价经历了相对于发明专利密集型产业的更极端的趋势。“互联网泡沫”破灭后，这些行业相对于非知识产权密集型产业的收入下降，以至于2004年溢价“仅”为80%。然而，过去15年的相对收益已经恢复，因此2019年的收入溢价为122%。值得注意的是，发明专利密集型、外观设计专利密集型和版权密集型产业的收入溢价在2019年高于过去30年的任何时候。

5.2 其他就业特点

除收入之外，就业还有其他方面的特点，包括附带福利，例如退休计划和健康保险，以及就业状况，例如全职与兼职，以及自营职业。全职工作通常意味着更高的工作稳定性和附带福利可得性。❶ 个体经营者在从事的工作类型和工作时间方面拥有更多自由，但他们也可能面临不稳定的收入，并且通常没有资格获得附带福利。❷

我们还分析了雇主规模，规模较大的雇主通常有更多的资源来提供更丰富的附加福利，同时也提供更多的工作保障、更好的正规培训机会以及其他福利。通过这种方式，雇主规模可以作为没有特别包含在本分析中的其他形式非工资补偿的代理变量。❸ 如表 2 所示，这些就业特点在知识产权密集型和非知识产权密集型产业之间存在很大差异。❹

表 2　2019 年知识产权密集型和非知识产权密集型产业的就业特征（百分比）

行　业	发明专利密集型	外观设计专利密集型	商标密集型	版权密集型	知识产权密集型	非知识产权密集型
雇主规模						
少于 100 名员工	22.6	35.5	42.3	44.0	37.4	44.2
100 至 499 名员工	15.8	15.5	13.7	14.5	13.6	12.8
500 名或更多员工	61.5	49.0	44.0	41.5	49.0	43.1
个体经营者占比	3.3	8.6	12.0	13.5	10.2	7.9
全职占比	86.3	87.3	81.3	83.3	80.8	74.0
健康保险占比	81.6	75.9	73.8	78.5	74.9	62.7
退休计划占比	49.9	41.9	39.3	38.2	42.1	36.9

资料来源：美国专利商标局使用 2019 年人口调查中社会和经济补充数据进行的估计。

发明专利密集型和外观设计专利密集型产业在大型企业（即 500 名或更多员工）中工作的员工比例最高。发明专利密集型产业尤其如此，超过 60% 的员工在大型企业工作。商标和版权密集型产业工人的雇主规模与非知识产权密集型产业的相似。

---

❶ 例如，Buchmeuller（1999）发现，向全职工人提供更丰富福利的雇主会更多地使用兼职工人来完成需要较低技能水平的任务，以避免向低技能工人提供同样的福利。

❷ 参考 Krueger（2018）。

❸ 这并不是要贬低为中小型企业工作的好处。这些企业可以提供大企业有时无法提供的机会（例如增加责任）。无论人们更喜欢大企业还是小企业的好处，看看这种环境中的就业如何在不同行业中有所不同是很有启发性的。

❹ 有关用于本节分析的数据和方法的更多信息，请参见补充材料的第 3.3 节。

总体而言，2019 年美国只有略低于 9% 的劳动力是个体经营者。值得注意的是，个体经营者的占比在各类知识产权密集型产业中差异很大。发明专利密集型产业的个体经营者比例远低于商标和版权密集型产业。事实上，版权密集型产业工人的个体经营者比例比整个经济体高出 50%。创意和表演艺术中的许多工作是根据劳务合同而不是劳动合同进行的，这可能反映了艺术和创意工作的性质，即更具个性化和表现性❶。

与非知识产权密集型产业相比，知识产权密集型产业的员工全职（每周 35 小时或更多小时）比例更高，并由雇主提供团体健康保险。同样，知识产权密集型产业的更多工人享受雇主提供的养老金或其他类似的退休计划。那些在发明专利密集型产业工作的人在这些类别中的比例最高：86% 的人全职工作，82% 的人参加了雇主赞助的团体健康计划，50% 的人参加了工作中的退休计划。知识产权密集型产业的员工获得的额外福利（例如，健康保险和退休计划）扩大了他们与非知识产权密集型产业的员工之间的总薪酬差距，后者不太可能获得附加福利，通常，只以工资或薪金收入形式赚取的收入较少。

---

❶ 参考 WIPO（2015），page 40，and Henry et al.（2021）。

6 劳动力特征

上一节中的就业特点描述的是工作类型而不是劳动力特征。近年来，人们对知识产权的生产者和拥有者的社会特征越来越感兴趣。为此，美国专利商标局发布了两份关于女性利用美国专利制度的报告，[1] 明确了其他社会经济群体积极参与美国知识产权制度更具挑战性。美国专利商标局目前并没有收集包括性别在内的发明人的任何社会经济特征。在本分析中，我们利用年度员工调查数据来确定知识产权密集型和非知识产权密集型产业工人的社会经济构成是否存在差异。我们还评估了不同的知识产权密集型产业之间是否存在这种差异（见表3）。

表3 2019年知识产权密集型和非知识产权密集型产业的劳动力特征（百分比）

部门	发明专利密集型	外观设计专利密集型	商标密集型	版权密集型	知识产权密集型	非知识产权密集型
女性	37.0	34.3	44.3	40.9	43.7	54.0
种族/民族						
白人，非西班牙裔	66.3	69.5	67.4	66.7	67.6	58.4
黑人，非西班牙裔	9.2	8.1	8.7	7.7	8.9	13.9
亚洲人，非西班牙裔	11.0	6.7	8.4	14.5	8.3	5.6
其他，非西班牙裔	2.2	2.0	2.3	2.5	2.3	2.6
西班牙裔	11.4	13.8	13.3	8.6	13.0	19.5
退伍军人身份	6.1	6.3	5.3	5.4	5.3	4.4
教育程度						
低于高中	3.4	5.5	3.7	0.8	3.6	8.2
高中毕业文凭	18.5	25.9	19.3	9.1	19.4	28.2
专科学校或肄业证书	21.8	26.3	24.0	19.8	23.4	27.0
学士学位	32.4	30.3	34.0	47.7	32.2	22.2
研究生学位	23.9	12.1	19.0	22.6	21.4	14.4

注：种族/民族类别来自当前人口调查。“其他、非西班牙裔”种族/族裔类别包括自称为美洲印第安人或阿拉斯加原住民、夏威夷人或太平洋岛民或混血的非西班牙裔个人。

资料来源：USPTO使用2019年当前人口调查（CPS）年度社会和经济补充数据进行的估计。

---

[1] 托勒（Toole）、梅尔斯（Myers）（2019）等，以及托勒（Toole）、萨克塞纳（Saksena）（2020）等发现，尽管女性在发明专利授权方面的占比仍然不足，但女性获得专利授权的比例越来越多。此外，使用多种方法计算的女性专利参与率都显著增加，包括发明人中最少有一个女性或者发明人全是女性的计量方法。

2019 年，知识产权密集型产业的女性劳动力比例（43.7%）低于非知识产权密集型产业（54.0%）。这种差距在外观设计专利和发明专利密集型产业最为明显，可能与这些行业的大部分工人受雇于制造业有关。在非知识产权密集型产业工作的女性比例相对较高，这可能是由于医疗保健和教育服务业的女性占比显著❶。

在知识产权密集型产业中，大约三分之二的劳动力是白人，五分之一是亚裔或西班牙裔，十分之一是黑人或其他种族。亚裔和白人在知识产权密集型产业的比例往往高于其他产业。发明专利密集型和版权密集型产业的亚裔比例相对较高，亚裔分别占所有员工的 11.0% 和 14.5%。在非知识产权密集型产业中，西班牙裔和黑人的比例最高。

与非知识产权密集型产业相比，知识产权密集型产业的退伍军人所占比例更大，占所有知识产权密集型工人的 5.3%。在发明专利密集型和外观设计专利密集型产业中，退伍军人的比例最高，均超过 6%。

鉴于知识产权密集型产业的工人通常比非知识产权密集型产业的工人收入更多，且教育程度与收入之间存在着强烈的正相关关系，我们预计教育程度在知识产权密集型和非知识产权密集型产业之间的分布会有所不同。我们的研究符合这些预期。我们发现，知识产权密集型产业的工人中有很大一部分至少完成了 4 年制本科课程（53.6% 对 36.6%）❷。在版权密集型产业中，拥有 4 年制学位的劳动力所占比例尤其高，超过 70%，而在发明专利密集型产业，超过一半的工人完成了 4 年制学位。外观设计专利密集型产业的劳动者本科毕业的比例较小（大约 43% 的人毕业），但与非知识产权密集型产业的工人相比，这些行业的工人更有可能获得 4 年制学位。

---

❶ 美国劳工统计局报告称，2019 年，制造业女性占比 30%。与此同时，教育和医疗保健服务行业女性劳动力占比 75%。参见 www.bls.gov/cps/aa2019/cpsaat17.pdf。

❷ 为了生成这些数字，我们将最高教育程度为学士学位或研究生学位的工人的比例结合起来。

7 结论

本报告重点介绍了知识产权密集型产业在产出和就业方面的贡献。2019年，知识产权密集型产业占美国GDP的近41%，直接贡献美国全部就业的33%。这些产业也间接提供了美国11%的就业岗位。从不同类型的知识产权密集型产业看，商标密集型产业对产出和就业的贡献最大，其次是外观设计专利和发明专利密集型产业。知识产权密集型产业的就业往往与整个经济的好转和低迷同步。值得注意的是，到2019年，知识产权密集型产业似乎已经恢复了因“互联网泡沫”破裂和金融危机而造成的就业损失。

知识产权密集型和非知识产权密集型产业的工作类型和劳动力性质往往有所不同。知识产权密集型产业的雇主往往是大企业，支付更高的工资，并且更有可能提供退休和医疗保健计划等附带福利。在劳动力构成方面，除亚裔外，女性和少数族裔在知识产权密集型产业中的占比较少。值得注意的是，与非知识产权密集型产业（4.4%）相比，知识产权密集型产业（5.3%）中的退伍军人比例更大。

尽管本报告中产业层面的分析为知识产权密集型产业的相对重要性提供了一个广阔的视角，但在企业层面进一步的研究和分析将有助于理解推动使用知识产权的微观经济基础，以及知识产权如何影响产出和就业。例如，企业层面的分析可以对更全面地寻求知识产权保护的决策进行建模和特征分析。

参考文献

[1] Buchmueller, Thomas. 1999. "Fringe Benefits and the Demand for Part – Time Workers." *Applied Economics* 31 (5): 551 – 563.

[2] Corrado, Carol, and Charles Hulten. 2010. "How Do You Measure a 'Technological Revolution'?" *American Economic Review* 100 (2): 99 – 104.

[3] ESA and USPTO (Economic and Statistics Administration and United States Patent and Trademark Office). 2012. "Intellectual Property and the U. S. Economy: Industries in Focus." U. S. Department of Commerce. www. uspto. gov/sites/default/files/news/publications/IP_Report_March_2012. pdf.

[4] ESA and USPTO (Economic and Statistics Administration and United States Patent and Trademark Office). 2016. "Intellectual Property and the U. S. Economy: 2016 Update." www. uspto. gov/sites/default/fles/documents/IPandtheUSEconomySept2016. pdf.

[5] EPO and EUIPO (European Patent Office and European Union Intellectual Property Office). 2019. *IPR – Intensive Industries and Economic Performance in the European Union: Industry – Level Analysis Report.* Munich, Germany, and Alicante, Spain: EPO and EUIPO. https://euipo. europa. eu/tunnel – web/secure/webdav/guest/document_library/observatory/documents/IPContributionStudy/IPR – intensive_industries_and_economicin_EU/WEB_IPR_intensive_Report_2019. pdf.

[6] Haskel, Jonathan, and Stan Westlake. 2018. *Capitalism without Capital: The Rise of the Intangible Economy.* Princeton, NJ: Princeton University Press.

[7] Henry, Nick, Victoria Barker, Paul Sissons, Kevin Broughton, Peter Dickinson, Jordan Lazell, and Tim Angus. 2021. "Creating Value in Place: Understanding the Role, Contribution and Challenges of Creative Freelance Work." Creative Industries Policy and Evidence Centre Discussion Paper 2021/05. www. pec. ac. uk/assets/publications/Creating – Value – in – Place – Understanding – the – Role – Contribution – and – Challenges – of – Creative – Freelance – Work. pdf.

[8] Krueger, Alan B. 2018. "Independent Workers: What Role for Public Policy?" *The ANNALS of the American Academy of Political and Social Science* 675 (1): 8 – 25.

[9] Lev, Baruch. 2018. "Intangibles." Unpublished manuscript. Available at https://papers. ssrn. com/sol3/papers. cfm? abstract_id = 3218586.

[10] Park, Walter G. 2007. "Chapter 9: Intellectual Property Rights and International Innovation." In *Intellectual Property, Growth, and Trade (Frontiers of Economics and Globaliza-*

tion, *Vol.* 2), ed. Keith E. Maskus. Bingley, UK: Emerald Publishing Limited.

[11] Schwab, Klaus. 2016. "The Fourth Industrial Revolution: What It Means, How to Respond." World Economic Forum Global Agenda, January 14, 2016. www.weforum.org/agenda/2016/01/the-fourth-industrial-revolution-what-it-means-and-how-to-respond/.

[12] Sichel, Daniel E. 2008. "Intangible Capital." In *The New Palgrave Dictionary of Economics*, ed. S. N. Durlauf and L. E. Blume, 391-92. London: Palgrave Macmillan. https://doi.org/10.1057/978-1-349-95121-5_2304-1.

[13] Spulber, Daniel. 2021. "Antitrust and Innovation Competition." Unpublished manuscript.

[14] Toole, Andrew, Amanda Myers, Charles deGrazia, Stefano Breschi, Edoardo Ferrucci, Francesco Lisson, Ernest Miguelez, Valerio Sterzi, and Gianluca Tarasconi. 2019. "Progress and Potential: A Profile of Women Inventors on U. S. Patents." USPTO Office of the Chief Economist IP Data Highlights, No. 2. www.uspto.gov/sites/default/files/documents/Progress-and-Potential-2019.pdf.

[15] Toole, Andrew, Michelle Saksena, Charles deGrazia, Katherine Black, Francesco Lisson, Ernest Miguelez, and Gianluca Tarasconi. 2020. "Progress and Potential: 2020 Update on U. S. Women Inventor-Patentees." USPTO Office of the Chief Economist IP Data Highlights, No. 4. www.uspto.gov/sites/default/files/documents/OCE-DH-Progress-Potential-2020.pdf.

[16] UKIPO (United Kingdom Intellectual Property Office). 2020. "Use of Intellectual Property Rights across UK Industries." www.gov.uk/government/publications/use-of-intellectual-property-rights-across-uk-industries/use-of-intellectual-property-rights-across-uk-industries.

[17] Verspagen, Bart. 2006. "Innovation and Economic Growth." In *The Oxford Handbook of Innovation*, ed. Jan Fagerberg and David C. Mowery. Oxford, UK: Oxford University Press.

[18] WIPO (World Intellectual Property Organization). 2003. *Guide on Surveying the Economic Contribution of the Copyright-Based Industries.* Geneva: WIPO.

[19] WIPO (World Intellectual Property Organization). 2015. *Guide on Surveying the Economic Contribution of the Copyright-Based Industries.* Geneva: WIPO. www.wipo.int/edocs/pubdocs/en/copyright/893/wipo_pub_893.pdf.

附 录

表 A1 2012—2016 年美国知识产权密集型产业

行业名称	发明专利密集型	外观设计专利密集型	商标密集型	版权密集型
水产捕捞、狩猎和动物捕捉			是	
采矿业辅助活动	是			
肉类加工		是	是	
谷物和油籽碾磨		是	是	
糖和糖果产品制造			是	
水果、蔬菜和特殊食品制造			是	
乳制品制造			是	
水产品制造和包装			是	
其他食品制造	是	是	是	
饮料制造业			是	
烟草制造业	是	是	是	
纤维、纱线和线材制造			是	
针织厂	是	是	是	
纺织品和织物整理和印染加工		是	是	
纺织设备制造		是	是	
其他纺织品制造		是	是	
服装制造		是	是	
皮革及相关产品制造	是	是	是	
其他木制品制造		是		
纸浆、纸和纸板厂	是	是	是	
改良纸产品制造业	是	是	是	
石油和煤炭加工制造	是	是	是	
基本化学品制造业	是	是	是	
树脂、橡胶和人造纤维制造	是	是	是	
杀虫水、化肥和其他农业化学制品制造	是	是	是	
制药及医药制造	是	是	是	

续表

行业名称	发明专利密集型	外观设计专利密集型	商标密集型	版权密集型
油漆、涂料、黏合剂和密封剂生产	是	是	是	
肥皂、清洁剂及盥洗用品业	是	是	是	
其他化学品制造	是	是	是	
塑料产品制造	是	是	是	
橡胶制品制造	是	是	是	
黏土制品和耐火材料制造		是	是	
玻璃及玻璃制品制造	是	是	是	
水泥和混凝土制品制造		是		
石灰和石膏产品制造	是	是	是	
其他非金属矿产品制造		是		
氧化铝和铝产品加工	是	是		
有色金属（铝除外）生产加工	是	是	是	
锻造和冲压		是		
餐具和手工具制造	是	是	是	
建筑和采矿机械制造		是		
锅炉、罐和集装箱制造	是	是		
五金制造	是	是	是	
弹簧及线材产品制造	是	是	是	
其他金属制品制造	是	是	是	
农业、建筑和矿山机械制造	是	是	是	
工业机械制造	是	是	是	
商业和服务业机械制造	是	是	是	
通风、供暖、空调和商用制冷设备制造	是	是	是	
金属加工机械制造	是	是		
发动机、涡轮和动力传动设备制造	是	是		
其他通用机械制造	是	是	是	
计算机及周边设备制造	是	是	是	
通信设备制造	是	是	是	
音视频设备制造	是	是	是	
半导体及其他电子元件制造	是	是	是	
导航、测量、电子医疗和控制仪器制造	是	是	是	
制造和复制磁性和光学介质	是	是	是	
电气照明设备制造	是	是	是	

续表

行业名称	发明专利密集型	外观设计专利密集型	商标密集型	版权密集型
家电制造	是	是	是	
电气设备制造	是	是	是	
其他电气设备和零部件制造	是	是	是	
机动车制造	是	是		
机动车零部件制造	是	是		
航空航天产品及零部件制造	是	是		
铁路机车车辆制造	是	是		
造船		是		
其他运输设备制造	是	是	是	
家庭家具和橱柜制造		是	是	
办公家具（包括固定装置）制造	是	是	是	
其他家具相关产品制造	是	是	是	
医疗设备和用品制造	是	是	是	
其他杂项制造业	是	是	是	
机动车辆和机动车辆零部件及用品商户批发		是	是	
专业和商业设备和用品商户批发	是	是	是	
电器电子商品商户批发	是	是	是	
机械、设备和供应商批发		是	是	
其他耐用品商户批发		是	是	
药商杂货商批发	是		是	
杂货及相关产品批发			是	
石油和石油产品商户批发		是	是	
其他非耐用品商户批发		是	是	
健康和个人护理商店			是	
服装和服装配饰店			是	
非商店零售商		是	是	
所有其他零售		是	是	
报纸、期刊、书籍和目录出版			是	是
软件出版	是	是	是	是
电影和视频行业			是	是
录音行业			是	是
广播电视广播	是		是	是
有线电视和其他订阅节目	是	是	是	是
有线和无线电信运营（卫星除外）	是		是	

续表

行业名称	发明专利密集型	外观设计专利密集型	商标密集型	版权密集型
数据处理、托管和相关服务	是	是	是	
其他信息服务	是			是
非存托信用中介及相关活动	是		是	
其他金融投资活动		是	是	
证券和商品合约中介和经纪			是	
基金、信托和其他金融工具	是	是	是	
住房和其他房地产			是	
机械设备租赁		是	是	
金融无形资产出租	是	是	是	
法律服务			是	
专业设计服务		是	是	是
计算机系统设计及相关服务	是		是	是
管理和技术咨询服务			是	
科研开发服务	是	是	是	
广告及相关服务		是	是	是
其他专业技术服务			是	是
办公室行政服务			是	
业务支持服务			是	
旅行安排和预订服务			是	
其他支持服务	是	是	是	
初级学院、学院、大学和专业学校	是			
其他教育服务			是	
其他健康从业人员的工作室			是	
艺术表演场馆			是	是
群体文化运动			是	
独立艺术家、作家和表演者			是	是
文化娱乐体育经纪人和公众人物的经纪人			是	
博物馆、历史遗迹、动物园和公园			是	
博彩业	是		是	
电子及精密设备维修保养		是	是	
其他个人服务			是	
赠款、捐赠和社会宣传组织			是	
民间和社会组织			是	

表 A2　2019 年美国各州知识产权密集型产业的就业占比　（单位：%）

州　　名	发明专利密集型	外观设计专利密集型	商标密集型	版权密集型	知识产权密集型
全国平均	13.6	16.1	29.7	4.4	33.6
亚拉巴马	14.0	18.7	25.7	3.1	31.6
阿拉斯加	6.1	5.8	22.2	1.5	25.3
亚利桑那	11.6	13.5	28.1	3.5	31.0
阿肯色	10.4	15.7	24.4	2.3	27.5
加利福尼亚	14.4	15.9	31.9	6.4	35.1
科罗拉多	13.8	15.0	31.9	5.9	34.5
康涅狄格	14.8	16.7	27.2	4.3	33.2
特拉华	11.7	10.2	28.6	2.4	29.7
哥伦比亚特区	15.8	6.6	44.5	10.8	50.7
佛罗里达	8.8	11.8	28.4	3.6	30.5
佐治亚	12.7	16.0	29.2	4.8	32.3
夏威夷	4.0	6.5	22.4	2.6	23.4
爱达荷	9.0	14.6	28.1	3.0	30.2
伊利诺依	14.2	17.1	31.8	4.3	35.5
印第安纳	17.0	21.5	27.5	2.5	34.5
艾奥瓦	13.2	18.5	27.6	2.7	31.2
堪萨斯	13.6	18.2	27.3	3.1	32.5
肯塔基	14.5	18.6	25.7	2.3	32.2
路易斯安那	10.9	13.2	24.8	2.2	28.4
缅因	9.3	13.5	25.1	2.8	29.0
马里兰	12.9	11.9	29.8	5.6	31.7
马萨诸塞	17.3	16.3	31.2	6.0	35.7
密歇根	17.3	21.0	27.7	3.6	35.3
明尼苏达	13.1	17.4	29.8	3.9	32.4
密西西比	11.0	17.5	23.9	1.6	28.8
密苏里	13.6	16.8	28.0	3.7	32.4
蒙大拿	6.7	10.8	24.0	2.9	25.6
内布拉斯加	10.8	14.5	26.7	3.6	29.5
内华达	7.6	10.0	24.1	2.8	25.1
新罕布什尔	16.3	18.3	31.3	4.3	34.8
新泽西	12.4	14.9	31.4	4.2	33.0
新墨西哥	12.1	12.3	24.6	2.3	28.2
纽约	11.7	13.1	31.9	6.1	35.8
北卡罗来纳	14.3	18.6	30.5	3.5	33.7

续表

州　　名	发明专利密集型	外观设计专利密集型	商标密集型	版权密集型	知识产权密集型
北达科他	10.2	13.8	23.0	2.4	29.4
俄亥俄	15.6	19.2	28.2	3.2	33.6
俄克拉何马	13.0	15.5	24.9	2.2	30.3
俄勒冈	11.0	16.3	28.4	3.9	30.6
宾夕法尼亚	13.8	15.5	27.1	3.4	31.8
罗得岛	11.3	11.9	24.9	3.4	29.5
南卡罗来纳	15.1	18.4	27.9	2.8	32.5
南达科他	11.3	16.1	27.2	2.3	29.7
田纳西	14.4	18.8	28.4	3.0	33.6
得克萨斯	13.6	15.5	29.7	3.8	33.7
犹他	15.7	18.0	33.4	5.8	37.0
佛蒙特	11.0	13.6	27.1	3.9	30.5
弗吉尼亚	14.0	12.7	31.6	7.6	34.5
华盛顿	15.9	19.8	31.1	6.9	36.7
西弗吉尼亚	8.8	10.8	20.8	2.2	24.5
威斯康星	16.3	22.0	31.0	3.1	35.2
怀俄明	9.2	10.0	19.7	2.0	25.3

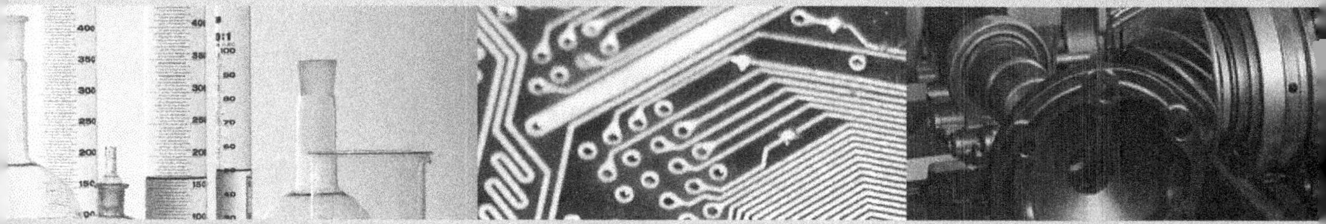

补充材料：知识产权与美国经济

（第三版）

安德鲁·A. 托勒（Andrew A. Toole），博士，首席经济学家
理查德·D. 米勒（Richard D. Miller），博士，经济学家
尼古拉斯·拉达（Nicholas Rada），博士，副首席经济学家

目 录

1 引言*

补充材料介绍了《知识产权与美国经济（第三版）》报告中相关数据的测度方法。本报告研究了美国一直寻求各种形式的知识产权（IP）保护的产业，并描述了截至2019年它们对国民经济产出和就业的贡献。此处提供的补充材料分为3个主要部分。首先，我们描述了如何识别知识产权密集型产业。其次，我们介绍了测算知识产权密集型产业的增加值和间接就业的方法。最后，我们描述了如何形成有关工作和劳动力特征的数据。

* 中文版严格遵从原文，出现的数据均与原文保持一致，未做任何修改。——译者注

2 确定知识产权密集型产业

2.1 产业的定义

与之前的报告一样，我们主要使用北美行业分类系统（NAICS）来定义行业。NAICS 是美国联邦机构用于对商业机构进行分类的标准系统，目的是在行业层面发布统计数据，例如就业和总产出。它由美国、加拿大和墨西哥的相关统计和分类机构联合开发。它于 1997 年采用，取代了标准行业分类（SIC）体系。可以使用从 1 位到 6 位数字不等的 NAICS 代码来识别行业。1 位 NAICS 代码标识非常广泛的行业，例如“所有制造业”（NAICS 代码为 3）。NAICS 代码中每增加一个数字，即可代表更高级别的细分行业。例如，3 位 NAICS 代码 336 包括“运输设备制造”，它代表比“所有制造”更专业化的行业界定，但比 4 位 NAICS 代码 3363（仅包括“汽车零件制造”）低。这个 4 位码的行业可以进一步分解为几个 5 位码的行业，如“燃料汽车发动机和发动机零部件制造”（33631）和“汽车转向装置和悬架部件（弹簧除外）制造”（33633）等。

美国劳工统计局（BLS）的行业层面就业数据使用 NAICS 代码，[1] 而经济分析局（BEA）的增加值数据则是依据 BEA 在 NAICS 代码基础上构建的行业定义。根据之前的报告，[2] 我们以 4 位 NAICS 代码级别定义行业，但某些情况除外，在这些情况下，我们需要更广泛的行业特征（通常在 3 位码级别）以与 BEA 定义的行业保持一致。与 BEA 分类标准匹配有助于生成增加值的估计值。表 1* 列出了本研究中使用的 4 位 NAICS 代码行业，以及我们从劳工统计局获得的就业数据。

表 2 提供了 4 位 NAICS 代码行业和所需的更粗层级码与 BEA“细分”

---

❶ BLS 就业数据在 2 位、3 位、4 位、5 位和 6 位 NAICS 级别上可用，尽管 5 位和 6 位级别的数据不太完整。数据可从 https：//www. bls. gov/lpc/tables_by_sector_and_industry. htm 查询。

❷ 参见 ESA 和 USPTO（2012 年，2016 年）。这些报告可从 https：//www. uspto. gov/sites/default/files/news/publications/IP_Report_March_2012. pdf 和 https：//www. uspto. gov/sites/default/files/documents/IPandtheUSEconomy-Sept2016. pdf 获取。

* 表 1 ~ 表 6 集中放在“参考文献”之后。——译者注

行业的参照关系表，这种匹配虽然某种程度上不太专业。[1] 在某些情况下，我们将4位码的行业汇总为3位码行业。[2] 例如，以下3个4位码的行业：NAICS 4451（杂货店）、NAICS 4452（特色食品店）和NAICS 4453（啤酒、葡萄酒和酒类商店）汇总匹配到BEA细分行业NAICS 445（食品和饮料商店）。

其他情况则更为复杂。在某些情况下，并非所有4位码的行业都嵌套在3位码行业的集合下。来看一下3位码的“商业耐用品批发”（NAICS 423）行业。嵌套在此BEA细分行业的NAICS代码包括：

- 机动车和机动车零部件及用品批发（NAICS 4231）；
- 专业和商业设备及用品批发（NAICS 4234）；
- 电气及电子产品批发（NAICS 4236）；
- 机械、设备和用品批发（NAICS 4238）；
- 其他耐用品批发（BEA代码423A），包括家具和家居用品批发（NAICS 4232），木材及其他建材批发（NAICS 4233），金属和矿物（石油除外）商业批发（NAICS 4235），五金、管道和供暖设备及用品批发（NAICS 4237），其他耐用品批发（NAICS 4239）。

请注意，在此示例中，“商业耐用品批发”下的4个4位码行业是BEA定义的细分行业。但其余5个4位码行业被汇总为一个BEA细分行业，即BEA代码423A行业，这个行业代码在NAICS中没有出现。因此，尽管BEA行业定义与NAICS匹配时借用并使用NAICS代码，但它有时会创建新的行业分类（和代码），这些分类（和代码）几乎总是从NAICS子行业中构建得到。

这一一般规则最重要的例外是建筑业。BEA发布的建筑数据与NAICS行业不一致。在NAICS中，行业根据其生产过程进行分类，而BEA建筑子行业则按结构类型进行分类。例如，NAICS“屋顶承包商”行业的生产活动将被分入许多BEA建筑类别，因为屋顶建在许多类型的结构上。然而，2012年和2016年美国专利商标局的报告发现，只有一个建筑行业——“土地建设和城市规划”（NAICS 2372）——是知识产权密集型的（仅限2014年）。此外，“土地建设和城市规划”是一个相对较小的行业，2019

---

[1] 总产出和增值信息每5年在详细的行业层面提供一次。在撰写本文时，2012年的最新细节级数据已经公布。BEA每年发布其所谓的“部门”“摘要”行业和“基本摘要”行业的工业产出数据。我们将在第3.1节中讨论产生增加值估计和相关就业的方法。

[2] 一些3位码的BEA行业，如211（石油和天然气开采），仅包括一个嵌套的4位NAICS代码子行业。我们引用这些行业使用3位码变体，以与BEA命名约定保持一致并避免混淆。

年约有49000名员工。因此，NAICS和BEA之间的这种不对应不会影响我们的结果。[1]

2.2 识别发明专利、外观设计专利和商标密集型产业

与2012年和2016年USPTO报告一样，我们将一个行业的发明专利、外观设计专利和商标密集度定义为相对于该行业总就业人数的发明专利、外观设计专利或商标数量。[2] 如果某一行业的知识产权数量与就业比率高于所考虑的所有行业的平均水平，我们就将该行业指定为特定形式知识产权的密集型产业。将知识产权数量除以就业人数是调整行业规模差异的一种方法，这使得行业更具可比性。

本报告将发明专利与特定行业相匹配的方法与以前报告中使用的方法不同。对于商标，新方法提高了我们将商标与行业联系起来的能力。请注意，我们现在的报告包括外观设计专利，而以前的报告不包括外观设计专利。为清楚显示差异，我们首先介绍之前使用的方法，然后介绍新方法。

2.2.1 美国专利商标局前几份报告中使用的方法

发明专利

以前的方法使用了美国专利商标局开发的美国专利分类（USPC）技术分类与30个NAICS代码之间的参照关系。自上次报告发布以来，美国专利商标局已停止使用USPC作为专利技术分类的一种方式，取而代之的是联合专利分类（CPC）体系。以前方法最重要的限制是，它仅将发明专利与一部分行业（特别是制造业）联系起来，而忽略了无线通信、数据处理、软件出版和科学研究与开发服务等行业群体。

商标

以前的方法通过结合3种不同的方法来确定商标密集型产业，每种方法都有自己的局限性。在第一种方法中，研究者将商标注册人与完全只包括上市公司的数据库相匹配。匹配出的行业和就业信息用于构建衡量商标密集度的标准，即每1000名员工的商标数量。

这种方法至少有两个缺点。首先，仅包括上市公司持有的商标。其次，计算中使用的就业指标仅反映了至少注册了一个商标的上市公司的就业情况。因此，这种衡量方法没有反映每个行业所有公司的商标活动。

---

[1] 本报告在NAICS级别（因此包括各种建筑子行业）的初步分析发现，其他4位码的建筑子行业都没有单独进行知识产权密集型分类。

[2] 注意该外观设计专利密集度未包括在先前的报告中。

作为第一种方法的补充，第二种方法包括美国专利商标局（USPTO）2009—2013 年“绩效和问责制报告”中报告的美国商标注册量排前 50 名公司名单上的商标密集型产业，其中包括上市公司和私营公司。不幸的是，这一方法反映的是公司的注册商标数量，而不是公司层面每位员工的注册商标数量。

第三种方法从 2013 年的 194326 件注册商标中随机抽取 300 件，以扩大私营公司以及小型和年轻公司的覆盖范围。样本中美国商标持有人与 NAICS 行业代码匹配的信息可以计算出注册商标中各产业的占比。占比份额高于平均水平的是商标密集型。不幸的是，这种方法遇到了与第二种方法相同的问题，即无法在公司层面计算出每个员工的注册商标数量。

2.2.2 专利和商标与产业匹配的新方法

报告使用了一种新方法来确定哪些行业属于发明专利、外观设计专利和商标密集型产业。自 2016 年报告发布以来，我们成功地将授予美国公司的绝大多数专利和注册商标与国家机构时间序列（NETS）数据库相匹配。NETS 包括几乎所有的美国商业机构，包括上市公司和私营企业，以及每个机构的主要 NAICS（行业）代码。因此，对于 2012 年至 2016 年美国公司获得的 87% 的国内授权专利和 72% 的注册商标，我们确定了专利或商标被授予的公司的行业。使用这种公司和产业的匹配方法，我们计算每年在 4 位 NAICS 代码层面上授予的专利和注册商标数量，必要时将数量（和就业）汇总到 3 位码或 2 位码的水平，并使用年度行业就业数据计算行业层面的专利和商标密集度。

在企业层面匹配知识产权的过程中，新方法提供了更全面的在美国经济中使用的知识产权信息。为了确定商标密集度，我们现在将所有国内注册商标的四分之三直接与拥有这些注册商标的公司（包括上市和私营公司）相匹配。对于专利密集度，我们现在有关于制造业以外公司的授权专利信息。

确定发明专利、外观设计专利和商标密集型产业的一个重要步骤是确定每项授权专利和注册商标属于哪个行业。尽管专利授予发明人或申请人，但大多数专利都是由发明人转让给其他实体的。受让人包括公司、政府机构和其他实体，如研究机构和大学。公司和其他实体也将注册商标作为知识产权保护的一种形式。

关于发明专利和外观设计专利所有权的数据来自 PatentsView 数据库。❶ PatentsView 使用美国专利商标局自 1976 年以来授权的 600 多万件发明和外观设计专利批量文件的数据，链接专利授权时的发明人和申请人信息、发明人和申请人的位置以及专利活动的其他数据。PatentsView 中有关专利所有者的信息仅限于授予专利时显示在专利文档前面的信息，不会抓取先前或后续的所有者。因此，此处分析仅考虑了发明专利或外观设计专利最初授权给的公司或其他国内实体。

商标注册人的数据来自商标案例档案数据集（TCF），其中包含自 1970 年以来向美国专利商标局提交或由美国专利商标局签发的 1000 多万件商标申请的详细信息。❷ 它源自美国专利商标局用于管理商标的主数据库，包括商标特征、涵盖的类别数量、审查事件、所有权和续展历史的信息。

如前所述，公司级数据来自 NETS。NETS 数据库使用 Dun & Bradstreet（D&B）的美国企业年度追踪数据构建，其中包含 1989 年至 2016 年超过 6400 万家企业的详细信息。数据还包含机构位置、总部联系方式和公司结构、业务活动年限、行业分类、员工人数、年度销售收入和 D&B 信用评级信息等。Hughes 等人（2021）介绍了专利和商标数据库与 NETS 匹配的过程。❸

2.2.3 发明专利和外观设计专利密集型产业

在本节中，我们将提供有关生成每个行业的发明专利和设计专利密集度的计算信息，以及由此产生的发明专利和外观设计专利密集型产业列表。如报告及以上所述，我们将专利分为两类：

- 发明专利和植物专利；
- 外观设计专利。

在将专利与 NETS 数据库进行匹配后，我们将外观设计专利与其他专利分开。外观设计专利很容易识别，因为它们使用不同的命名法。所有外观设计专利编号都以字母 D 开头。我们遵循相同的流程来生成每种形式的知识产权（发明专利和外观设计专利）的密集度。该过程包括以下

❶ 欲了解更多专利信息，可访问 www. patentsview. org，数据可从 https：//patentsview. org/download/data - download - tables 查询。

❷ 数据和文档可在以下位置找到：https：//www. uspto. gov/learning - and - resources/electronic 数据 - 产品/商标 - 案例 - 文件 - 数据集 - 0，Graham 等人（2013）提供了对数据的进一步描述。

❸ Hughes et al.（2021），与 2017 年匹配专利和商标的技术文档。

步骤。

1. 我们将数据集限制为2012年至2016年授权的专利。

2. 对于每个专利转让关系，我们在4位NAICS代码级别确定受让人的主要行业。此信息在NETS数据中提供，并使用2017年版NAICS定义。

3. 必要时，我们将4位NAICS代码行业转换为BEA细分行业，如前面和表2中所述。例如，如果NAICS行业代码为4411、4412或4413，则行业将汇总到441，这是BEA的细分行业代码。

4. 然后，我们对各公司进行汇总，以获得2012年至2016年分配给每个行业的发明专利或外观设计专利数量。

5. 使用来自美国劳工统计局（BLS）劳动生产率和成本项目的数据，我们重复上述步骤3，并生成了2012年至2016年每个行业的平均员工人数（以千为单位）。[1] 必要时，我们将4位NAICS代码行业转换为BEA细分行业。

6. 为了生成每个行业的发明专利和外观设计专利密集度，我们将授权的专利总数除以平均就业水平。

7. 如果一个行业在2012—2016年的密集度水平高于整个经济的平均水平，我们将该行业定义为发明专利或外观设计专利密集型产业。发明专利和外观设计专利密集型产业清单见表3和表4。

2.2.4 商标密集型产业

用于识别商标密集型产业的方法与用于识别专利密集型产业的方法基本相同。主要区别在于，每个注册商标都可能涉及对一个或多个产品类别的商标权的保护，注册人为每个类别支付额外费用[2]。因此，在生成商标计数时，我们不仅计算注册，还计算注册所涵盖的类别总数。例如，如果一家公司注册了涵盖5种不同产品类别的商标，我们将该注册计为5个单独的商标。进行此调整后，我们将遵循上述发明专利和外观设计专利中所述的相同步骤1～7。商标密集型产业清单见表5。

2.3 版权密集型产业

世界知识产权组织（WIPO）的《版权产业经济贡献调查指南》（*Guide on Surveying the Economic Contribution of the Copyright – Based Indus-*

---

[1] BLS数据可以在https：//www.bls.gov/lpc/tables_by_sector_and_industry.htm中查询。这些数据包括使用NAICS 2017年版定义的1986年至2019年行业层面的国家就业信息。我们使用了4位NAICS代码级别的可用数据。

[2] https：//www.wipo.int/classifications/nice/en/.

tries）提供了版权密集型产业的第一个定义（WIPO，2003 年）。Siwek（2009）随后将这种方法应用于美国经济。

在本报告中，我们对版权密集型产业的定义比 WIPO 更窄一些。我们将版权密集型产业定义为主要负责创作或生产版权材料的行业，并且我们排除了与版权材料发行相关的几个行业。我们的方法几乎涵盖了传统上与创意作品生产相关的所有行业。

例如，我们没有将图书和报刊批发（NAICS 4512）或消费品租赁（NAICS 5322）等包括视频租赁在内的产业算作版权密集型产业，尽管它们是上述指南中“核心”类别的一部分。我们的定义比 WIPO 的定义更窄，以便与我们对发明专利、外观设计专利和商标密集型产业的处理保持一致，在这些产业中，我们侧重于知识产权的生产。

值得注意的是，对发明专利、外观设计专利和商标部分采取的方法与对版权采取的方法有一个概念上的区别。在本报告中，重点是确定授权专利和注册商标所属产业，无论是发明专利、外观设计专利还是商标。在发明专利、外观设计专利和商标的情况下，我们将密集型产业定义为在各种“密集度”指标中得分较高的所有产业。但是，就版权而言，我们将密集型产业定义为传统上与版权材料的生产相关的所有产业。版权密集型产业的名单随着时间的推移而固定，而其他类型的知识产权的产业可能会发生变化。报告中包含的版权产业列于表 6 中。

3 测算方法

本报告的增加值和间接就业结果见下文第 3.1 节和第 3.2 节。第 3.3 节介绍了使用当前人口调查数据测算工作和劳动力特征结果的方法。

3.1 国内生产总值（产出）估计

本报告中的国内生产总值（GDP）估计值基于 BEA 发布的数据。然而，被归类为知识产权密集型和非知识产权密集型的 4 位码 NACIS 行业中有一小部分需要使用历史份额来估计 2019 年的 GDP。该过程如下所述。

BEA 以从上位到细分的形式提供 GDP 数据。

• 最广泛的行业层面是门类行业。BEA 定义了 21 个门类，其中包括耐用品制造和专业技术服务等门类行业。

• 门类行业在摘要层面分为 71 个大类行业。例如，耐用品制造业分为 11 个摘要级行业组，包括但不限于木制品、金属制品和机械制造业。并非所有行业都分为摘要级行业组。例如，“公用事业”既是一个门类级，也是摘要级的行业。

• 大类行业在基础摘要层面分为 138 个中类行业。例如，机械行业组被细分为 以下 4 个中类行业：农具制造、工程机械制造、矿山及油气田机械制造等机械。并非所有摘要级行业组都分解为基础摘要级行业组。例如，“木制品”既是摘要级行业组，也是基础摘要级行业组。

• 中类行业分为 405 个小类行业。请注意，尽管大类行业“木制品”是用作中类行业，但它确实分为 4 个小类行业：（1）锯木厂和木材保存；（2）单板、胶合板、工程木材制造；（3）木制品；（4）所有其他木制品制造。

门类、大类和中类行业的增加值数值每年可从 BEA 获得。小类的估算值每 5 年提供一次，在编写本报告时，最近的年份是 2012 年。

对于此报告，我们将每个小类行业的行业标记为知识产权密集型或非知识产权密集型产业。但是，仅有 2007 年和 2012 年小类行业增加值估算值，但我们希望估计 2019 年的知识产权密集型产业占 GDP 的比重。中类行业的 GDP 估计值全年都可用，但是当我们将中类行业汇总到大类行业级别时，我们发现对于某些中类行业，无法确定整个行业是知识产权密集型还是非知识产权密集型。

例如，考虑“木制品”行业，包括的小类行业和知识产权密集型产业类型分别是：

- 锯木厂和木材防腐：知识产权密集型
- 单板、胶合板和工程木制品制造：非知识产权密集型
- 木制品：知识产权密集型
- 所有其他木制品制造：知识产权密集型❶

我们的解决方案是使用 2012 年小类行业数据来计算小类行业增加值占中类行业的比例。在“木制品”的例子中，我们发现 2012 年总增加值的 79% 来自 3 个知识产权密集型细分行业（即锯木厂、木制品和所有其他木制品制造）。我们将这 79% 的份额应用于 2019 年中类行业知识产权密集型产业增加值的估算，以计算该行业的知识产权密集型产业增加值。我们遵循这一程序，得出所有中类行业知识产权密集型产业贡献的 2019 年增加值估算值。

作为检查，我们分析了 2007 年至 2012 年小类行业相关增加值份额的稳定性，2007 年和 2012 年是仅有报告小类行业数据的两年。在此期间，我们发现了稳定的份额。此外，使用 2007 年的数据重复分析以生成相关份额，没有发现显著变化。值得注意的是，对于报告中包含的大多数行业，该计算过程不是必需的。至少 88% 的中类行业要么是 100% 的知识产权密集型产业，要么是 100% 的非知识产权密集型产业。

3.2 间接就业估算值

生成间接就业估算值，是根据 2019 年来自 BLS 劳动生产率和成本项目的特定行业就业数据，以及 BEA 的 2012 年投入/产出使用表计算而来。❷ 同样，我们使用 2012 年的数据，因为这是 BEA 报告行业在小类行业产品使用表的最近一年。使用表使我们能够确定一个行业的总产出在多大比例上被另一个行业的公司用作投入。

我们使用以下步骤估算了知识产权密集型产业支持的间接就业。

---

❶ 在这些细分层面的群体中，“锯木厂和木材防腐”是专利密集型的，而“木制品”和“所有其他木制品制造”是商标密集型的。这 4 个细分层面的行业都不是外观设计专利或版权密集型的。

❷ BLS 数据可以在 https：//www. bls. gov/lpc/tables_by_sector_and_industry. htm 找到。2012 年的 BEA 详细信息级别使用表可在以下位置找到：https：//www. bea. gov/industry/input - output - accounts - data#supplemental - estimate。

1. 如第2节所述，第一步是汇总BEA使用表编号，以便我们在正确的行业水平上获得投入/产出信息。

2. 接下来，我们确定知识产权和非知识产权密集型产业。对于每个非知识产权密集型产业，我们确定2012年知识产权密集型产业企业使用的总产出份额。

3. 对于每个非知识产权密集型产业，我们将2019年的就业水平乘以步骤2中计算的份额。从而得出由于知识产权密集型产业对于商品的需求而为非知识产权密集型产业带来的就业情况的估算值。

4. 最后，我们将步骤3中计算的就业数据求和，得出所有非知识产权密集型产业的最终估计值。

3.3 2019年当前人口调查数据分析

根据2019年人口调查数据（CPS）和社会与经济补充数据（ASEC），我们生成了工作和劳动力特征相关的结果。除了CPS每月收集的劳动力数据，ASEC还提供有关工作经验、收入、非现金福利和移民的补充数据。2019年ASEC包括180101人的信息，其中62500人在2019年初进行调查时正在工作。其余的人要么是现役军人，要么是无劳动能力者。对于感兴趣的两个工作特征——雇主规模和获得与工作相关的退休计划的机会，调查中的问题参考了个人在上一财年（2018年）的主要工作。在ASEC的180101人中，有63536人报告了前一年的工作情况。

对于当前在工作或前一年曾经工作过的个人，使用人口普查行业代码对就业行业进行编码。当前和2018年的工作行业均包括在内。[1] 我们将人口普查和NAICS代码之间进行对照，来帮助确定哪些人在知识产权密集型产业中工作。[2] 如果人口普查行业同时由知识产权密集型和非知识产权密集型产业组成，我们会调整ASEC中包含的人员层面的权重。例如，假设给定人口普查行业中的一半工人（基于BLS就业数据）来自部分知识产权密集型产业。在这种情况下，我们将把这个人口普查行业所有参与ASEC的个人的权重除以2（或将ASEC权重乘以1/2）。

在确定了在各种知识产权密集型产业中工作的个人之后，我们使用以下变量将工作和工人分为不同的类别。

- 对于雇主规模，我们使用NOEMP；

---

[1] 我们使用2018年就业行业（INDUSTRY）进行雇主规模和退休计划计算，并将当前行业用于所有其他行业。

[2] 对应关系可以在ASEC补充文件的附录A中找到，该附录A可以在以下位置找到：https：//www2. census. gov/programs - surveys/cps/techdocs/cpsmar19. pdf。

- 对于个体经营者，我们使用 A_CLSWKR；
- 对于全职工作，我们使用 A_WKSTAT；
- 对于获得雇主提供的健康保险，我们使用 NOW_GRP；
- 对于获得退休计划，我们使用 PENPLAN；
- 对于性别，我们使用 A_SEX；
- 对于种族和民族，我们使用 PRDTRACE 和 PRDTHSP；
- 对于退伍军人身份，我们使用 PEAFEVER；
- 对于教育状况，我们使用 A_HGA（将样本限制为 25 岁或以上的就业人员）。

参考文献

[1] ESA and USPTO (Economic and Statistics Administration and United States Patent and Trademark Office). 2012. "Intellectual Property and the U. S. Economy: Industries in Focus." U. S. Department of Commerce. https://www. uspto. gov/sites/default/files/news/publications/IP_Report_March_2012. pdf.

[2] ESA and USPTO (Economic and Statistics Administration and United States Patent and Trademark Office). 2016. "Intellectual Property and the U. S. Economy: 2016 Update." https://www. uspto. gov/sites/default/files/documents/IPandtheUSEconomySept2016. pdf.

[3] Siwek, Stephen E. 2009. Copyright Industries in the Economy: the 2003—2007 Report. Economists Incorporated. Prepared for the International Intellectual Property Alliance (IIPA). www. ei. com/downloadables/IIPASiwekReport2003 - 07. pdf.

[4] WIPO (World Intellectual Property Organization). 2003. *Guide on Surveying the Economic Contribution of the Copyright - Based Industries*. Geneva: WIPO.

表1　本研究中使用的4位NAICS代码行业的完整列表

4位NAICS行业代码和说明	4位NAICS行业代码和说明
1111－油籽和谷物研磨	2389－其他专业贸易承包商
1112－蔬菜和瓜类种植	3111－动物食品制造
1113－水果和坚果种植	3112－谷物和油籽碾磨
1114－温室、苗圃和花卉栽培生产	3113－糖和糖果产品制造
1119－其他作物种植	3114－水果和蔬菜腌制及特色食品制造
1121－养牛和农场	3115－乳制品制造
1122－生猪和养猪	3116－动物屠宰和加工
1123－家禽和产蛋	3117－海鲜产品的制备和包装
1124－绵羊和山羊养殖	3118－面包店和玉米饼制造
1125－水产养殖	3119－其他食品制造业
1129－其他动物生产	3121－饮料制造
1131－木材区作业	3122－烟草制造
1132－森林苗圃和林产品采集	3131－纤维、纱线和线材制造业
1133－伐木	3132－针织厂
1141－钓鱼	3133－纺织和织物整理和印染加工
1142－狩猎和诱捕	3141－纺织家具厂
1151－农业专业及辅助活动	3149－其他纺织产品碾磨机
1152－畜牧专业及辅助活动	3151－服装针织厂
1153－林业专业及辅助活动	3152－裁剪和缝制服装制造
2111－石油和天然气开采	3159－服装配件和其他服装制造
2121－煤矿开采	3161－皮革和皮革鞣制和表面处理
2122－金属矿石开采	3162－鞋类制造
2123－非金属矿物开采和采石	3169－其他皮革及相关产品制造
2131－采矿支持活动	3211－锯木厂和木材保存
2211－发电、输电和配电	3212－单板、胶合板和工程木制品制造
2212－天然气运输	3219－其他木制品制造
2213－水、污水处理和其他系统	3221－纸浆、造纸和纸板厂
2361－住宅建筑施工	3222－纸制品加工
2362－非住宅建筑施工	3231－印刷和相关支持活动
2371－公用设施系统建设	3241－石油和煤炭产品制造
2372－土地建设和城市规划	3251－基础化学品制造
2373－高速公路、街道和桥梁建设	3252－树脂、合成橡胶、人造合成纤维和长丝制造
2379－其他重型和土木工程建筑	3253－农药、化肥和其他农用化学品制造
2381－建筑基础和外部承包商	3254－制药和药品制造
2382－建筑设备承包商	3255－油漆、涂料和黏合剂制造
2383－建筑装修承包商	3256－肥皂、清洁剂和洗漱用品制造

续表

4 位 NAICS 行业代码和说明	4 位 NAICS 行业代码和说明
3259－其他化学产品和制剂制造	3351－电气照明设备制造
3261－塑料制品制造	3352－家用电器制造
3262－橡胶制品制造	3353－电气设备制造
3271－黏土制品和耐火材料制造	3359－其他电气设备和组件制造
3272－玻璃和玻璃制品制造	3361－汽车制造
3273－水泥和混凝土制品制造	3362－车身和拖车制造
3274－石灰和石膏产品制造	3363－汽车零件制造
3279－其他非金属矿物产品制造	3364－航空航天产品和零件制造
3311－钢铁厂和铁合金生产	3365－铁路机车车辆制造
3312－从外购钢材制造钢材	3366－船舶和造船
3313－氧化铝和铝的生产和加工	3369－其他运输设备制造
3314－有色金属（铝除外）生产和加工	3371－家用和机构家具及橱柜制造
3315－铸造厂	3372－办公家具（含固定装置）制造
3321－锻造和冲压	3379－其他家具相关产品制造
3322－餐具和手工具制造	3391－医疗设备和用品制造
3323－建筑和结构金属制造	3399－其他杂项制造
3324－锅炉、罐和集装箱制造	4231－机动车和机动车零部件及用品批发
3325－五金制造	4232－家具和家居用品批发
3326－弹簧和线材产品制造	4233－木材及其他建材批发
3327－机械车间；车削产品；以及螺钉、螺母和螺栓制造	4234－专业和商业设备及用品批发
3328－涂层、雕刻、热处理和相关活动	4235－金属和矿物（石油除外）商业批发
3329－其他金属制品制造	4236－电气及电子产品批发
3331－农业、建筑和采矿机械	4237－五金、管道和供暖设备及用品批发
3332－工业机械	4238－机械、设备和用品批发
3333－商业和服务业机械	4239－其他耐用品批发
3334－通风、供暖、空调和商用制冷设备制造	4241－纸和纸制品批发
3335－金属加工机械制造	4242－药品和药剂师的杂货批发
3336－发动机、涡轮机和动力传动设备制造	4243－服装、单件商品和概念批发
3339－其他通用机械制造	4244－杂货及相关产品批发
3341－计算机及周边设备制造	4245－农产品原料批发
3342－通信设备制造	4246－化学品及相关产品批发
3343－音视频设备制造	4247－石油和石油产品批发
3344－半导体和其他电子元件制造	4248－啤酒、葡萄酒和蒸馏酒精饮料批发
3345－导航、测量、电子医疗和控制仪器制造	4249－其他非耐用品批发
3346－磁性和光学介质的制造和再现	4251－电子批发市场、代理商和经纪人

续表

4 位 NAICS 行业代码和说明	4 位 NAICS 行业代码和说明
4411 – 汽车经销商	4853 – 出租车和豪华轿车服务
4412 – 其他机动车经销商	4854 – 学校和员工巴士运输
4413 – 汽车零件、附件和轮胎商店	4855 – 包车行业
4421 – 家具店	4859 – 其他过境和地面旅客运输
4422 – 家居用品店	4861 – 原油管道运输
4431 – 电子产品和电器商店	4862 – 天然气管道运输
4441 – 建筑材料和用品经销商	4869 – 其他管道运输
4442 – 草坪和园艺设备及用品商店	4871 – 陆地风景游览交通运输
4451 – 杂货店	4872 – 水上风景游览交通运输
4452 – 特色食品店	4879 – 其他风景游览交通运输
4453 – 啤酒、葡萄酒和酒类商店	4881 – 航空运输支援活动
4461 – 保健和个人护理用品商店	4882 – 铁路运输支援活动
4471 – 加油站	4883 – 水上运输支援活动
4481 – 服装店	4884 – 公路运输支援活动
4482 – 鞋店	4885 – 货运安排
4483 – 珠宝、箱包及皮革制品店	4889 – 其他运输支持活动
4511 – 体育用品、玩具和乐器商店	4911 – 邮政服务
4512 – 图书和报刊批发	4921 – 快递和邮递服务
4521 – 百货公司	4922 – 本地信使和本地交付
4529 – 其他百货商店	4931 – 仓储和仓储
4531 – 花店	5111 – 报纸、期刊、书籍和目录出版
4532 – 办公用品、文具和礼品店	5112 – 软件发行商
4533 – 二手商品商店	5121 – 电影和视频行业
4539 – 其他杂项商店零售	5122 – 录音行业
4541 – 电子购物和邮购	5151 – 广播和电视广播
4542 – 自动售货机经营者	5152 – 有线电视和其他订阅节目
4543 – 直销机构	5171 – 有线电信运营商
4811 – 定期空运	5172 – 无线电信运营商（卫星除外）
4812 – 非定期空运	5174 – 卫星通信
4821 – 铁路运输	5179 – 其他电信
4831 – 深海、沿海和五大湖水运	5182 – 数据处理、托管和相关服务
4832 – 内陆水运	5191 – 其他信息服务
4841 – 普通货车运输	5211 – 货币发行机构 – 中央银行
4842 – 专业货运卡车运输	5221 – 存托信用中介
4851 – 城市交通系统	5222 – 非存托信用中介
4852 – 城际和农村公共汽车运输	5223 – 与信用中介有关的活动

续表

4 位 NAICS 行业代码和说明	4 位 NAICS 行业代码和说明
5231 – 证券和商品合约中介和经纪	5622 – 废物处理和处置
5232 – 证券和商品交易所	5629 – 补救和其他废物服务
5239 – 其他金融投资活动	6111 – 中小学
5241 – 保险公司	6112 – 初级学院
5242 – 保险代理、经纪及相关服务	6113 – 学院、大学和专业学校
5251 – 保险和雇员福利基金	6114 – 商业、计算机和管理培训
5259 – 其他投资池和基金	6115 – 技术和贸易学校
5311 – 房地产出租	6116 – 其他学校和教学
5312 – 房地产经纪人办公室	6117 – 教育支援服务
5313 – 房地产相关活动	6211 – 医生办公室
5321 – 汽车设备租赁	6212 – 牙医办公室
5322 – 消费品租赁	6213 – 其他卫生从业人员办公室
5323 – 综合租赁中心	6214 – 门诊医疗中心
5324 – 机械和设备租赁	6215 – 医学和诊断实验室
5331 – 非金融无形资产出租（受版权保护的作品除外）	6216 – 家庭医疗保健服务
5411 – 法律服务	6219 – 其他门诊保健服务
5412 – 会计、税务准备、簿记和工资单服务	6221 – 普通内科和外科医院
5413 – 建筑和工程服务	6222 – 精神病和药物滥用医院
5414 – 专业设计服务	6223 – 专科（精神科和药物滥用除外）医院
5415 – 计算机系统设计及相关服务	6231 – 护理设施
5416 – 管理和技术咨询服务	6232 – 居家心理健康设施
5417 – 科学研究和开发服务	6233 – 老年人社区护理设施
5418 – 广告和相关服务	6239 – 其他寄宿护理设施
5419 – 其他专业技术服务	6241 – 个人和家庭服务
5511 – 公司和企业管理	6242 – 紧急和其他救济服务
5611 – 办公室行政服务	6243 – 职业康复服务
5612 – 设施支持服务	6244 – 儿童日托服务
5613 – 就业服务	7111 – 表演艺术公司
5614 – 业务支持服务	7112 – 观赏体育
5615 – 旅行安排和预订服务	7113 – 艺术和体育推广者以及公众人物的代理人和经理
5616 – 调查和安全服务	7114 – 艺术家、运动员、演艺人员和其他公众人物的代理人和经理
5617 – 建筑物和住宅服务	7115 – 独立艺术家、作家和表演者
5619 – 其他支持服务	7121 – 博物馆、历史遗迹和类似机构
5621 – 废物收集	7131 – 游乐园和拱廊

续表

4 位 NAICS 行业代码和说明	4 位 NAICS 行业代码和说明
7132 – 赌博业	8114 – 家居用品维修和保养
7139 – 其他娱乐和休闲行业	8121 – 个人护理服务
7211 – 旅客住宿	8122 – 临终护理服务
7212 – 房车（休闲车）公园和娱乐营地	8123 – 干洗和洗衣服务
7213 – 客房和寄宿公寓	8129 – 其他个人服务
7223 – 特殊食品服务	8131 – 宗教组织
7224 – 饮酒场所（酒精饮料）	8132 – 拨款和捐赠服务
7225 – 餐厅和其他餐饮场所	8133 – 社会宣传组织
8111 – 汽车维修和保养	8134 – 公民和社会组织
8112 – 电子和精密设备的维修和保养	8139 – 专业组织和类似组织
8113 – 商用机械维修和保养	8141 – 私人住户

表 2 BEA/NAICS 一致性

BEA 代码	BEA 行业名称	4 位 NAICS 代码
112A	动物生产（牛、家禽和产蛋除外）	1122，1124 –5，1129
113	林业和伐木	1131 –3
114	钓鱼、狩猎和诱捕	1141 –2
115	农业和林业辅助活动	1151 –3
211	石油和天然气开采	2111
23	建筑业	2361，2362，2371 –3，2379，2381 –3，2389
315	服装制造	3151 –2，3159
316	皮革及相关产品制造	3161 –2，3169
423A	其他耐用品批发商	4232，4233，4235，4237，4239
424A	其他非耐用品批发商	4241，4243，4245，4246，4248，4249
425	电子批发市场、代理商和经纪人	4251
441	汽车及零部件经销商	4411 –3
445	食品和饮料商店	4451 –3
452	百货商店	4521，4529
444	建材和园艺设备及用品经销商	4441 –2
446	保健和个人护理商店	4461
447	加油站	4471
448	服装及配饰店	4481 –3
454	非实体店零售商	4541 –3
4B0	所有其他零售	442，443，451，453

续表

BEA 代码	BEA 行业名称	4 位 NAICS 代码
481	空运	4811 - 2
482	铁路运输	4821
483	水运	4831 - 2
484	卡车运输	4841 - 2
485	过境和地面客运	4851 - 5，4859
486	管道运输	4861 - 2，4869
48A	景区观光交通及配套活动	487，488
492	快递员和信使	4921 - 2
493	仓储和存储	4931
517A	卫星、电信经销商和所有其他电信	5174 - 9
52A	货币发行机构和存托信用中介	521，5221
522A	非存托信用中介及相关活动	5222 - 3
523A	证券和商品合约中介和经纪	5231 - 2
525	基金、信托和其他金融工具	5251，5259
531	住房和其他房地产	531 - 3
532A	一般消费品租赁	5322 - 3
533	非金融无形资产出租	5331
55	公司和企业管理	5511
562	废物管理和补救服务	5621 - 2，5629
611A	初级学院、学院、大学和专业学校	6112 - 3
611B	其他教育服务	6114 - 7
622	医院	6221 - 3
623A	护理和社区护理设施	6231，6233
623B	居家心理健康、药物滥用和其他住宿护理设施	6232，6239
624A	社区食品、住房和其他救济服务，包括职业康复服务	6242 - 3
711A	表演艺术和体育的推广者和公众人物的代理人	7113 - 4
712	博物馆、历史遗迹、动物园和公园	7121
721	膳宿	7211 - 3
722	餐饮服务和饮酒场所	7223 - 5
813A	赠款、捐赠和社会倡导组织	8132，8133
813B	公民、社会、专业和类似组织	8134，8139

表3　发明专利密集型产业

行　　业	发明专利件数	平均就业（千人）	发明专利密集度
525－基金、信托和其他金融工具	1791	6.0	299.498
3341－计算机及周边设备制造	30654	160.2	191.348
3344－半导体和其他电子元件制造	69029	375.0	184.077
3253－农药、化肥和其他农用化学品制造	6655	37.2	178.706
3342－通信设备制造	17071	96.0	177.786
5112－软件发行商	30912	319.8	96.654
3343－音视频设备制造	1596	20.1	79.245
3391－医疗设备和用品制造	22782	318.4	71.543
3254－制药和药品制造	18983	280.1	67.767
3346－磁性和光学介质的制造和再现	1199	18.5	64.881
3345－导航、测量、电子医疗和控制仪器制造	23861	397.7	60.001
3361－汽车制造	10334	191.4	53.997
316－皮革及相关产品制造	1741	32.9	52.854
3252－树脂、合成橡胶、人造合成纤维和长丝制造	4918	93.4	52.633
3333－商业和服务业机械	4495	88.9	50.540
3332－工业机械	5141	110.8	46.407
533－非金融无形资产出租	1023	24.0	42.554
3272－玻璃和玻璃制品制造	3302	89.0	37.093
3256－肥皂、清洁剂和洗漱用品制造	3908	109.3	35.755
3331－农业、建筑和采矿机械	8305	241.1	34.441
3325－五金制造	841	24.5	34.299
3352－家用电器制造	2041	59.8	34.142
3122－烟草制造	450	13.9	32.328
3334－通风、供暖、空调和商用制冷设备制造	4127	129.0	31.997
3351－电气照明设备制造	1517	47.6	31.870
5417－科学研究和开发服务	20774	660.9	31.433
3241－石油和煤炭产品制造	3342	112.7	29.643
5415－计算机系统设计及相关服务	55229	1950.3	28.318
3364－航空航天产品和零件制造	13972	496.0	28.170
3251－基础化学品制造	4101	146.5	27.993
3259－其他化学产品和制剂制造	2272	83.7	27.151
3336－发动机、涡轮机和动力传动设备制造	2665	100.4	26.544
3359－其他电气设备和组件制造	3055	129.4	23.605
5152－有线电视和其他订阅节目	1517	65.1	23.295
3222－纸制品加工	6259	271.4	23.059

续表

行　业	发明专利件数	平均就业（千人）	发明专利密集度
3353 – 电气设备制造	3058	143.8	21.269
3255 – 油漆、涂料和黏合剂制造	1179	60.3	19.565
5619 – 其他支持服务	5696	307.8	18.503
3399 – 其他杂项制造	5815	324.0	17.946
5182 – 数据处理、托管和相关服务	4809	285.7	16.835
2131 – 采矿支持活动	6315	387.3	16.304
5173 – 有线和无线电信运营商（卫星除外）	11457	745.8	15.362
3365 – 铁路机车车辆制造	405	26.5	15.283
3274 – 石灰和石膏产品制造	202	14.3	14.086
3339 – 其他通用机械制造	3528	262.3	13.451
3369 – 其他运输设备制造	447	33.8	13.217
7132 – 赌博业	1579	137.4	11.494
517A – 卫星、电信经销商和所有其他电信	1089	104.0	10.475
522A – 非存托信用中介及相关活动	8728	867.4	10.062
5191 – 其他信息服务	2211	227.9	9.700
3379 – 其他家具相关产品制造	344	36.1	9.519
3221 – 纸浆、造纸和纸板厂	924	105.1	8.795
3363 – 汽车零件制造	4697	538.0	8.731
4236 – 电气及电子产品批发	3008	348.6	8.630
3262 – 橡胶制品制造	1126	132.9	8.470
3329 – 其他金属制品制造	2079	278.7	7.459
4234 – 专业和商业设备及用品批发商	5085	688.6	7.385
5151 – 广播和电视广播	1449	223.0	6.499
3314 – 有色金属（铝除外）生产和加工	394	62.3	6.322
3261 – 塑料制品制造	3426	544.5	6.292
3335 – 金属加工机械制造	1137	184.5	6.163
611A – 初级学院、学院、大学和专业学校	11061	1796.0	6.159
3322 – 餐具和手工具制造	244	40.6	6.010
3326 – 弹簧和线材产品制造	260	43.4	5.996
3132 – 织物厂	333	59.6	5.585
3119 – 其他食品制造业	944	192.1	4.914
3372 – 办公家具（含固定装置）制造	511	107.4	4.757
4242 – 药品和药剂师的杂货批发	1020	230.2	4.431
3313 – 氧化铝和铝的生产和加工	262	59.2	4.426
3324 – 锅炉、罐和集装箱制造	417	97.1	4.294

表4　外观设计专利密集型产业

行　　业	外观设计专利件数	平均就业（千人）	外观设计专利密集度
316－皮革及相关产品制造	1466	32.9	44.51
525－基金、信托和其他金融工具	179	6.0	29.93
3343－音视频设备制造	583	20.1	28.95
3352－家用电器制造	977	59.8	16.34
3351－电气照明设备制造	737	47.6	15.48
3325－五金制造	363	24.5	14.80
3342－通信设备制造	1330	96.0	13.85
3256－肥皂、清洁剂和洗漱用品制造	1167	109.3	10.68
3379－其他家具相关产品制造	274	36.1	7.58
3122－烟草制造	95	13.9	6.82
3341－计算机及周边设备制造	1037	160.2	6.47
5112－软件发行商	2061	319.8	6.44
3391－医疗设备和用品制造	1841	318.4	5.78
3361－汽车制造	1089	191.4	5.69
533－非金融无形资产出租	125	24.0	5.20
3399－其他杂项制造	1647	324.0	5.08
3333－商业和服务业机械	404	88.9	4.54
3322－餐具和手工具制造	183	40.6	4.51
3372－办公家具（含固定装置）制造	441	107.4	4.11
3359－其他电气设备和组件制造	527	129.4	4.07
3262－橡胶制品制造	535	132.9	4.02
3222－纸制品加工	960	271.4	3.54
3329－其他金属制品制造	981	278.7	3.52
5619－其他支持服务	1042	307.8	3.38
3369－其他运输设备制造	114	33.8	3.37
3379－其他家具相关产品制造	274	36.1	7.58
3371－家用和机构家具及橱柜制造	847	252.9	3.35
3119－其他食品制造业	600	192.1	3.12
3261－塑料制品制造	1614	544.5	2.96
3345－导航、测量、电子医疗和控制仪器制造	1031	397.7	2.59
3272－玻璃和玻璃制品制造	225	89.0	2.53
315－服装制造业	395	159.7	2.47
3331－农业、建筑和采矿机械	583	241.1	2.42
3353－电气设备制造	347	143.8	2.41
423A－其他耐用品批发商	2010	1037.9	1.94
3339－其他通用机械制造	478	262.3	1.82

续表

行业	外观设计专利件数	平均就业（千人）	外观设计专利密集度
3111 – 动物食品制造	103	57.6	1.79
3344 – 半导体和其他电子元件制造	638	375.0	1.70
3324 – 锅炉、罐和集装箱制造	162	97.1	1.67
4236 – 电气及电子产品批发	571	348.6	1.64
3314 – 有色金属（铝除外）生产和加工	97	62.3	1.56
3332 – 工业机械	151	110.8	1.36
3334 – 通风、供暖、空调和商用制冷设备制造	170	129.0	1.32
3336 – 发动机、涡轮机和动力传动设备制造	124	100.4	1.24
3326 – 弹簧和线材产品制造	53	43.4	1.22
3132 – 织物厂	69	59.6	1.16
424A – 其他非耐用品批发商	1212	1063.2	1.14
3274 – 石灰和石膏产品制造	16	14.3	1.12
3254 – 制药和药品制造	287	280.1	1.02
3133 – 纺织和织物整理和印染加工	36	35.5	1.02
3112 – 谷物和油籽碾磨	56	60.1	0.93
4234 – 专业和商业设备及用品批发商	628	688.6	0.91
3255 – 油漆、涂料和黏合剂制造	54	60.3	0.90
5414 – 专业设计服务	233	264.3	0.88
3219 – 其他木制品制造	196	224.3	0.87
3363 – 汽车零件制造	456	538.0	0.85
3221 – 纸浆、造纸和纸板厂	89	105.1	0.85
5152 – 有线电视和其他订阅节目	52	65.1	0.80
3259 – 其他化学产品和制剂制造	62	83.7	0.74
3149 – 其他纺织产品碾磨机	53	71.9	0.74
3141 – 纺织家具厂	38	56.1	0.68
3252 – 树脂、合成橡胶、人造合成纤维和长丝制造	63	93.4	0.67
4238 – 机械、设备和用品批发商	471	704.6	0.67
3253 – 农药、化肥和其他农用化学品制造	24	37.2	0.64
3346 – 磁性和光学介质的制造和再现	11	18.5	0.60
5182 – 数据处理、托管和相关服务	169	285.7	0.59
4231 – 机动车和机动车零部件及用品批发商	197	341.6	0.58
3364 – 航空航天产品和零件制造	279	496.0	0.56
3321 – 锻造和冲压	55	99.3	0.55
454 – 非商店零售商	385	695.3	0.55
3365 – 铁路机车车辆制造	14	26.5	0.53

续表

行　业	外观设计专利件数	平均就业（千人）	外观设计专利密集度
5417－科学研究和开发服务	332	660.9	0.50
3335－金属加工机械制造	92	184.5	0.50
3313－氧化铝和铝的生产和加工	27	59.2	0.46
3273－水泥和混凝土制品制造	79	178.6	0.44
3366－船舶和造船	59	135.3	0.44
3323－建筑和结构金属制造	158	364.1	0.43
517A－卫星、电信经销商和所有其他电信	44	104.0	0.42
5239－其他金融投资活动	203	507.1	0.40
3241－石油和煤炭产品制造	45	112.7	0.40
3271－黏土制品和耐火材料制造	19	48.5	0.39
8112－电子和精密设备的维修和保养	51	134.2	0.38
4247－石油和石油产品批发商	39	104.3	0.37
4B0－所有其他零售	993	2680.2	0.37
5324－机械和设备租赁	52	142.3	0.37
5418－广告和相关服务	187	521.9	0.36
3251－基础化学品制造	52	146.5	0.35
3279－其他非金属矿物产品制造	26	73.5	0.35

表5　商标密集型产业

行　业	商标件数	平均就业（千人）	商标密集度
525－基金、信托和其他金融工具	2641	6.0	441.6
5619－其他支持服务	53403	307.8	173.5
533－非金融无形资产出租	1558	24.0	64.8
3343－音视频设备制造	1251	20.1	62.1
3256－肥皂、清洁剂和洗漱用品制造	6198	109.3	56.7
316－皮革及相关产品制造	1641	32.9	49.8
3122－烟草制造	659	13.9	47.3
3399－其他杂项制造	14985	324.0	46.2
5152－有线电视和其他订阅节目	2915	65.1	44.8
517A－卫星、电信经销商和所有其他电信	3867	104.0	37.2
3121－饮料制造	7577	206.3	36.7
315－服装制造业	5804	159.7	36.4
5112－软件发行商	10133	319.8	31.7
3253－农药、化肥和其他农用化学品制造	1144	37.2	30.7
3255－油漆、涂料和黏合剂制造	1850	60.3	30.7

续表

行　　业	商标件数	平均就业（千人）	商标密集度
3351 – 电气照明设备制造	1383	47.6	29.1
5414 – 专业设计服务	7579	264.3	28.7
3352 – 家用电器制造	1681	59.8	28.1
5122 – 录音行业	787	29.1	27.1
3254 – 制药和药品制造	7380	280.1	26.3
3111 – 动物食品制造	1508	57.6	26.2
3346 – 磁性和光学介质的制造和再现	483	18.5	26.1
3342 – 通信设备制造	2489	96.0	25.9
3119 – 其他食品制造业	4955	192.1	25.8
3333 – 商业和服务业机械	2267	88.9	25.5
3322 – 餐具和手工具制造	1006	40.6	24.8
5111 – 报纸、期刊、书籍和目录出版	10893	446.5	24.4
3325 – 五金制造	570	24.5	23.2
5416 – 管理和技术咨询服务	33965	1547.7	21.9
3141 – 纺织家具厂	1217	56.1	21.7
424A – 其他非耐用品批发商	22789	1063.2	21.4
4242 – 药品和药剂师的杂货批发	4872	230.2	21.2
3379 – 其他家具相关产品制造	762	36.1	21.1
3391 – 医疗设备和用品制造	6626	318.4	20.8
5239 – 其他金融投资活动	10430	507.1	20.6
813A – 拨款、捐赠和社会倡导组织	7593	384.4	19.8
3341 – 计算机及周边设备制造	3066	160.2	19.1
813B – 公民、社会、专业和类似组织	15809	862.5	18.3
3112 – 谷物和油籽碾磨	1100	60.1	18.3
7111 – 表演艺术公司	2663	146.1	18.2
3369 – 其他运输设备制造	613	33.8	18.1
5182 – 数据处理、托管和相关服务	5106	285.7	17.9
423A – 其他耐用品批发商	18532	1037.9	17.9
3274 – 石灰和石膏产品制造	255	14.3	17.8
3359 – 其他电气设备和组件制造	2149	129.4	16.6
5415 – 计算机系统设计及相关服务	31601	1950.3	16.2
3345 – 导航、测量、电子医疗和控制仪器制造	6391	397.7	16.1
5151 – 广播和电视广播	3555	223.0	15.9
3251 – 基础化学品制造	2319	146.5	15.8
5611 – 办公室行政服务	7476	473.6	15.8
3132 – 织物厂	936	59.6	15.7

续表

行　业	商标件数	平均就业（千人）	商标密集度
5418－广告和相关服务	8097	521.9	15.5
711A－表演艺术和体育的推动者和公众人物的代理人	2619	173.4	15.1
3259－其他化学产品和制剂制造	1238	83.7	14.8
5121－电影和视频行业	6209	435.7	14.3
4244－杂货及相关产品批发	11094	786.3	14.1
3115－乳制品制造	1867	136.9	13.6
3149－其他纺织产品碾磨机	973	71.9	13.5
7132－赌博业	1842	137.4	13.4
3113－糖和糖果产品制造	959	73.2	13.1
4234－专业和商业设备及用品批发商	8933	688.6	13.0
5417－科学研究和开发服务	8312	660.9	12.6
3222－纸制品加工	3380	271.4	12.5
4236－电气及电子产品批发	4285	348.6	12.3
3332－工业机械	1309	110.8	11.8
5614－业务支持服务	11178	951.6	11.7
3241－石油和煤炭产品制造	1313	112.7	11.6
114－钓鱼、狩猎和诱捕	300	26.1	11.5
3252－树脂、合成橡胶、人造合成纤维和长丝制造	1064	93.4	11.4
7112－观赏体育	2116	196.5	10.8
3334－通风、供暖、空调和商用制冷设备制造	1366	129.0	10.6
5615－旅行安排和预订服务	2225	223.5	10.0
3339－其他通用机械制造	2563	262.3	9.8
3326－弹簧和线材产品制造	419	43.4	9.7
3114－水果和蔬菜腌制及特色食品制造	1660	172.1	9.6
4247－石油和石油产品批发商	992	104.3	9.5
454－非商店零售商	6607	695.3	9.5
5419－其他专业技术服务	7524	793.2	9.5
712－博物馆、古迹、动物园和公园	1415	152.2	9.3
5324－机械和设备租赁	1322	142.3	9.3
7115－独立艺术家、作家和表演者	2984	323.9	9.2
3329－其他金属制品制造	2539	278.7	9.1
3133－纺织和织物整理和印染加工	319	35.5	9.0
8112－电子和精密设备的维修和保养	1194	134.2	8.9
611B－其他教育服务	8432	958.1	8.8

续表

行　　业	商标件数	平均就业（千人）	商标密集度
3353 – 电气设备制造	1251	143. 8	8. 7
3261 – 塑料制品制造	4638	544. 5	8. 5
4238 – 机械、设备和用品批发商	6000	704. 6	8. 5
8129 – 其他个人服务	3187	374. 6	8. 5
448 – 服装及配饰店	12451	1463. 8	8. 5
6213 – 其他卫生从业人员办公室	7916	930. 8	8. 5
3314 – 有色金属（铝除外）生产和加工	525	62. 3	8. 4
5173 – 有线和无线通信载体	6130	745. 8	8. 2
3344 – 半导体和其他电子元件制造	3010	375. 0	8. 0
3331 – 农业、建筑和采矿机械	1933	241. 1	8. 0
4B0 – 所有其他零售	21062	2680. 2	7. 9
3262 – 橡胶制品制造	1021	132. 9	7. 7
3372 – 办公家具（含固定装置）制造	815	107. 4	7. 6
3131 – 纤维、纱线和线材制造业	218	29. 0	7. 5
3271 – 黏土制品和耐火材料制造	363	48. 5	7. 5
3371 – 家用和机构家具及橱柜制造	1875	252. 9	7. 4
3272 – 玻璃和玻璃制品制造	646	89. 0	7. 3
523A – 证券和商品合约中介和经纪	3270	458. 2	7. 1
522A – 非存托信用中介及相关活动	6083	867. 4	7. 0
531 – 住房和其他房地产	13566	1948. 4	7. 0
5411 – 法律服务	9161	1317. 1	7. 0
3221 – 纸浆、造纸和纸板厂	692	105. 1	6. 6
4231 – 机动车和机动车零部件及用品批发商	2246	341. 6	6. 6
446 – 健康和个人护理商店	6471	1065. 6	6. 1
3117 – 海鲜产品的制备和包装	232	38. 3	6. 1

表 6　版权密集型产业

行业代码	行业名称
5111	报纸、期刊、书籍和目录出版
5112	软件发行商
5121	电影和视频行业
5122	录音行业
5151	广播和电视广播
5152	有线电视和其他订阅节目
5191	其他信息服务（新闻集团和互联网网站）
5414	专业设计服务（视觉和图形艺术）
5415	计算机系统设计和相关服务（软件和数据库）
5418	广告和相关服务
5419	其他专业技术服务
7111	表演艺术公司
7115	独立艺术家、作家和表演者

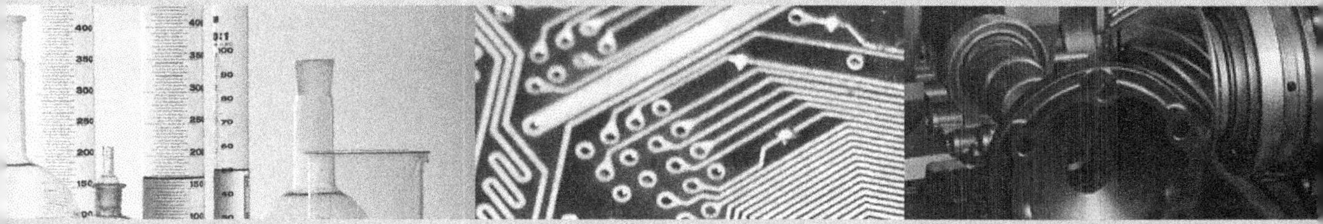

韩国知识产权密集型产业的经济贡献度分析

韩国特许厅、韩国知识产权研究院

目 录

图表目录

摘　要*

第一章　研究概要

■（背景）在以人工智能、物联网、大数据等融合技术创新为特征的第四次工业革命背景下，企业更加注重知识产权的快速权利化。各国持续不断地对知识产权密集型产业进行研究，试图针对知识产权对经济产生的影响进行定量分析。

● 美国和欧洲分别于2012年和2013年认定知识产权密集型产业，在分析其经济效果后，于2016年发布了分析报告，包括：USPTO（2016）Intellectual Property and the U. S. Economy；2016 Update；EPO and EUIPO（2016）Intellectual Property Rights Intensive Industries and Economic Performance in the European Union；Industry - Level Analysis Report，2nd edition。

- 2012年美国商务部分别以发明专利、商标、版权为中心认定知识产权密集型产业，4年后发布了更新数据。

- 2013年，欧洲也通过类似的方法论认定了知识产权密集型产业，但范围扩大到发明专利、商标、版权以外的外观设计专利、地理标志等领域，此后分析知识产权密集型产业对欧盟经济的贡献度（EPO、EUIPO，2013），3年后发布了分析报告。

- 美国和欧洲通过持续的研究，证明了知识产权对企业提升经济效益以及国家创造财富具有贡献能力，并不断强调知识产权密集型产业的重要性。

● 韩国方面，劳动研究院（2012年）、特许厅和韩国知识产权研究院（2014年）发布研究报告后，没有进行后续研究，因此需要更新相关数据，进行定期分析。

- 劳动研究院（2012年）针对知识产权密集型产业的劳动市场结构（性别、年龄、学历、就业形式、工作条件、工资水平等韩国标准产业分类小分类）进行了分析（基于2009年数据）。

---

* 中文版严格遵从原文，出现的数据均与原文保持一致，未做任何修改。——译者注

- 特许厅和韩国知识产权研究院（2014年）为了对知识产权密集型产业进行分类，开发了知识产权分类（专利IPC分类、商标NICE分类、韩国外观设计分类）和韩国标准产业分类（KSIC）的关联表，并分析了知识产权密集型产业对经济的贡献度（基于2010年数据）。

■（必要性）韩国有必要通过积极的知识产权密集型产业研究，明确知识产权产生的经济效益，在第四次工业革命时代制定更加完善的知识产权政策，做好顶层设计。

■（研究的目的）整理韩国知识产权密集型产业的基础统计资料，通过针对知识产权密集型产业的经济贡献度等趋势性分析引出启发点。

• 通过评估各国的知识产权密集型产业分类标准，修正和完善韩国知识产权密集型产业分类的方法论，对韩国知识产权密集型产业进行分类及分析和研究其经济贡献度。

• 分析和比较美国、欧洲和韩国的知识产权密集型产业相关分析结果，寻找韩国知识产权密集型产业后续研究的方向。

■（主要研究内容）针对两个时间段，对韩国知识产权密集型产业进行分类及分析知识产权密集型产业对韩国经济的贡献度。

• 以发明专利、外观设计专利、商标、著作权为中心对韩国知识产权密集型产业进行分类，采用2010年和2015年的数据分析知识产权密集型产业对韩国经济产生的贡献度，确认知识产权在经济上的重要性。

• （1）分析2010年和2015年的年度趋势；（2）分析各区域的知识产权密集型产业情况；（3）通过实例分析3个阶段的分析，提供韩国知识产权密集型产业的经济贡献度的多角度调查结果。

知识产权密集型产业分类方法修正和完善	韩国知识产权密集型产业认定	知识产权密集型产业经济贡献度分析
• 评估美国、欧洲的方法论 • 评估知识产权各类型的密集型产业分类标准 • 评估数据使用范围 • 修正和完善方法论	• 数据收集和处理 • 特许厅数据库和KISLINE数据库关联（申请人代码－法人代码） • 计算各产业知识产权密集度 • 分类知识产权密集型产业	• 就业、工资水平、附加值等各经济指标的趋势分析 • 各地区知识产权密集型产业现状分析 • 比较知识产权密集型产业的经济效果 • 引出政策建议

第二章　知识产权密集型产业分类方法

■（知识产权密集型产业的定义）本报告中，其定义为“知识产权相关活动的集中度较高，利用知识产权进行保护并应用于创造价值的产业”。

- 根据所投入的生产要素，分类和定义密集型产业。
- 美国、欧洲的报告没有提及知识产权密集型产业的具体定义，但着重介绍了知识产权密集型产业是用“知识产权”替代劳动、资本、技术（知识）当作生产要素。

产业分类	定　义	分类示例
劳动密集型产业	主要依靠劳动力生产产品的产业	第一产业（农业、林业）及轻工业（纤维、制鞋等）
资本密集型产业	资本（不动产、工厂设备、机器设备等）投入较大的产业	重工业（家电产品、汽车、船舶等）
技术密集型产业	通过技术及高学历劳动者的投入，创造附加值的产业（OECD，1996）	尖端制造业（化学、半导体等） 服务业（通信、播放、教育等）
知识产权密集型产业	知识活动的密集度较高，用知识产权进行保护，通过知识活动创造价值的产业	发明专利（医药、通信技术制造业）/外观设计专利（服饰、时尚配饰）/商标（消耗材料、金融）/版权（出版、播放）等各知识产权领域的密集型产业

■ 知识产权密集型产业的范围及分类标准评估

- （工业产权分类标准）各国都采取将“知识产权密集度（各产业授权量/从业人员数（千人））”高于产业平均水平的行业按照发明专利、外观设计专利、商标进行分类的方法。

知识产权类型		美国	欧洲	中国	韩国	本报告	密集型产业分类标准
工业产权	发明专利	○	○	○	○	○	发明专利密集度
	实用新型专利	×	×	×	○ （2012）	×	专利（包括实用新型）密集度
	外观设计专利	×	○	×	○	○	外观设计专利密集度
	商标	○	○	○	○	○	商标密集度
著作权	狭义 （作品的创作、生产）	○	○	○	○	○	WIPO（2002）“核心版权产业”
	广义 （包含作品的发布）	×	○ （2016）	×	×	×	相互依存性版权/部分版权产业中的一部分
新型知识产权	地理标志	×	○	×	×	×	地理标志分类标准
	植物新品种保护	×	○ （2016）	×	×	×	植物新品种保护（CPVR）密集度

来源：以美国商务部、USPTO（2012），USPTO（2016），EPO、OHIM（2013），EPO、EUIPO（2016），韩国劳动研究院（2012），韩国特许厅、韩国知识产权研究院（2014）等机构发布的报告为基础进行整理。

• （版权密集型产业分类标准）WIPO（2002）依据《版权产业的经济贡献度调查指南》的“核心版权产业”，将密集型产业限定为与著作权作品的创作和生产相关的产业。

* 世界知识产权组织（WIPO）界定了4种版权产业分类，分别为核心版权产业、部分版权产业、非专门支持性版权产业、相互依存性版权产业，并给出了各产业分类包含的国际标准产业分类。

-美国和韩国以核心版权产业为中心，将版权密集型产业限定为“与著作权作品的创作、生产相关的产业”；

-欧洲将与著作权作品的发行及销售相关的相互依存性产业（电视、电脑、复印机等相关设备）及部分版权产业（服装、纺织、玩具、室内装饰等）的一部分也纳入版权密集型产业，扩大了版权密集型产业的范围。

• （本报告的分类）韩国的知识产权密集型产业以工业产权（发明专利、外观设计专利、商标）及著作权（美国的狭义著作权）为对象进行分析。

■ 针对特许厅、韩国知识产权研究院（2014）的研究方法论进行评估后，对韩国的知识产权密集型产业分类方法提出了3个改善建议。

• 重新确定知识产权密集度及经济贡献度分析所采用的数据范围

-美国、欧洲在分析过程中考虑了计算知识产权密集度的数据和分析经济贡献度的数据之间存在1~2年的时间差（time-lag），但韩国的研究分析并没有兼顾时间差，存在数据重复的问题。本报告将改善该问题。

-本报告设定了两个数据分析范围（2006—2009年，2011—2014年），使得知识产权密集型产业的经济贡献度分析的数据范围（2010年，2015年）与知识产权密集型产业分类的知识产权及就业数据产生一定时间差。

	美国		欧洲		韩国		改善方向（本报告）	
	(2012)*	(2016)	(2013)	(2016)	(2012)	(2014)		
计算知识产权密集度的数据	2004—2008	2009—2013	2004—2008（IP），2008—2010（ORBIS）		2007—2010	2008—2012	2006—2009	2011—2014
分析经济贡献度的数据	2010	2014	2008—2010	2011—2013	2009	2010	2010	2015
经济指标	从业人员数、工资、附加值、知识产权收益、贸易收支		从业人员数、GDP、贸易收支、工资水平		从业人员数、产量、附加值、工资水平		从业人员数、附加值、工资水平等	

* 括号内是发布报告的年份。

● 各国计算知识产权密集度的知识产权数据与行业代码之间关联方法变更

－2014 年进行的研究中开发的 IPC－KSIC、外观设计分类－KSIC、NICE 商品分类－KSIC 关联表，由于申请人的主行业分类变更，急需更新数据。

－本报告采取与欧洲相同的方法，通过申请人标识（ID）和法人代码的关联，在企业信息数据库中关联申请人当前的主行业分类信息。

<table>
<tr><th rowspan="2"></th><th rowspan="2">美国
（2012；2016）</th><th rowspan="2">欧洲
（2013；2016）</th><th colspan="2">韩国</th><th rowspan="2">本报告</th></tr>
<tr><th>（2012）</th><th>（2014）</th></tr>
<tr><td>发明专利</td><td>专利分类－
行业代码关联
（除外观设计）</td><td>申请人－
行业代码关联</td><td>IPC－IO 关联
IO－KSIC 关联</td><td>IPC－KSIC 关联</td><td>申请人－
行业代码关联</td></tr>
<tr><td rowspan="2">外观设计
专利</td><td rowspan="2">—</td><td colspan="2">申请人－行业代码关联</td><td>外观设计分类－
KSIC 关联</td><td>申请人－
行业代码关联</td></tr>
<tr><td colspan="4">（兼顾合案申请外观设计专利）</td></tr>
<tr><td rowspan="2">商标</td><td colspan="3">申请人－行业代码关联</td><td>NICE 商品分类－
KSIC 关联</td><td>申请人－
行业代码关联</td></tr>
<tr><td colspan="5">多类商标按照一标一类来统计</td></tr>
</table>

● 分析单位评估

－依据韩国标准行业分类小分类进行分析，计算知识产权密集度时，尽量避免分析单位不一致导致各知识产权授权量与从业人员数出现统计误差的现象。

－微分类（5 位）、细分类（4 位）、小分类（3 位）中分别统计知识产权密集度，结果显示在小分类中统计时，发生误差的概率最小。

第三章　韩国知识产权密集型产业的认定

■（分析步骤）关联知识产权数据库和企业信息数据库，利用各产业的经济数据对知识产权密集型产业进行分类。

●（分析需要的数据）2017 年 7 月发布了 KSIC 第 10 版，但分析经济贡献度的数据仍然是 2015 年统计局发布的经济普查数据，该数据是基于 KSIC 第 9 版进行调查的结果，因此本报告沿用第 9 版分类标准认定密集型产业。

区间		数据来源及提供项目	
第1期 （2006—2009年）	第2期 （2011—2014年）	特许厅数据库	发明专利、外观设计专利、商标的各年、各申请人的授权量
		KISLINE 数据库	申请人的主行业分类
		全国工商户调查	各年、各产业从业人数

• 知识产权密集度 = 各产业 × 知识产权授权量（4 年合计）/各产业从业人员数（4 年平均）

* 除农业、林业、渔业外

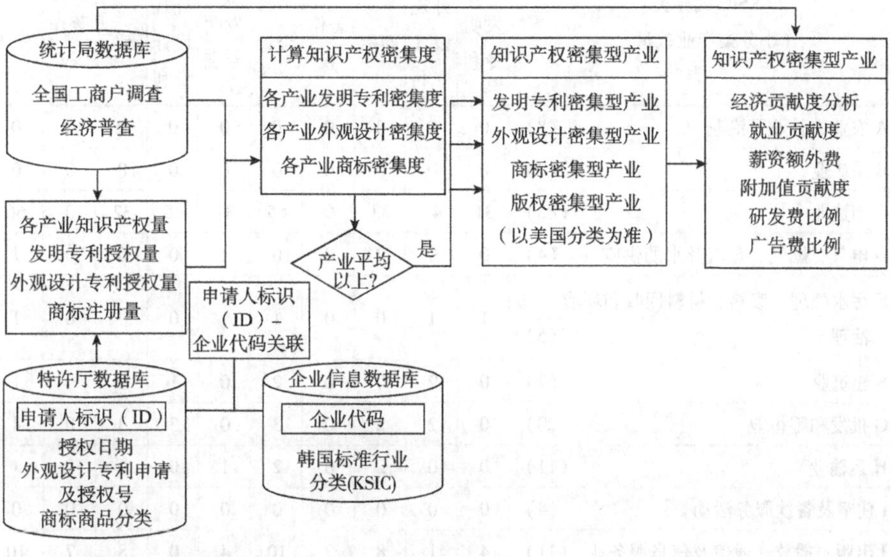

• 知识产权各类型授权量（单位：件，%）

- 共同申请时，适用各申请人所属的产业分数计数方法，共同申请人不是韩国法人的情况下，该申请个人的份额从各产业的统计数据中删除。

- 外观设计专利和商标以合案申请外观设计专利及多类商标为准进行统计。

授权年份	2006—2014 年授权量	韩国法人授权量	企业信息数据库关联件数
发明专利	938017	574623（61.3%）	570053（99.2%）
外观设计专利	370993	193179（52.1%）	189959（98.3%）
商标	796733	438721（55.1%）	426848（97.3%）

■ 版权密集型产业分类

• （分类方法）版权产业特殊分类（统计局）的“核心版权产业”中，筛选与著作权作品的创作及生产相关的产业（微分类），在小分类上进行整合。

- 在整合的上述产业分类营业收入中，版权密集型产业（微分类）的营业收入占比高于上述产业分类营业收入的50%时，认定为版权密集型产业。

■ 韩国知识产权密集型产业：2006—2009年为96个→2011—2014年为100个，新增了4个产业。

• 主要以制造业为中心，均匀地分布于发明专利、外观设计专利、商标密集型产业。

KSIC大分类（小分类产业数量）		2006—2009年					(2011—2014年)				
		发明专利	外观设计专利	商标	著作权	合计	发明专利	外观设计专利	商标	著作权	合计
A农业、林业及渔业	(8)	0	0	0	0	0	0	0	0	0	0
B采矿业	(7)	0	0	0	0	0	0	0	0	0	0
C制造业	(83)	31	44	33	0	65	37	45	32	0	66
D电气、燃气、蒸汽及水的供应	(4)	0	0	0	0	0	1	0	0	0	1
E污水处理、废物、材料回收和环境治理	(5)	1	1	0	0	1	1	0	0	0	1
F建筑业	(7)	0	2	0	0	2	0	1	0	0	1
G批发和零售业	(20)	0	2	2	0	3	0	3	3	0	4
H运输业	(11)	0	0	2	0	2	1	0	0	0	1
I住宿及餐饮服务活动	(4)	0	0	0	0	0	0	0	0	0	0
J出版、播放、通信及信息服务业	(11)	4	1	8	7	10	4	0	8	7	10
K金融和保险活动	(8)	0	0	1	0	1	0	0	2	0	2
L房地产及租赁业	(6)	0	0	1	0	1	0	0	2	0	2
M专业、科学及技术服务	(13)	4	2	3	3	9	5	1	2	3	10
N商业设备管理及商业支持服务	(7)	1	0	0	0	1	1	0	0	0	1
O公共管理和国防、强制性社会保障	(5)	0	0	0	0	0	0	0	0	0	0
P教育服务业	(7)	0	0	1	0	1	0	0	1	0	1
Q医疗保健及社会工作活动	(6)	0	0	0	0	0	0	0	0	0	0
R艺术、体育及休闲相关服务	(4)	0	0	0	0	0	0	0	0	0	0
S协会及团体，维修和其他个人服务活动	(8)	0	0	0	0	0	0	0	0	0	0
合计	(224)	41	52	51	10	96	50	50	50	10	100

■ 各国知识产权密集型产业分类结果比较（单位：个，%）

• 韩国的知识产权密集型产业统计结果显示，2006—2009年为96个（占整体产业的42.9%），2011—2014年增加至100个（44.6%），与

2016 年发布的美国（24%）和欧洲（55.6%）的统计结果相比，处于中间水平。

• 从 2012 年、2016 年调查报告来看，美国的知识产权密集型产业分别有 75 个，细分类上有增减，但整体数量没有变动，保持较为强健（robust）的结构特点。

- 发明专利密集型产业仅限于制造业，但商标密集型产业的比重较大。

• 欧洲在 2013 年发布的知识产权密集型产业基础上，2016 年增加了广义的版权密集型产业及植物新品种保护密集型产业，同时商标密集型产业的比重同样较大。

密集型产业	美国		欧洲		韩国（本报告）	
	2004—2008 年	2009—2013 年	2004—2008 年（第 1 期、第 2 期）		2006—2009 年	2011—2014 年
发明专利	26（8.3%）*	26（8.3%）	140（22.8%）	140（22.8%）	41（18.3%）	50（22.3%）
外观设计专利	—	—	165（26.8%）	165（26.8%）	52（23.2%）	50（22.3%）
商标	60（19.2%）	60（19.2%）	277（45.0%）	277（45.0%）	51（22.8%）	50（22.3%）
著作权	13（4.2%）	13（4.2%）	33（5.4%）	79（12.8%）	10（4.5%）	10（4.5%）
地理标志	—	—	4（0.7%）	4（0.7%）	—	—
植物新品种保护	—	—	—	6（1.0%）	—	—
知识产权密集型产业	75（24.0%）	75（24.0%）	321（52.2%）	342（55.6%）	96（42.9%）	100（44.6%）
整体产业	313	615	224			

注：年份是为计算知识产权密集度而使用的知识产权授权量及从业人员数据的范围，知识产权各类型的密集度之间存在重复的区域。

* 比例 = 各类型知识产权密集型产业数量/整体产业数量

第四章　知识产权密集型产业的经济贡献度分析

■（概要）经济贡献度分析一般采用产业关联分析、计量分析等方法，但美国商务部在 2012 年调查报告中应用 WIPO（2002）关于《版权产业的经济贡献度调查指南》提示的方法，后来欧洲和韩国也同样采用了该方法。

• （数据）与知识产权密集型产业分类采用的数据（计算知识产权密集度）具有12年的时间差。

	计算密集度的数据	分析经济贡献度的数据
时间范围	（第1期）2006—2009年	（第1期）2010年
	（第2期）2011—2014年	（第2期）2015年
数据来源	特许厅数据库（每年发明专利、外观设计专利、商标，各产业授权量）	经济普查*（各产业、各地区从业人员数，人力费用、附加值、研发费、有形和无形资产等）
	全国工商户调查（各年、各产业从业人员数）	
	KISLINE数据库（产业分类）	

■ 韩国知识产权密集型产业的贡献度分析阶段及数据

• 韩国知识产权密集型产业的经济贡献度分析分为3个阶段，分别是每年趋势分析、各地区现状分析、利用计量分析方法分析知识产权对企业经济效益的影响。

－每年趋势分析将经济贡献度分析分为两个阶段（2010年，2015年），分析和比较知识产权密集型产业的结构变化及就业、工资水平、附加值、研发费、广告费等占经济指标中的贡献度趋势。

－各地区现状分析按照知识产权的类型将韩国17个市和道的知识产权密集型产业的就业、工资水平、附加值等成长趋势及各区域分布情况进行分析比较。

－实例分析，利用各产业的整合数据对比和分析知识产权活动对企业的定量效益、定性效益、就业等产生的影响。

	分析目的	主要指标
每年趋势分析	2010年和2015年，了解知识产权密集型产业对韩国整体经济的贡献度趋势，统计和提供知识产权密集型产业的就业、附加值等产出效果数据	知识产权密集型产业的就业贡献度、薪资额外费、附加值贡献度、研发费比例、广告费比例
各地区现状比较	以经济指标为中心，分析17个主要市和道的知识产权密集型产业的分布情况，了解知识产权产业密集的地区	知识产权密集型产业的就业、人均工资水平、附加值
经济效益分析	利用企业的知识产权密集型产业活动对定量效益（营业收入）及定性效益（附加值）产生的多种影响因素进行分析	（从属变量）营业收入、附加值、就业 （独立变量）研发费用、知识产权储备、知识产权密集度、密集型产业集群

-（经济贡献度）利用认定的知识产权密集型产业分类，按照就业、附加值等主要经济指标，分析"知识产权密集型产业在整体产业中所占的比例"。

	计算公式	备　注
就业贡献度	=知识产权密集型产业从业人员数/全体从业人员数	
薪资额外费	=知识产权密集型产业的人均周薪/非知识产权密集型产业的人均周薪-1	* 人均周薪= 人力费用/52周/从业人员数
附加值贡献度	=知识产权密集型产业的附加值/全体附加值	* 附加值= 人力费用+营业利润+租赁费+折旧/坏账费用+税金
研发费比例	=知识产权密集型产业的一般研发费用/全体一般研发费用	
广告费比例	=知识产权密集型产业的广告宣传费/全体广告宣传费	只提供2015年资料

● 每年趋势分析结果比较

-韩国知识产权密集型产业是以发明专利为主导的研发密集型产业，韩国在过去5年以发明专利密集型产业为中心创造了大量的就业岗位。

-但，知识产权密集型产业的人均工资水平与附加值贡献度小幅回落，同时知识产权密集型产业和非密集型产业的工资水平差距呈现缩小的趋势。

-知识产权密集型产业的研发费和广告费比例也较高。

经济指标	2010年（分析年份）					2015年（分析年份）				
	发明专利	外观设计专利	商标	著作权	密集型产业合计	发明专利	外观设计专利	商标	著作权	密集型产业合计
就业（万人）	240.4	227.5	170.9	39.0	463.1	327.7	248.0	227.7	51.2	607.0
就业比例	13.6%	12.9%	9.6%	2.2%	26.2%	15.7%	11.9%	10.9%	2.5%	29.1%
工资水平（周薪）（万韩元）	79.7	62.6	66.0	78.0	67.3	96.8	72.7	72.4	83.6	82.1
薪资额外费*	85.1%	46.1%	54.1%	65.1%	57.1%	78.1%	33.7%	33.2%	53.8%	51.1%
附加值（兆韩元）	255.7	179.2	185.2	24.4	439.0	354.6	203.9	219.7	34.9	560.0
GDP比例	25.4%	17.8%	18.4%	2.4%	43.5%	27.3%	15.7%	16.9%	2.7%	43.1%

续表

经济指标	2010 年（分析年份）					2015 年（分析年份）				
	发明专利	外观设计专利	商标	著作权	密集型产业合计	发明专利	外观设计专利	商标	著作权	密集型产业合计
研发费（兆韩元）	14.0	7.2	5.6	1.1	16.7	20.4	7.0	6.1	1.7	24.0
R&D 比例	61.0%	31.5%	24.3%	4.8%	72.8%	66.1%	22.7%	19.9%	5.5%	77.9%
广告费（兆韩元）						5.8	5.5	11.5	1.8	14.3
广告费比例						21.0%	20.2%	42.0%	6.7%	52.3%

*（薪资额外费）表示知识产权密集型产业的平均工资高于非知识产权密集型产业的平均工资的部分。

• 各国知识产权密集型产业的经济贡献度分析结果比较［单位：千人，各国货币（$：美元；b$：10 亿美元；€：欧元），%］

	美国		欧洲		韩国（本报告）	
	2010 年	2014 年	2008—2010 年	2011—2013 年	2010 年	2015 年
就业贡献度	27065	27877	56494	60032	4631	6070
	（18.8%）	（18.2%）	（25.9%）	（27.8%）	（26.2%）	（29.1%）
薪资额外费	周薪 1156 $	周薪 1312 $	周薪 715 €	周薪 776 €	周薪 67.3 万韩元	周薪 82.1 万韩元
	（41.8%）	（46.4%）	（41.0%）	（46.4%）	（57.1%）	（51. 1. 8%）
附加值贡献度	5060b $	6600b $	4735b €	5664b €	439 兆韩元	560 兆韩元
	（34.8%）	（38.2%）	（38.6%）	（42.3%）	（43.6%）	（43.1%）

- 美国商标密集型产业的就业贡献度（2014 年，15.5%）较高，而欧洲外观设计专利密集型产业的就业贡献度（2011—2013 年，21.2%）最高，韩国是发明专利密集型产业的就业贡献度（2015 年，15.7%）较高。

其中，韩国知识产权密集型产业的就业贡献度从 2010 年的 26.2% 增长至 2015 年的 29.1%，呈现大幅上升趋势，这表明知识产权密集型产业对国家整体的就业情况产生较大影响。

- 美国和欧洲的薪资额外费有所增加，但韩国的薪资额外费减少，可推测韩国的密集型产业和非密集型产业之间的工资水平差距正在缩小。

- 即便如此，韩国的薪资额外费（2015 年，51.1%）比美国（2014

年，46.4%）和欧洲（2011—2013 年，46.4%）都高一些。

-美国和欧洲的版权密集型产业的工资水平比发明专利密集型产业高或持平，但韩国的版权密集型产业和发明专利密集型产业之间的工资水平还存在一定差距。

-美国和欧洲的商标密集型产业的 GDP 贡献度分别为 34.9%（2014 年）和 35.9%（2011—2013 年），附加值创出结果比较高。

-美国和欧洲以服务业为主导的 GDP 创出结果较高，但韩国的经济结构以制造业为中心，因此对 GDP 贡献度有所减少。

-整体来看，知识产权密集型产业的就业贡献度比 GDP 贡献度相对高，分析结果显示知识产权密集型产业的就业人均附加值创出结果较高（例如，2015 年韩国发明专利密集型产业的就业贡献度是 15.7%，GDP 贡献度是 27.3%）。

-相反，2015 年，韩国的版权密集型产业的就业贡献度（2.5%）和 GDP 贡献度（2.7%）维持相等的水平，就业对附加值创出的效果并不大。

- 韩国各地区知识产权密集型产业现状分析结果

-（知识产权密集地区）比较和分析各地区分布情况，从就业、工资水平、附加值等方面来看，知识产权密集型产业的经济贡献度排名前 5 的是首尔、京畿道、忠清南道、庆尚南道、蔚山。

-（非知识产权密集型产业）分析结果显示江原道和济州岛在各经济指标中知识产权密集型产业的比例较低。

	知识产权密集型产业	非知识产权密集型产业
就业	蔚山、京畿道、忠清南道	江原道、济州岛
人均工资水平	蔚山、忠清南道、世宗市、首尔	江原道、大邱市、济州岛
附加值	蔚山、忠清南道、庆尚北道、忠清北道	济州岛、江原道

- 韩国知识产权密集型产业的经济效果分析概要及结果

-（分析模型）为了分析企业的知识产权活动对营业收入、附加值、从业人员数等方面产生的影响，利用柯布-道格拉斯（Cobb-Douglas）生产函数的分析模型进行分析。

	基本模型回归方程式	从属变量
定量效果模型	$\ln Sales = \ln\alpha + \beta_1 \ln L + \beta_2 \ln K + \beta_3 \ln R$	ln（营业收入）
定性效果模型	$\ln Value = \ln\alpha + \beta_1 \ln L + \beta_2 \ln K + \beta_3 \ln R$	ln（附加值）
创造就业岗位模型	$\ln L = \beta_0 + \beta_1 \ln\omega + \beta_2 \ln Y + \beta_3 \ln K + \beta_4 \ln R$	ln（从业人员数）

-（数据）在224个KSIC小分类上整合企业数据。

-（变量说明）利用2015年经济普查数据及知识产权变量进行回归分析。

变 量	说 明	数据来源
附加值（Value）	2015年（人力费用+租赁费+税金+折旧/坏账费用+其他营业成本）	2015年经济普查全国篇
营业收入（Sales）	2015年营业收入	
从业人员数（L）	2015年从业人员数	
有形资产（K）	2015年（土地+建筑物+非建筑结构物+机器设备/熔炉+船舶/运输用车辆+其他（工具/部件）+建设中的资产）	
无形资产（R）	2015年（工业产权+捕捞权+软件+开发费+其他资产）	
R&D投入（RD）	2015年为了技术开发或产品研发而支出的费用	
持有发明专利数（Pat）	2011—2014年授权发明专利数量	特许厅 工业产权DB和NICE DB
持有商标数（Tra）	2011—2014年商标注册数量	
持有外观设计专利数（Des）	2011—2014年授权外观设计专利数量	
发明专利密集度（Patl）	专利持有数/从业人员数	计算
商标密集度（Tral）	商标持有数/从业人员数	
外观设计专利密集度（Desl）	外观设计专利持有数/从业人员数	
知识产权密集型产业集群（D）	判断发明专利密集度、商标密集度、外观设计专利密集度中任何一项是否高于平均值	

-企业的知识产权活动和定量效果模型回归分析结果：

从属变量：ln（营业收入）

变 量	模型1	模型2	模型3	模型4	模型5
ln（从业人员数）	0.673***	0.752***	0.766***	0.840***	0.803***
ln（有形资产）	0.196***	0.305***	0.288***	0.294***	0.311***
ln（无形资产）	0.104*	—	—	—	—
ln（R&D）	—	-0.077	-0.141**	-0.127*	-0.125*
ln（发明专利数）	—	—	0.157**	—	—
ln（商标数）	—	—	0.076	—	—
ln（外观设计专利数）	—	—	-0.136**	—	—
ln（发明专利密集度）	—	—	—	0.137**	—

续表

变　量	模型 1	模型 2	模型 3	模型 4	模型 5
ln（商标密集度）	—	—	—	0.067	—
ln（外观设计专利密集度）	—	—	—	-0.141 **	—
发明专利密集型产业集群	—	—	—	—	0.263
商标密集型产业集群	—	—	—	—	0.131
外观设计专利密集型产业集群	—	—	—	—	-0.170
（常量）	5.042 ***	4.726 ***	4.837 ***	4.248 ***	4.517 ***
R2	0.858	0.856	0.872	0.871	0.863
修正的 R2	0.853	0.851	0.863	0.863	0.854

-企业的知识产权活动和定性效果模型回归分析结果：

从属变量：ln（附加值）

变　量	模型 6	模型 7	模型 8	模型 9	模型 10
ln（从业人员数）	0.712 ***	0.779 ***	0.791 ***	0.887 ***	0.856 ***
ln（有形资产）	0.087	0.210 ***	0.184 ***	0.191 ***	0.218 ***
ln（无形资产）	0.144 ***	—	—	—	—
ln（R&D）	—	-0.042	-0.107 *	-0.091	-0.111 *
ln（发明专利数）	—	—	0.169 ***	—	—
ln（商标数）	—	—	0.133 **	—	—
ln（外观设计专利数）	—	—	-0.181 ***	—	—
ln（发明专利密集度）				0.145 ***	
ln（商标密集度）				0.123 **	
ln（外观设计专利密集度）				-0.173 ***	
发明专利密集型产业集群					0.382 **
商标密集型产业集群					0.215
外观设计专利密集型产业集群					-0.220
（常量）	4.385 ***	4.088 ***	4.173 ***	3.379 ***	3.741 ***
R2	0.860	0.851	0.879	0.876	0.867
修正的 R2	0.856	0.846	0.870	0.868	0.858

-企业的知识产权活动和创造就业岗位效果模型回归分析结果：

从属变量：ln（从业人员数）

变　量	整体产业	知识产权密集型产业	非知识产权密集型产业
ln（工资水平）	-1.069 ***	-1.218 ***	-0.867 ***
ln（营业收入）	0.834 ***	0.755 ***	0.785 ***
ln（有形资产）	-0.042 **	-0.132 ***	-0.030

续表

变　量	整体产业	知识产权密集型产业	非知识产权密集型产业
ln（R&D）	0.135***	0.185***	0.134***
ln（发明专利数）	0.006	0.067*	0.051
ln（商标数）	-0.009)	0.025	0.056
ln（外观设计专利数）	-0.070*	0.008)	-0.119*
（常量）	0.315	1.699***	0.090
R2	0.897	0.933	0.903
修正的 R2	0.883	0.927	0.898

-（分析结果概要）如其他研究报告中采取的假定或理论一样，本报告结果显示企业的定性、定量效果及创造就业岗位中研发投入非常重要。知识产权密集型产业中密集程度更高的企业，其营业收入、附加值等业绩更好。

-尤其，发明专利密集度对营业收入产生影响，但商标密集度对附加值产生更为积极的效果。

-结果显示，对扩大营业收入、附加值更具有效率的是资产化而不是投资。发明专利和商标储备及其密集度也产生扩大营业收入和附加值的效果，其中发明专利密集型产业的附加值更多。

-发明专利储备量越多，知识产权密集型产业创造的就业岗位就越多。

-非知识产权密集型产业作为标本进行分析的结果显示，非密集型产业中研发费用的投入对营业收入、附加值、创造就业岗位依然产生非常重要的作用，也就是除知识产权之外，研发创造的成果可以用商业秘密等方式来进行保护，协助创造收益。

第五章　结论

■ 概要

• 本报告旨在提供韩国知识产权密集型产业的分类结果，利用 2010 年和 2015 年经济普查数据分析在总体经济中知识产权密集型产业的附加值比例、就业比例、工资水平等经济指标的发展趋势。

•（研究的意义）本报告的意义在于，对知识产权密集型产业进行分类，定期公布知识产权密集型产业的贡献度分析结果，给出在国家经济中“知识产权”产生影响的定量分析结果。

-自 2007 年起，美国将持有“发明专利授权量/研发费”高于产业平均以上的产业定义为“知识产权密集型制造业”，曾有学者做过研究，认为美国经济中知识产权密集型制造业的贡献度较高（Shapiro et al.，2007；Pham，2010），在2012年美国商务部的调查报告中也奠定了美国知识产权密集型产业的研究基础。

-欧洲专利局与美国同期针对兼顾欧盟产业特性的知识产权进行了定义，同时对欧盟成员国的知识产权各类型进行了经济贡献度的分析和比较。

-韩国通过2014年和2018年的研究重新整理了知识产权密集型产业的分类标准，将知识产权密集型产业的贡献度趋势分析结果与美国、欧洲的结果进行比较，分析了韩国知识产权密集型产业的特点及与美国、欧洲的差异。

• 分析结果显示，韩国与美国、欧洲相比，就业贡献度、薪资额外费、GDP贡献度都比较高，但随着时间的变化，贡献度的增减趋势在不同国家有所不同。

-（美国）就业贡献度从18.8%（2010年）→18.2%（2014年）小幅下降，相反薪资额外费（41.8%→46.4%）和GDP贡献度（34.8%→38.2%）有所提升。

-（欧洲）就业贡献度（2008—2010年25.9%→2011—2013年27.8%）、薪资额外费（41%→46.4%）、GDP贡献度（38.6%→42.3%）均有所提升。

-（韩国）就业贡献度提高（2010年26.2%→2015年29.1%），薪资额外费（57.1%→51.1%）和GDP贡献度（43.6%→43.1%）小幅下降，和美国正相反。

-薪资额外费和GDP贡献度方面，与以服务业为中心的美国和欧洲不同，韩国以制造业（发明专利密集型产业）为中心，其经济结构差异导致韩国的知识产权密集型产业统计数量略有下降。

■ 研究结果给出的建议

考虑到各知识产权密集型产业的市场环境，需要在各产业上提出知识产权政策方向的建议。

• 每年趋势分析给出的建议

-美国、欧洲的商标领域创造就业岗位的比例较高，附加值创出结果也最大。

-相反，韩国的发明专利密集型产业带动就业的效果最明显，发明专利密集型产业的工资增长率（21.5%）也较高。

• 各地区现状分析结果

就业、工资、附加值贡献度等方面，排在前5位的知识产权密集型地区是首尔、京畿道、忠清南道、庆尚南道、蔚山等。

• 计量分析给出的建议

- 知识产权密集型产业知识产权的密集度越高的产业，与非密集型产业相比，营业收入、附加值等企业的定性、定量效果更佳。

- 其中，发明专利密集度对营业收入产生较大影响，商标密集度对附加值产生积极的影响。

- 非密集型产业中，研发投入对营业收入、附加值、创造就业具有重要的影响（除知识产权外，通过商业秘密进行保护可以创造收益）。

■ 关于知识产权密集型产业的后续研究方向的建议

• 美国和欧洲的研究人员持续进行研究，试图通过对企业的计量分析掌握知识产权密集型产业特点。

• 未来，韩国将和美国、欧洲一样，定期发布知识产权密集型产业的经济贡献度分析报告，也有必要扩大知识产权密集型产业相关研究。

- 但是，每个国家的知识产权密集型产业的分类标准、所包含的知识产权类型、产业分析的单位、分析年份都不一样，所以针对绝对值进行比较和分析还是存在一定的困难。

• 因此，有必要制定知识产权密集型产业的分类及经济贡献度分析的国际指南，使各国能够统一使用普遍性的方法论进行知识产权密集型产业的研究，便于后续针对各国调查结果进行比较和分析。

- 作为示例，WIPO 发布了《版权产业的经济贡献度分析指南》，韩国等各个国家每年发表关于版权产业的经济贡献度分析结果，使其可以相互比较。

• 因此，韩国正在讨论与其他国家合作向 WIPO 提出共同“制定知识产权密集型产业的统计公布指南”的相关建议。

第一章　研究概要

第一节　背景及必要性

一、第四次工业革命和知识产权

近年来，随着“第四次工业革命”成为全球的话题，“知识产权”也变成了第四次工业革命的核心焦点。第四次工业革命一词来源于2010年德国“High－tech Strategy 2020”的10个项目中，旨在加强制造业竞争力的“工业（Industry）4.0”。工业4.0是通过制造业和信息通信技术（ICT）的融合创新制造业的相关技术，基于物联网（Internet of Things, IoT）技术，在设备及产品之间实现信息交换，构建制造业的全自动生产体系，优化生产、管理、流程等步骤。第四次工业革命是包含工业4.0的上位概念，其中利用虚拟现实的远程医疗、基于人工智能的无人驾驶等新技术、新市场、新业态层出不穷，对整体产业的变化和工作方式及社会、政治变化产生巨大的影响（KT经济经营研究所，2017）。

2016年1月，在瑞士达沃斯举办的世界经济论坛（World Economic Forum）以“掌控第四次工业革命”（Mastering the Fourth Industrial Revolution）为主题，在“未来的工作”（The Future of Jobs）报告中展望了第四次工业之后的社会的结构性变化。2017年1月召开的世界经济论坛预示着第四次工业革命全面开启，以“领导力：应势而为、勇于担当”为主题进行讨论，成为国家层面上开始应对第四次工业革命的契机。

工业革命是依据通用技术的创新带来的社会整体的革命性变化，包括生产能力的提升，带来经济社会的短期和长期变革（见表1－1）。前3次工业革命的变化如下：第一次工业革命始于18世纪，以英国发明的纺纱机、蒸汽机、铁路为代表，从农业社会跨越到工业社会，从手工业时代进入机器时代。第二次工业革命是20世纪后期至第一次世界大战之前，美国主导的以电气、电话、内燃机、汽车、大批量生产方式等创新带来的工业化。与第一次工业革命不同，物理学、化学等基础科学使得工业生产加快并节约劳动力，经济重心从耗材工业转向高附加值的生产资料工业。第三次工业革命发生在20世纪后期，是由网络和半导体的快速发展引起的信息通信技术（ICT）革命带来的信息化。第一次和第二次工业革命是有形资产的生产和流通相关技术的创新，第三次工业革命与信息的生产、处理、流通的效率化相关，这一点上与第一次和第二次工业革命有所不同。

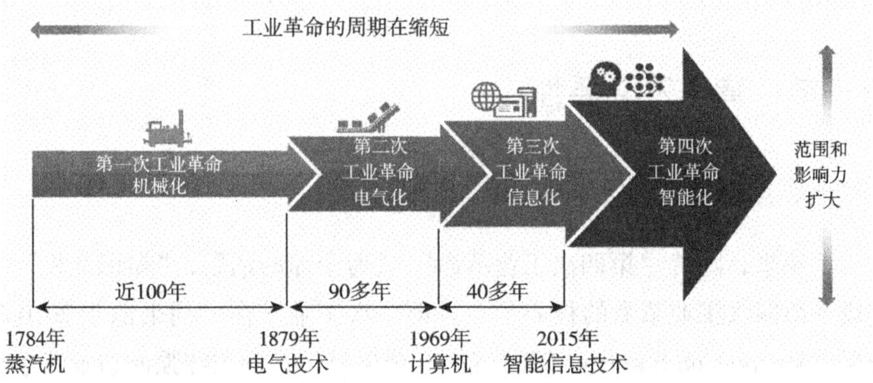

图1－1　通用技术的创新和工业革命

来源：第四次工业革命委员会（2017年11月）。

正在进行中的第四次工业革命是人工智能（Artificial Intelligence，AI）、机器人、物联网、3D打印、纳米技术、生物技术、5G等融合技术的革命，预计会在产业环境和就业结构上引起根本性变化。融合技术的核心是打破物理、数字、生物学边界的技术融合体信息物理系统（cyber－physical system）。信息物理系统是用网络连接物理设备（机器人、医疗器械、产业设备等现实中的产品）和信息（网络虚拟空间），在其内分析和应用数据，达到物体的自动控制的系统。

2016年，在世界经济论坛中提到成为第四次工业革命领军者的4个条件之一[1]为“强而灵活的知识产权制度”。也就是说，随着新技术的出现，快速进行权利化非常重要，为了应对新的知识产权问题，各国有必要通过改善知识产权制度，在第四次工业革命中占据有利的位置。

因此，世界各主要国家为了提高国家竞争力，克服逐渐放缓的低成长率，积极推进以第四次工业革命的主要技术为中心的创新政策和知识产权政策的制定。美国的《先进制造业伙伴关系》（*Advanced Manufacturing Partnership*，AMP），日本的《未来投资战略2017》，中国的《中国制造

[1] 4个条件：第一，适应资本替代劳动的大环境；第二，克服国家之间加剧的技术和专业人员的不均衡；第三，适应经济活动领域和公共基础设施的急剧变化；第四，强而灵活的知识产权制度。

2025》等通过创新政策抢占人工智能、物联网等核心领域的知识产权，引领标准化，制定了强化知识产权保护的一系列政策。韩国针对第四次工业革命的大环境，于2016年12月发布了《智能信息社会中长期综合对策》，主要内容是实现以人为本的智能信息社会，2017年11月成立了总统直属第四次工业革命委员会，主要审议和调整与第四次工业革命相关的综合性国家战略的制定以及各部委的实施计划和主要政策（见图1-2）。2017年11月末，特许厅发布了未来5年主要推进计划《第四次工业革命时代的知识产权政策方向》，以搭建知识产权良性循环平台为目标，制定了知识产权创造、保护、运用相关的14个战略（特许厅，2017）。

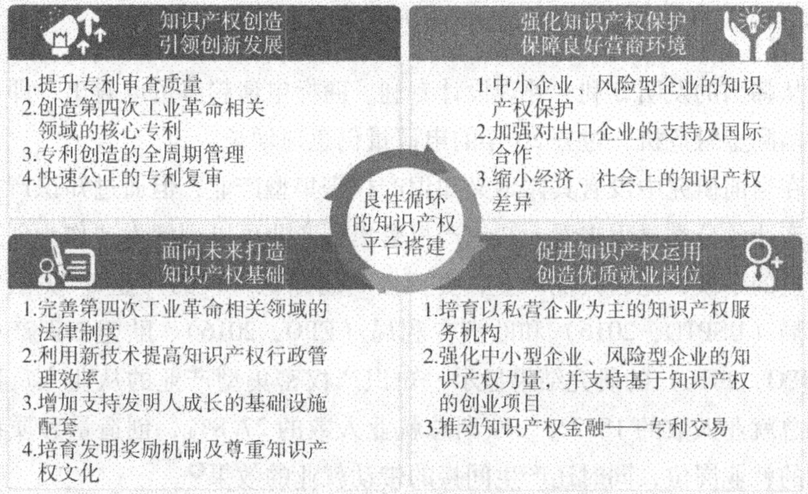

图1-2　第四次工业革命时代的知识产权政策方向

来源：特许厅（2017）第四次工业革命时代知识产权政策方向；基于知识产权的创新发展和就业岗位创造。

二、研究的必要性

知识产权在现代经济中起到重要的作用。随着20世纪90年代知识经济的发展、经济全球化加速、产品和服务的复杂性增大，企业在经营过程中更加注重知识产权的重要性。美国的标准普尔（S&P）500企业价值中，无形资产的占比从17%（1975年）增长至87%（2015年），无形资产的价值总和超过有形资产的价值（见图1-3）。尤其，在第四次工业革命的背景下，知识产权被认为是经济成长的动力，企业更加关注知识产权密集型产业的作用。

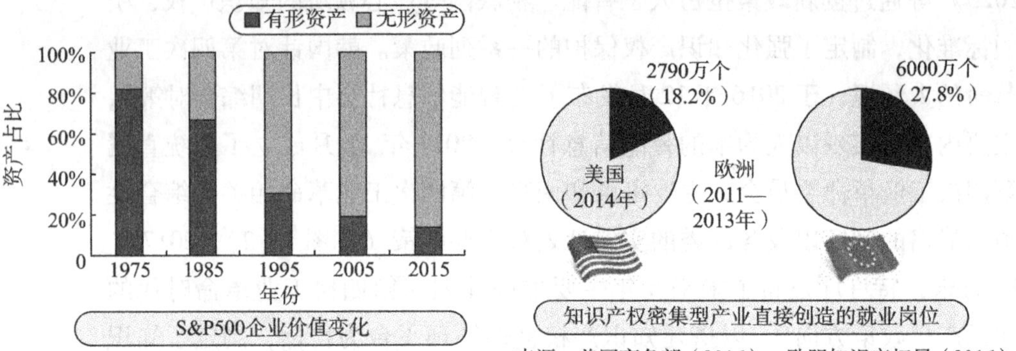

来源：OCEANTOMO（2017）　来源：美国商务部（2016）；欧盟知识产权局（2016）

图1-3　第四次工业革命时代的知识产权

来源：特许厅（2018）第四次工业革命背景下特许厅政策（再引用）。

从韩国的发明专利、外观设计专利、商标申请趋势可以看出，即使发生了国际金融危机，过去20年的申请量仍急速增长。

在当前研究中没有具体定义知识产权密集型产业，但通过知识产权密集型产业的分类过程来看，知识产权密集型产业可以理解为“作为创造经济利益的手段，比起其他产业，更积极利用知识产权的产业”。美国专利商标局（USPTO，2016）和欧洲专利局（EPO，2016）、欧盟知识产权局（EUIPO，2016）的研究结果显示，知识产权密集型产业的从业人员数占美国总就业人数的18.2%，欧洲总就业人数的27.8%，创造量和质都有保障的就业岗位，同时还产生间接的带动就业的效果❶。

海外主要国家致力于持续发布知识产权密集型产业相关信息，相反，韩国的研究持续性较低。美国❷和欧洲分别于2012年和2013年发布知识产权密集型产业的第一次调查报告（美国商务部、USPTO，2012；EPO、OHIM，2013）后，2016年扩大了数据和分析范围，发布了第二次分析报告（USPTO，2016；EPO、EUIPO，2016）。中国江苏省从2015年起每年持续发布知识产权密集型产业相关的分析报告❸。

针对知识产权密集型产业的研究结果显示，知识产权的应用对于增加营业收入、附加值等创造国家财富方面非常重要，同时给政策制定者提供了一些启示，可以加速进行后续研究，从创新和成长的理论及假定等多角

❶ 利用产业关联表，计算在知识产权密集型产业的供给链（Supply chain）中间环节，就是提供产品和服务的后勤产业的就业人员。

❷ 2007年和2010年，美国利用R&D数据，给知识产权密集型制造业进行了定义，发布了研究报告，认为美国经济中知识产权密集型制造业的贡献度较高（Shapiro et al.，2007；Pham，2010）。

❸ IP Intensive Industries Forum during 2017 Zijin International IP Summit in Nanjing，China（2017.11.9-10）.

度进行分析。Band 和 Gerafi（2013）通过对美国专利和版权密集型产业排名靠前的企业进行分析，认为海外企业比国内企业的发展更快速，建议制定更重视国内企业的知识产权政策。OHIM（2015）针对知识产权密集型企业[1]和非密集型企业之间经营上的差异进行了分析。欧洲 40% 的大企业持有知识产权，相反只有 9% 的中小企业（SME）持有知识产权。同时，在相同产业上，知识产权密集型企业比非密集型企业的“营业收入和从业人员”比例和工资水平较高，这种结果在中小企业比大企业更为明显。Frontier Economics（2017）参考欧洲的研究方法，针对亚洲 5 个国家的商标密集型产业进行分类，实例分析了商标密集度对亚洲各国的“附加值/从业人员”产生正向影响。Pham（2017）强调制药产业占美国 R&D 投资比重较大，在就业、工资、总产出、附加值、输出等经济指标上与其他知识产权密集型制造业相比经济效益的创出上更为优异，表示知识产权密集型制造业对美国经济的贡献非常大。

韩国方面，劳动研究院（2012），特许厅、韩国知识产权研究院（2014）采用与美国和欧洲第一次调查报告相似的方法进行研究。劳动研究院（2012）为了确认创造就业岗位的效果，利用 2009 年的数据分析了知识产权密集型产业的劳动市场结构（性别、年龄、学历、就业形式、就业环境、工资等 KSIC 小分类）。特许厅、韩国知识产权研究院（2014）为了针对知识产权密集型产业进行分类，开发了知识产权分类（专利 IPC 分类、商标 NICE 分类、韩国外观设计分类）与韩国标准产业分类（Korea Standard Industrial Classification，KSIC）关联表，同时通过实例分析了 2010 年知识产权密集型产业的经济贡献度及韩国企业的知识产权密集度与经营成果（营业收入及 tobinq 价值指标）之间的关联。此后，没有进行相关研究，因此需要更新韩国知识产权密集型产业的分类及经济贡献度等的分析数据。

第二节　研究目的及预期效果

一、研究目的

本报告的目标是，了解韩国知识产权密集型产业现状，整理基础统计资料，掌握知识产权密集型产业对国民经济产生的影响，分析知识产权密集型产业的结构变化趋势，提出产业培育的建议。韩国也需要和主要国家

[1] OHIM（2015）研究中将专利、外观设计、商标等知识产权持有情况当作变量进行分析。

一样，有必要针对知识产权密集型产业进行定期的调研，分析经济结构的变化趋势。

图1-4是研究各阶段的构成和主要内容。研究主要分为3个步骤，分别为修正和完善方法论、认定韩国知识产权密集型产业、分析韩国知识产权密集型产业的经济贡献度。

修正和完善知识产权密集型产业的分类方法	认定韩国知识产权密集型产业	分析知识产权密集型产业的经济贡献度
• 利用与经济贡献度分析有时间差的数据 • 变更各产业IP授权量的统计方法 • 在KSIC小分类上进行分析	• 数据收集及处理 • 特许厅数据库和KISLINE数据库关联（申请人代码-法人代码） • 计算各产业知识产权密集度 • 对知识产权密集型产业进行分类	• 经济指标的年度趋势分析 • 各地区知识产权密集型产业现状比较 • 知识产权密集型产业的经济效果分析 • 提供政策上的建议

图1-4 各研究阶段的内容

首先，评估已有研究报告后，本报告在知识产权密集型产业的分类方法上提出了3个改善建议。第一，调整数据分析范围，使得知识产权密集型产业的经济贡献度分析的数据范围（2010年、2015年）与进行知识产权密集型产业分类的知识产权及就业数据（2006—2009年，2011—2014年）保持时间差，确保更准确地分析知识产权密集型产业的经济贡献度。第二，针对知识产权的申请人信息和企业信息数据库进行关联，再统计各产业知识产权授权数据。第三，在韩国标准产业分类（KSIC）小分类（3位）上进行知识产权密集型产业分类，解决已有研究中在细分类（4位）上计算知识产权密集度时发生的问题。其次，韩国知识产权密集型产业的经济贡献度分析有3个阶段，分别是年度趋势分析、地区现状分析、利用计量分析方法进行知识产权对企业产生的影响分析等。年度趋势分析将经济贡献度分析时间范围确定为两个时间段（2010年，2015年），针对知识产权密集型产业的结构变化、就业、工资、附加值、研发费、广告费等经济指标，分析和比较知识产权密集型产业的贡献度趋势。地区现状分析，针对韩国17个主要市和道，比较和分析知识产权密集型产业的就业、工资、附加值等成长趋势及各地区分布情况。实例分析利用各产业的数据，分析知识产权活动对企业的定量效益、定性效益、创造就业岗位等产生的影响。尤其，分析已有研究中没有包含的知识产权密集型产业的创造就业岗位的效果，为政府提供创造“就业岗位”的建议。

二、研究的预期效果

本报告将提供两种成果：首先是针对发明专利、外观设计专利、商标、著作权，在第九次修改的韩国标准产业分类小分类和第十次修改的韩国标准产业分类小分类上提供各密集型产业目录。知识产权密集型产业分为2006—2009年、2011—2014年两个时间段来进行认定。其次是针对知识产权密集型产业的分类结果及就业、工资、附加值等韩国知识产权密集型产业的经济贡献度分析结果（2010年，2015年），以及美国2012年和2016年报告，欧盟2013年和2016年研究结果进行对比分析。通过年度趋势分析和国家间对比分析，了解韩国知识产权密集型产业的特点。

本报告通过对比和分析韩国和其他主要国家的知识产权密集型产业的经济贡献度，希望打造韩国知识产权创新经济研究的基础。研究报告可以给政府政策制定者和企业决策者提供基础性判断资料，给特许厅提供制度改善及政策制定（例如创造就业岗位）的依据。同时兼顾韩国知识产权密集型产业的市场环境，期待在各知识产权领域制定适当的知识产权保护政策方面作出贡献。

第二章　知识产权密集型产业分类方法

第一节　知识产权密集型产业的概念

特许厅、韩国知识产权研究院（2014）也曾讨论过知识产权密集型产业的概念。但本报告参考古典的经济学观点，针对劳动、资本密集型产业的概念及技术密集型产业和知识产权密集型产业的定义及分类标准进行讨论。首先了解一下传统的产业分类标准，然后再讨论时代的变化带来的生产要素投入对密集型产业结构的影响。

一、产业的分类

产业的分类体系根据其分类标准会有所不同，第一次提出此概念的是1940年英国的经济学家科林·克拉克的著作《经济进步的条件》（*The Conditions of Economic Progress*）。科林·克拉克根据经济成长的不同阶段，提出第一、第二、第三产业概念，并表示随着经济的发展，其产业比重逐渐从第一产业转移到第二、第三产业（见表2－1）。

表2－1　传统的产业分类

产业分类	产业种类	举　例
第一产业	利用自然环境生产产品或工业原料	农业、林业、渔业、畜牧业、原油提炼等
第二产业	除第一产业外的所有制造业	采矿业、工业（轻工业、重工业）、电气、燃气及供水、建筑业等
第三产业	基于第一产业和第二产业的服务业	交通运输、旅游业、商业、服务业（运送、通信、金融、保险、物流）、研发等
第四产业	第三产业中知识相关产业	信息、医疗、教育服务等

科林·克拉克分类的第一产业是农业、畜牧业、林业、渔业等利用自然环境生产或获取所需物品的产业。采矿业并没有包含在第一产业，是因为采矿业的范围较广，不仅包含矿物质，还有选矿和冶炼等活动，同时矿物质必须要经过加工环节才能投入使用。第二产业是除第一产业的所有制造业，加工第一产业中获取的原料或物品，生产生活所需的产品或能源的产业。第二产业受自然环境的影响小，主要以分工和协作生产产品。第二

产业不仅包含采矿业、制造业、建筑业为代表的行业，还包括电力、燃气和供水等行业。第三产业是将第一和第二产业生产的产品销售给消费者，或给人们的生活提供便利的服务业。第三产业包括批发业、零售业、住宿和餐饮业、交通运输业、通信业、金融业、房地产业、公共设施管理业、教育服务业、社会保障及社会福利业、文化、体育和娱乐业等。

随着经济的发展和行业的发达，第三产业的比重逐渐扩大，尤其是第三次工业革命以来，信息化社会中"技术"和"研发"成为价值创造的重心，因此在第三产业中细分出来一个产业，变成了独立的第四产业，但克拉克的产业分类里并没有该产业。第四产业是信息通信、媒体、研发、咨询、教育等利用知识创造价值的产业。第四产业被称为"知识密集型产业"，也可以看出是根据所投入的生产要素进行的产业分类。

二、产业结构的变化和知识产权密集型产业

传统的经济学上，产量（Y）是由劳动（Labor，L）和资本（Capital，K）两种生产要素决定的函数［$Y = f(L, K)$］。"密集型产业"是投入的生产要素中某种生产要素的比重较高的产业，也可以表示为了提高该产业的产量而需要投入的生产要素。Halperin 和 Chakrabarti（1987）依据所投入的生产要素，将产业分为资源密集型产业、资本密集型产业、技术密集型产业，但本报告要讨论的是以劳动、资本和技术为生产要素的密集型产业。

"劳动密集型产业"是主要依靠劳动力生产产品的产业，第一产业和生产纤维、制鞋、电子产品的轻工业是劳动密集型产业的代表。它与技术水平和资本无关，只要有充足的劳动力就可以进行生产，而且即便投入再多的劳动力，其产出的附加值还是较低。相反，"资本密集型产业"是资本要素的投入超过劳动要素的产业，是"资本设备率（人均设备投入额）"较高的产业，即资本密集型产业，就像汽车产业、房地产、工厂设备、机器设备等需要投入巨大资本，维持固定的成本，随着收益增加利润急剧提升的高附加值产业。过去的 3 次工业革命是通用技术的创新带来了社会性变革。第一次工业革命从农业社会跨越到以消耗材料为中心的劳动密集型产业，第二次工业革命从劳动密集型产业走向了以原材料为中心的资本密集型产业。另外，第三次工业革命成了信息通信等技术密集型产业快速发展的契机。

21 世纪初"知识密集型产业"成为经济的重心，主要有研发、设计、专业评估等技术活动的密集度较高的信息通信、电子、航空等产业，因此生产要素中劳动的作用重新受到关注。经济合作与发展组织（Organization for Economic Cooperation and Development，OECD）于 1996 年发布的《以

知识为基础的经济》（*Knowledge – based Economy*）中提到经济发展中知识和技术的作用越来越重要（OECD，1996）。也就是，技术和熟练工人组成的“知识密集型（knowledge – intensive）产业”被定义为“知识型产业”（knowledge – based industries）。知识型产业或知识密集型产业包括利用知识和创意大幅提升商品和服务的附加值的制造业和服务业，知识（技术和熟练工人）的作用更多体现在附加值的创造上。表2－2列出了与知识密集型产业相似的产业分类及法律依据。

表2－2　与知识密集型产业相似的产业分类及法律依据

密集型产业	产业的定义（示例）	法律依据
知识型产业	知识的密集度较高的产业，总统令指定的产业（知识产业、利用尖端技术的产业）	《产业集成法》第2条第8项 《产业集成法施行令》第4条第4项
知识产业	通过创意性活动，创造高附加值知识服务的产业（研发、建筑技术、工程及科学技术服务、广告创意、电影、音频等节目制作、出版、专业设计、包装及充电、教育服务、咨询、翻译及同传服务等）	《产业集成法施行令》第6条第2项

韩国的法律制度中，与知识密集型产业相似的产业定义和示例如下：促进产业集成及建立工厂相关的法律（《产业集成法》）第2条（定义）中规定，“知识型产业”是知识的密集度较高的产业，是总统令指定的产业。

《产业集成法施行令》第4条第4项（知识型产业）包括知识产业（第6条第2项）和利用《产业发展法》第5条规定的尖端技术的产业。“知识产业”是通过创意性活动，创造高附加值知识服务的产业，包含研发、科学技术服务、广告创意、电影、广播、出版、专业设计、教育服务等知识型服务业，另外，利用尖端技术的产业是知识型制造业。

表2－3　密集型产业的分类及定义

密集型产业	产业定义	产业示例
劳动密集型产业	依靠大量使用劳动力生产商品的产业	农业、林业等第一产业，纤维、制鞋等轻工业
资本密集型产业	房地产、工厂设备、机器设备等需要投入较多资本的产业	家电产品、汽车、船舶等重工业
知识密集型产业	通过技术及人力资源的投入创造附加值的产业	化学、半导体等尖端技术制造业，通信、播放、教育等服务业
知识产权密集型产业	知识活动的密集度较高，用知识产权进行保护，通过知识活动创造价值的产业	医药、信息通信制造业等发明专利密集型产业；消耗材料、金融等商标密集型产业；首饰、服装、时装等外观设计专利密集型产业，出版、广播、文化等版权密集型产业

知识密集型产业不同于劳动、资本等传统生产要素的产业，它是把重点放在“知识”和创意上的产业分类体系，而知识产权密集型产业与此相似，是以“知识产权”为媒介的产业分类体系。本报告把“知识产权密集型产业”定义为“知识活动的密集度较高，用知识产权进行保护，通过知识活动创造价值的产业”。当前美国和欧洲的研究报告中，没有明确地定义过知识产权密集型产业（美国商务部、USPTO，2012；EPO、OHIM，2013；USPTO，2016；EPO、EUIPO，2016）。EPO、EUIPO（2016）在研究目的中提到讨论“密集使用知识产权的产业”（industries that use IP rights intensively）对欧洲经济的贡献度。因此，与劳动、资本、知识密集型产业相同，“知识产权密集型产业”可以定义为“知识产权作为生产要素需要集中投入（创造或利用）的产业”（特许厅、韩国知识产权研究院，2014），但并不适合定义为“为了生产产品或服务，密集投入知识产权的产业”，因为知识产权并不能直接投入生产过程。知识产权是知识的各种测量变量之一，知识通过知识产权被保护。所谓投入知识产权要包含用知识产权保护知识活动的成果、利用该成果的整个过程。

知识密集型产业的范围一般是与尖端技术相关的制造业、信息通信、教育服务、研发等产业，但知识产权密集型产业没有明确规定其范围。美国、欧洲发布的知识产权密集型产业报告上提到，知识产权密集型产业的分类根据分析时机、被分析对象国家的知识产权保护范围有所不同。与知识密集型产业相比，“知识产权”并不是局限在“技术（发明专利）”，而是包含与“具有创意的人才”相关的商标、外观设计专利、著作权等领域，因此知识产权密集型产业分布范围更为广阔。尤其是，知识产权密集型产业依据知识产权的保护类型（发明专利、商标、外观设计专利、著作权、地理标志、植物新品种保护）来分类密集型产业，因此根据不同类型，产业的特点也不尽相同。例如，发明专利密集型产业主要是需要用专利保护技术的医药产业和手机等信息通信设备制造业；商标密集型产业主要是商标（品牌）发挥重要作用的食品等消耗材料产业和金融、保险等服务业；外观设计专利密集型产业是注重时装、纺织物流行趋势，需要用外观设计进行保护的产业；版权密集型产业主要是出版、播放、唱片等需要保护著作权作品的产业。

三、知识产权密集度和知识产权密集型产业的分类

从劳动密集型产业、资本密集型产业、知识密集型产业的概念来看，密集型产业就是投入和使用某种生产要素、生产附加值的产业。其

中，生产要素的直接投入（使用）是相对的，资本密集型产业的“从业人员人均设备投资额”的资本投入率是根据劳动和资本的相对投入比例来进行判断的。

但是，知识并不是传统生产函数的生产要素，因此并不会像劳动密集型产业中增加劳动要素的投入就会增加产量，知识密集型产业中增加知识的投入，并不能确保产量的增加。因此，OECD（1996）认为知识的再创造过程是通过知识网络和学习来完成的，介绍了知识的产生过程主要有知识的投入和产出、知识的储备和流动等。知识可以体现在人力或者产品上进行移动或存储，通过这种知识网络可以快速进行扩散，加速变革的推进。OECD 还提出了可以测算的知识变量：（1）研发费；（2）研发工程师或研发相关人员；（3）专利；（4）技术贸易收支等。例如，研发密集度是知识密集的代理变量，一般用“生产总量/研发费”来计算。因此，一般情况下不会分析劳动、资本以及知识的投入比重，而是把研发密集度较高的几个产业（见表2-4）当作知识密集型产业。

表2-4　已有研究中的发明专利、商标、外观设计专利密集度

	密集度	来　源
发明专利	发明专利量/有形资产	Feeny and Rogers（2003）
	发明专利量/营业收入	Halperin and Chakrabarti（1987）；Hagedoorn and Schakenraad（1994）；Ulku（2007）；Hu and Png（2009）
	发明专利量/研发支出额	Wagner and Parchonovsky（2005）；Blind et al.（2006）
	发明专利量/从业人员数	Blind and Grupp（1999）；Deyle and Grupp（2005）；Jensen and Webster（2006）
	发明专利量/研发人员数	Piergiovanni and Santarelli（2011）
外观设计专利	外观设计专利量/有形资产	Feeny and Rogers（2003）
	外观设计专利量/从业人员数	Jensen and Webster（2006）
商标	商标量/有形资产	Feeny and Rogers（2003）；Helmers and Rogers（2010）；Sandner and Block（2011）；Erdogan（2012）
	商标量/营业收入	Feeny（2000）
	商标量/从业人员数	Jensen and Webster（2006）

来源：特许厅、韩国知识产权研究院（2014）再引用。

Shapiro 等人（2007）首次提出知识产权密集型制造业（IP - intensive manufacturing industries）概念，即“从业人员人均研发费用”高于产业平均水平，就定义为知识产权密集型产业。此后，美国和欧洲、韩国等关于知识产权密集型产业的研究中，采用了“各产业知识产权密集度”概念，即如果知识产权密集度高于产业平均水平，就认为是知识产权密集型产业。根据研究中使用的分类方法，有些产业中，相较于庞大的人员规模，其知识产权拥有量较少，虽然该知识产权非常具有价值，但这些产业并不会被分类到知识产权密集型产业中（EPO、OHIM，2013）。

从“生产要素的密集型投入”概念来看，知识产权的密集度可以通过表示劳动、资本等其他要素与知识产权投入程度的“知识产权变量/劳动”或“知识产权变量/资本”来测算。在分析知识产权和经济发展关系的已有研究中，关于发明专利、外观设计专利、商标相关的密集度，研究人员采用了知识产权的申请量或授权量除以资产、营业收入、研发费用、从业人员数或者研发人力的数值。

在美国、欧洲和韩国的知识产权密集型产业相关的研究中，对知识产权密集型产业进行分类时，都采用了“知识产权授权量除以从业人员数”这一知识产权密集度变量。“各产业知识产权授权量”是该产业为了创造经济收益投入的绝对知识产权量，除以从业人员数的知识产权密集度就是该产业知识产权投入的相对指标。美国商务部、USPTO（2012）表示还可以利用其他测算知识产权密集度的指标，但也没有明确说明持续使用“知识产权授权量/从业人员数”指标的理由。韩国的劳动研究院（2012），EPO、HIM（2013），特许厅、韩国知识产权研究院（2014）等在后续的研究中，使用与美国、欧洲相同的指标进行知识产权密集型产业的分类，但针对知识产权密集度没有提出其他异议。因此，本报告为了与美国、欧洲的研究结果进行对比，也采用相同的测算方法对知识产权密集型产业进行分类。

第二节 知识产权的类型及制度特点

“知识产权”是人类的创意性活动或依据经验创造出来或者发现的知识、信息、技术，思想和情感表现，营业或物品的标识，生物品种、遗传因子和其他无形物品，包含可以实现资产价值的客体（《知识产权基本法》第3条第1项）。“知识产权”是人类的智力活动的成果，用法律、法规认可或加以保护的知识财产相关的无形权利，根据保护对象不同，分为工业产权、著作权、新型知识产权（见图2-1）。本节主要讨论已分类为知识产权密集型产业的工业产权、著作权，以及新型知识产权中地理标志和植物新品种保护的制度特点。

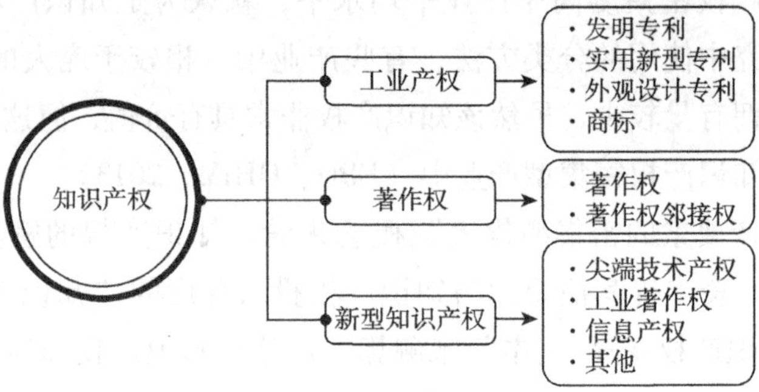

图 2-1 知识产权体系

来源：特许厅（2016）知识产权利用指南。

一、工业产权[1]

1. 制度概要

工业产权是产业领域内创作物品相关的发明专利、实用新型专利、外观设计专利、商标权，更广义的是还包含技术经验（know-how）、未授权公知商标权等产业上具有保护价值的权利。工业产权的创作者可以获得一定时间内的独占性、排他性权利，超过保护期后开放使用权利促进技术进步和产业发展。为了规范各类型工业产权，实施韩国《专利法》《外观设计保护法》《商标法》等法规，依据不同的保护目的和保护对象，规定了相应的制度（见表 2-5）。

表 2-5 各类型工业产权的特点

	发明专利	外观设计专利	商 标
目 的	通过保护专利权人，促进先进技术的普及和利用，为产业发展作贡献	通过保护外观设计专利权人，鼓励外观设计的创作，为产业发展做贡献	通过保护商标权人，构建健全的营商环境，为产业发展做贡献
保护对象	利用自然法则创造出的高水准的技术构思	物品的形状、图案、色彩或其结合的设计，为产品带来一定的美感	区分自身的商品和他人商品的标识
示 例	亚历山大格雷厄姆贝尔发明了电话机	座机设计成半球形或四方形	电话机制造商在产品或包装上使用的商号或标志
保护期	授权日起，截至申请日后 20 年	授权日起，截至申请日后 20 年	授权日起 10 年（可续展，半永久性权利）

来源：特许厅（2016）知识产权利用指南。

[1] 本报告主要讨论发明专利、外观设计专利、商标，没有包含实用新型。

韩国《专利法》保护利用自然法则创造的技术性思想、物品或方法的“发明”。专利权赋予专利权人一定时间内的独占权，使其公开发明的内容，促进技术的普及和应用，以技术的发展为产业发展做贡献（《专利法》第一条）。《专利法》上规定了发明的授权条件，发明的可专利性，工业上利用的可能性、新颖性、创新性，不能授予的发明等。发明专利的保护期限是，授权日起截至专利申请日后 20 年，有特殊情况，专利权保护期限可以延长 5 年。

韩国《外观设计保护法》和发明专利制度相似，通过保护和利用外观设计，奖励外观设计创作，为产业发展作贡献（《外观设计保护法》第 1 条）。外观设计专利保护对象❶是物品的形状、图案、色彩或其结合的设计，为产品带来一定的美感。也就是保护产品、产品的一部分或者装饰的视觉外观，并不是像发明专利那样保护其功能。外观设计专利权人拥有排他性权利，可以限制第三方使用该外观设计专利。外观设计专利的保护期限为自授权日起至申请日后 20 年。

在韩国，外观设计专利的授权条件是外观设计的可专利性、适于工业上的应用、新颖性、创造性。适于工业上的应用是指，可通过工业生产方式（机器及手工业生产等）批量生产具有外观设计专利的产品；新颖性是指一般大众不能使用相同外观设计；创造性是指外观设计专利授权之前，在国内或海外已公知的外观设计的结合或者在国内众所周知的形状、图案、色彩及其结合的设计不能被授予外观设计专利权。欧洲把新颖性和创造性（独创性、个性）当作授予外观设计专利权的条件。给能够获取一般信息的使用者留下与申请日之前已公开的其他外观设计存在差异的印象，就认为具有创造性。

另外，商标（服务商标）是用以识别和区分商品或者服务来源的标志。主要有文字、图形、图形文字、标志、色彩及其结合，形象、音像及其结合。韩国《商标法》的保护对象并不局限在视觉上的标志，还包括色彩商标、立体商标、全息商标、动作商标、音响商标、气味商标。

商标权保护商标（服务商标），使商标（服务商标）使用者维持业务上的信用，为产业发展做贡献，同时保护使用者的利益。但实际上，比起保护商标本身，更注重的是商标（服务商标）的品牌或其创造性，防止竞争对手利用商标（服务商标）权人的名声，给消费者造成商品（服务）

---

❶ 《外观设计保护法》的保护对象不仅仅局限在“体现在物品上的外观设计”，还包括字体、电脑图标、手机显示屏等。

来源的混淆。也就是，保护商品识别（服务），来源表示、品质保障、广告宣传等商标的固有功能，在商标（服务商标）权人的立场上保护和维持体现在商标（服务商标）上的信用和利益，在使用者的立场上对商品（服务）更容易作出选择，在国家层面上可以营造良好的营商环境，为产业发展做出贡献。商标（服务商标）从授权日起可以续展 10 年，拥有半永久的权利。

《商标法》保护的商标种类有很多种（见表 2－6），其中营业商标、集体商标、证明商标与商品商标、服务商标不同，是特殊形态的商标授权，与一般的企业不会发生交集。“营业商标”表示 YMCA、童子军等非营利法人或地方政府的业务内容的标志。例如，申请注册韩国知识产权研究院、大韩红十字会、韩国消费者保护院等营业商标时，不需要指定商品分类，而是根据申请人的章程（私营团体法人、财团法人）规定（地方政府）的业务范围来指定。“集体商标”生产、制造、加工、销售商品或提供服务的机构共同成立的法人直接使用或供其所属成员使用的标志。“证明商标”是具有对某种商品或服务具有监督能力的组织，证明该组织以外的个人和组织的商品品质、原产地、制造方法或其他品质的标志。

表 2－6　商标的类型

	定　义	申请人条件	示　例
商品商标	生产、加工、拣选或销售产品的经营者，为了区别自己和他人的商品而使用的标志	个人、法人	
服务商标	与他人的服务进行区别而使用的标志（应用于广告、金融、餐饮等行业）	个人、法人	
营业商标	在国内运营非营利性业务的机构，以表明业务内容的标志	非营利法人、个人	
集体商标	生产、加工、拣选或销售产品的经营者或提供服务的经营者共同成立的法人，直接使用或供组织成员在商事活动中使用的标志	法人	
证明商标	证明商标的所有者或该所有者授权的经营者为了证明商品或者服务的原产地、原料、制造方法、质量或者其他特定品质的标志	个人、法人	

来源：http：//kipo. go. kr.

《外观设计保护法》和《商标法》基于《专利法》而制定，有很多相似的部分，但根据保护目的及保护对象不同，也有一些特殊的制度。本报告中讨论用于计算知识产权密集度的数据时，需要参考《外观设计保护法》和《商标法》独特的制度。

2. 外观设计的特色制度

外观设计保护法
第 35 条（关联外观设计）①外观设计专利权人或外观设计授权申请人针对与本人已授权外观设计或已申请授权的外观设计（以下简称“基础外观设计”）相似的外观设计（以下简称“关联外观设计”），在基础外观设计申请日起 1 年内，不受第 33 条第 1 项及第 46 条第 1 项、第 2 项的限制，可获得关联外观设计的授权。 ②依据第 1 项，与获得授权的关联外观设计或已申请授权的关联外观设计相似的外观设计，不能获得外观设计授权。 ③基础外观设计依据第 97 条设定专用实施权（以下称“专用实施权”）时，基础外观设计的关联外观设计不受第 1 条限制，不能获得外观设计授权。
第 41 条（合案申请）外观设计专利申请人不受第 40 条第 1 项的限制，在产业资源通商部规定的商品分类中，针对同属一分类的 100 个以内的外观设计可提起 1 件外观设计授权申请（以下称“合案申请”）。这种情况下，每件外观设计都要单独表述。

首先，韩国的《外观设计保护法》的特色是“关联外观设计专利申请制度”和“合案申请制度”。合案申请制度[1]是，不受《外观设计保护法》第 40 条第 1 项规定“一件外观设计专利申请应当限于一项外观设计”，针对 100 个以内的外观设计可作为一件提出申请。上述申请并不受审查与无审查的限制，只需要属于同一商品类别。商品类别是《外观设计保护法实施细则》第 38 条第 1 项规定的“制定工业品外观设计的国际分类的洛迦诺协定”附件 4 中记载的商品类别。

关联外观设计制度是，针对与自己申请或者已获得授权的外观设计（基础外观设计）相似的外观设计，可在申请基础外观设计的 1 年内提出关联外观设计申请（《外观设计保护法》第 35 条）。虽然可以获得新的外观设计授权号，认可其权利范围和保护期限，但会被限制申请时机和禁止权利转让。关联外观设计的授权条件如下：与基础外观设计相似的外观设

[1] 《外观设计保护法》规定，针对一年内 20 个以内的外观设计可以整合为一个外观设计权进行申请（相似外观设计制度）。《海牙协定》规定，在统一分类（class）里一年内 100 个以内的外观设计可以进行合案申请。为了与国际协议接轨，2013 年通过修改《外观设计保护法》，与审查与否无关，一个商品分类里的 100 个可以进行合案申请。

计才能成为关联外观设计的授权对象，基础外观设计并没有依据《外观设计保护法》第97条设定专用实施权，允许基础外观设计和关联外观设计同时实施。

3. 商标的特色制度

商 标 法
第38条（一个商标一件申请）① 商标注册的申请人，根据商品分类指定一类以上的商品，一个商标提出一件申请。 ② 根据第1项属于商品分类的具体商品由特许厅指定并公示。 ③ 根据第1项商品分类的区分并不是确定商品的相似范围。
第86条（类目增加注册申请）① 商标权人或申请人可以追加注册商标或注册商标申请的指定商品，获得商标注册。追加注册的商品类目的商标权保护期的到期日是该商标权的保护期限截止日期。 ② 根据第1项，申请追加商品类目的申请人需向特许厅提出追加注册申请书，包含如下信息： 1. 第36条第1项第1、第2、第5、第6规定的内容 2. 商标注册号或商标注册申请号 3. 追加指定的商品或商品类目

《商标法》固有的制度有“一标多类申请制度”“指定商品追加注册制度”“地理标志集体商标制度”“地理标志证明商标制度”。商标注册申请时，需根据商品分类指定一类以上的商品，以一个商标一个申请为原则（《商标法》第38条）。“一标多类申请制度”是申请人希望在1件以上的商品类别上同时申请商标注册，以提高申请效率、缩短申请步骤的制度。但是，1个申请指定了2类以上商品分类，不管哪一类被驳回，整体注册申请都会被驳回。指定商品追加注册制度使商标权（申请）人针对注册商标或申请中的商标追加分类获得注册（《商标法》第86条）。申请注册商标时，没能添加商品分类或商标注册后根据情况需要扩大分类范围，此时增加商品分类整合到原商标权，可以提高注册管理效率。例如，主要生产消化药的公司希望进入感冒药市场，为了提高市场推广效率，感冒药希望沿用消化药的商标，那么就可以在当前的注册商标上增加感冒药，就能获得相同的保护。

地理标志（Geographical Indications，GI）[1] 是表示某商品的特定质量、信誉或者其他特征主要由该地区的自然因素或者人文因素所决定的标志。地理标志没有识别性，没有特定的排他性使用者，原则上不能授予商标权，但可以通过集体商标和证明商标来保护地理标志，供特定区域的所有

[1] 与地理标志相关的更详细的内容及引入韩国的过程请参考“三、地理标志”。

生产者使用。2004 年商标法改法过程中，韩国将地理标志保护制度引入商标法中，制定了“地理标志集体商标制度”。2011 年商标法改法，根据韩美自由贸易协定（FTA）的需要，引入了证明商标制度及“地理标志证明商标制度”（见表 2－7），允许授予地理标志证明商标。

表 2－7　地理标志集体商标和证明商标的定义及示例

	定　义	申请人	示　例
地理标志集体商标	可利用地理标志的商品的生产、制造或加工者共同成立的法人直接使用或供其成员使用的标志	法人	
地理标志证明商标	由对地理标志具有监督能力的组织所控制，而由该组织以外的单位或者个人使用于其商品，用以证明该商品满足地理标志特性的标志	法人、个人	

来源：http：//kipo. go. kr.

二、著作权

著作权是知识产权的一种，用来表述创作者因其文学和艺术作品而享有的独占性、排他性的权利。著作权不需要申请注册，这一点上与发明专利、外观设计专利、商标等工业产权不一样，作品创作出来的同时著作权就可以受保护。

著作权法
第 2 条（定义）1.“著作权”是表现人类的思想和感情的创作品。
第 4 条（著作权的示例）①本法所规定的著作权如下： 1. 小说、诗、论文、演讲、演说、剧本及其他文字作品； 2. 音乐； 3. 表演及舞蹈、哑剧及其他表演作品； 4. 绘画、书法、雕刻、版画、工艺、应用美术作品及其他美术作品； 5. 建筑物、建筑相关模型及设计图、其他建筑作品； 6. 摄像作品（包括相似的方式制作而成的作品）； 7. 摄影作品； 8. 地图、图标、设计图、略图、模型及其他图形作品； 9. 电脑编程作品。
第 5 条（2 次创作作品）① 在原作品的基础上，进行翻译、编曲、改编、编剧、影视制作及其他方法制作的作品（以下称为“2 次创作作品”），作为独立的著作权受保护。 ② 2 次创作作品的保护不会影响原作品著作权人的权利。
第 6 条（汇编作品）① 汇编作品作为独立著作权受保护。 ② 汇编作品的保护，除作为汇编作品构成部分的素材的著作权之外，对根据本法律保护的权利没有影响。

续表

著作权法
第7条（不受保护的作品）如果符合以下任何一条，不受保护： 1. 宪法、法律、条约、命令、条例及规则； 2. 国家或地方机构的告示、公告、训令及其他类似的通知； 3. 法院的判决、决定、命令及审判或行政审判步骤及其他类似的步骤裁定的结果； 4. 国家或地方机构制作的第1号至第3号规定的汇编作品或翻译作品； 5. 仅传达事实的实时报道。

作品的著作权也可以进行注册，即著作权人针对作品相关的权利更改或其他事项记载到著作权记录里，供读者公开阅览，但著作权注册并不是必须要进行的。韩国可以通过韩国著作权委员会、美国通过版权局注册著作权，英国等欧洲国家没有著作权相关的审查机构。著作权注册并不是必须要进行的事项，也有很多作品没有注册著作权，但如果注册了著作权就拥有推定力、对抗力、侵权赔偿权等法律效力。

韩国《著作权法》是使创作者通过作品创造收益的制度。也就是说，为了尊重个人的创意，保护创意作品，保障其收益，《著作权法》规定“保护创作者的利益”。《著作权法》第4条第1项规定，作品包括文字、音乐、喜剧、美术、建筑、摄影、摄像、设计图等图形、计算机程序等。另外，利用原作品进行翻译、编曲、编剧、改编、注释、影视制作等方式进行的“二次创作作品”和“汇编作品”也属于保护对象（《著作权法》第5条、第6条）。

著作权可以定义为“针对特定作品，享有排他性权利的人身权和财产权”。著作权是保护创作者的权利组合，根据不同的保护目的分为“著作人身权”和“著作财产权”（见表2-8）。著作人身权是保护创作者的名誉和人格利益的权利，包括发表权、署名权、保护作品完整权[1]。著作财产权保护创作者经济利益的权利，根据作品的使用方法，分为表演权、广播权、展览权、发行权、出租权、改编权等（《著作权法》第16~22条）。以小说为例，小说家创作小说后，享有直接出版、发行的权利（复制权、发行权），将小说改编为电影、翻译作品的权利（改编权），表演舞台剧的权利（表演权）等。

[1] 著作人身权包含创作者决定作品是否公布于众的权利（发表权，《著作权法》第11条），创作者在作品原件、复印件及作品发布媒体上署实名或化名的权利（署名权，《著作权法》第12条），保护作品不受歪曲、篡改的权利（保护作品完整权，《著作权法》第13条）。

表 2-8 著作权的分类和相关权利

	著作权（著作人身权、著作财产权）	
定 义	创作人对其创作的表现人的想法和情感的作品享有的权利，包含著作人身权和著作财产权	
保护期限	自然人	创作作品日起，作者的终生及死亡后70年
	法人、团体	发表作品日起，70年
赋予的权利	著作人身权	发表权、署名权、保护作品完整权
	著作财产权	复制权、表演权、广播权、展览权、发行权、出租权、改编权

来源：知识产权利用手册，特许厅（2016）；学习变更为70年的著作邻接权保护期限，韩国著作权委员会（2013）。

《著作权法》根据不同的保护对象，分为著作权（著作人身权、著作财产权）和著作邻接权。也就是说，即便没有创作作品，通过投资资本或提供创意使得消费者享受著作作品的自然人和机构被赋予的权利就是著作邻接权。著作邻接权类似于著作权的权利，是著作邻接权人的权利，适用对象是表演者（演员、歌手、演奏者等）、唱片制作者及广播组织者。著作邻接权的示例包括表演者录音、录像或者拍摄表演过程的权利；唱片制作者复制和发行产品的权利；广播组织者录音、录像、拍摄广播过程，复制和直播的权利（见表2-9）。

表 2-9 著作邻接权的种类和权利

	著作邻接权	
定 义	类似于著作权的权利，是著作邻接权人的权利，适用对象是表演者（演员、歌手、演奏者等）、唱片制作者及广播组织者	
保护期限	表演者	实际表演日起70年
	唱片	录唱片之日起70年
	广播	广播之日起50年
赋予的权利	表演者	署名权、保护作品完整权、复制权、发行权、出租权、表演权（仅限于实际表演）、广播权、传播权、唱片广播赔偿请求权、数字唱片传播赔偿请求权
	唱片	复制权、发行权、出租权、传播权、唱片广播赔偿请求权、数字唱片传播赔偿请求权、唱片表演赔偿请求权
	广播	复制权、直播权、表演权（仅限于收取费用的表演）
示例	• （表演者）录音、录像或者拍摄表演过程的权利； • （唱片制作者）复制和发行产品的权利； • （广播组织者）录音、录像、拍摄广播过程，复制和直播的权利	

来源：知识产权利用手册，特许厅（2016）；学习变更为70年的著作邻接权保护期限，韩国著作权委员会（2013）。

三、地理标志

地理标志（GI）是表示某商品来源于某地区，该商品的特定质量、信誉或者其他特征主要由该地区的自然因素或者人文因素所决定的标志。地理标志能够识别商品的来源，保障商品的品质，发挥类似于商标的功能。注册地理标志，可以获得消费者的信赖，产生商品的宣传效果，创造经济收益，同时在贸易协定等国际交易上也可以获得知识产权的保护。

1994 年，世界贸易组织（World Trade Organization，WTO）的《与贸易有关的知识产权协定》（TRIPs 协定）第 22 条规定了地理标志概念。TRIPs 协定规定了“使公众对其真实产地产生误解的商标，各成员在其立法允许下可依职权或在一利害关系方请求下，拒绝该商标注册或宣布注册无效”。TRIPs 协定之前，国际条约上曾经存在过表示商品的地理来源的货源标记（indications of source）和指示商品的来源地其质量和特征完全或主要归因于其地理环境，包括人文和自然因素的原产地名称（appellation of origin）。货源标记表示商品来源于特定区域（《巴黎公约》第 1 条），满足商品来源的条件就可以使用的品质中立性概念，此后 1891 年制定的《制止虚假、欺骗标示商品来源的马德里协定》（*Madrid Agreement for the Repression of False or Deceptive Indications of Source on Goods*）也规定过货源标记相关内容。另外，原产地名称仅限于使用在商品品质排他地、本质地基于该地区气候、土壤、传统生产方式等地理环境［1958 年，《里斯本协定》（*Lisbon Agreement for the Protection of Appellations of Origin and the International Registration*）第 2 条第 1 项］。

地理标志是包含货源标记和原产地名称的上位概念，地理标志根据每个国家的特点，通过地理标志制度和商标制度获得保护（见表 2－10）。第一，地理标志是独立的制度，以欧洲为代表通过注册地理标志保护其权利；第二，在商标制度上，通过注册包含地理标志的证明商标、集体商标保护其权利，代表性国家有美国、日本。美国《商标法》中集体商标和证明商标包含地理标志，日本将集体商标概念扩大，以地区集体商标为中心保护地理标志（조경희，2009）。韩国通过《农水产品质量管理法》中地理标志（1999 年规定），《商标法》中地理标志集体商标（2004 年规定）、地理标志证明商标（2011 年规定）等两种方式保护地理标志，其主管机构各不相同。

表 2-10 各国地理标志保护制度

国家	独特制度	商标制度
欧盟（EU）	地理标志	—
美国	—	证明商标、集体商标的一部分
韩国	地理标志	地理标志证明商标、地理标志集体商标

来源：韩国特许厅网站。

1. 欧盟的地理标志制度

欧盟的地理标志，认定特定商品具有基于地理原产地及生产方法的品质特征、声誉，由专门的知识产权来进行保护（EPO、OHIM，2013）。1992 年，欧洲经济委员会（European Economic Community，EEC）通过《关于保护农产品和食品的地理标志和原产地名称的第 2081/92 号条例》[1]首次对农产品（除红酒和酒类，玻璃、陶瓷等工艺品外）进行了专门立法保护。该规定将地理标志分为地理标志的保护（Protected Geographical Indication，PGI）和原产地名称保护（Protected Designation of Origin，PDO）。

地理标志的保护是指对商品原料的生产、加工或制造中任何一个步骤在与其相关的特定区域完成时都可以获得保护。原产地名称保护是指商品必须在具有固有自然和人文环境下，用传统生产方法生产、加工、包装（原料生产到最终成品为止）时获得保护，比地理标志的保护更为严格。尤其原产地名称保护的注册条件是“商品原材料必须来源于该区域”，但地理标志的保护没有相关规定。非地域性名称无法注册为地理标志的保护，但可以申请注册原产地名称保护。也就是说，地理标志的保护必须要包含地域名称。

在欧盟，由欧洲共同体委员会（Commission of the European Communities）主管地理标志的注册，使其在各成员国获得保护。地理标志的保护对象是红酒、农产品及食品、蒸馏酒类、芳香葡萄酒等，是为了促进农业生产的多样性，提升农业从业者的收入，奖励偏远地区具有特色的农产品。欧盟收录的3400 余个地理标志，主要有红酒（56.4%）、农产品及加工食品（31.3%）、蒸馏酒类（12.2%）、芳香葡萄酒（0.1%）（EPO、EUIPO，2016）（见表 2-11）。

[1] 2006 年废止了欧盟第 2081/92 号条例，由欧盟第 510/2006214 号条例来替代。

表 2-11　欧洲地理标志的范围和法律依据

	法律依据	地理标志注册比例
农产品及加工食品	Regulation（EU）No 1151/2012	31.3%
蒸馏酒类	Regulation（EC）No 110/2008	12.2%
芳香葡萄酒	Regulation（EU）No 251/2014	0.1%
红酒	Regulation（EU）No 1308/2013	56.4%

来源：EUIPO（2016），Infringement of Protected Geographical Indicators for Wine，Spirits，Agricultural Products and Foodstuffs in the European Union.

发明专利、商标、外观设计专利、著作权等知识产权一般是个人或企业申请并持有其权利，但地理标志一般是相关地区的生产集体申请注册并进行管理，该地区的所有个人生产者按照规定可以使用地理标志（EPO、OHIM，2013）。地理标志制度与商标制度具有相似的功能，其保障商品的原产地和生产方法，消除销售方和购买方的信息不对称，节约消费者的产品筛选费用。

2. 美国的地理标志制度

美国为了保护 TRIPs 协定上的地理标志，通过包含地理标志的证明商标、集体商标及原产地名称来进行保护（이범석，2018）。地理标志证明商标及集体商标保护所有商品，相反原产地名称主要保护美国的红酒。美国没有专门的地理标志制度。

1995 年，世界贸易组织 TRIPs 协定引入地理标志概念之前，美国通过商标权保护地理标志相关的内容，其注册条件是 TRIPs 协定的所有注册条件。美国不像日本、欧盟、韩国一样，并没有专门的法律体系来保护地理标志，而是通过美国《商标法》规定的证明商标或集体商标进行保护，地理标志的注册申请方式及注册后的法律效力与《商标法》一致。原产地标志原则上没有识别力，不能注册为商标，但是作为集体商标或证明商标，标注了产地也可以进行注册。

美国《商标法》规定，证明商标一般表示产品、服务的以下内容：1）原产地；2）品质、原材料、制造工艺相关的标准；3）认证符合特定标准的组织（团体）特点的文字、符号标识。美国注册的地理标志证明商标的示例有“Grown In Idaho”和“Idaho（Idaho Potato Commission 的证明商标）”“Cheese from Denmark（丹麦的 Danish Dairy Board 的证明商标）”（조경희，2009）。前者告诉消费者“这是在一定品质管理下爱达荷州生产的土豆”，后者是“依据丹麦法律进行品质管理的丹麦产芝士”。证明商标与一般商标的不同点是：1）证明商标权人并不使用商标，而是

主要由被授权人使用；2）目的并不是区分与他人的产品和服务，而是为了认证产品、服务的某些特征。

美国的集体商标分为供特定集体成员使用的集体商标（collective trademarks）和表示与特定集体的关系的集体成员商标（collective membership marks），它们可以注册与地理标志相关的集体商标。集体商标的注册条件及效力除了针对商标权人（集体）的条件，其他与一般商标、服务商标的标准及效力相同。集体商标的权利人使用其产品、服务的这一点，与证明商标有所不同。集体商标与证明商标不同，也可以用于宣传其成员的产品或生产、制造、销售产品。但是，在交易上如果没有获得识别力（distinctiveness），就不能注册为地理标志集体商标（李范锡，2018）。

3. 韩国的地理标志制度

韩国通过《农水产品质量管理法》中地理标志、韩美自由贸易协定（FTA）后，为了地理标志的国内接轨，实行了《商标法》中地理标志集体商标及地理标志证明商标、反不正当竞争及商业秘密相关法律（《反不正当竞争法》）中依据FTA协商内容进行地理标志的保护（이범석，2017）。但是，韩国的地理标志在海外成为保护对象的数量并不多，因此讨论过程中省略《反不正当竞争法》相关内容。

农水产品质量管理法
第2条（定义）本法使用的专业术语如下： 8.“地理标志”是农水产品及第13号规定的农水产品加工品的知名度、品质以及其他特点，本质上来源于特定地区的地理性特点时，表示该农水产品及农水产品加工品由特定地区生产和制造及加工的标记。 9.“同形异义词地理标志”是在同一分类的地理标志中，与他人的地理标志发音相同但使用区域不同的地理标志。 10.“地理标志权”是可以排他性使用依据本法注册的地理标志（包含同形异义词地理标志）的知识产权。

1996年，韩国和欧盟签订了基本合作协议，欧盟要求韩国制定保护地理标志的制度，随后韩国开始讨论地理标志保护制度的引入。为此，1999年1月依据《农水产品质量管理法》制定了地理标志注册制度，目的是保护具有优秀地理特色的农产品及加工品，提升特产商品的品质，培育地区特色产业，保护消费者。2000年9月，制定《地理标志注册审议委员会成立及运营规定》，2001年8月成立了“地理标志注册审议委员会”，2002年“宝成绿茶”注册为第一个地理标志。

在韩国获得地理标志的保护，需要向国立农产品品质管理院、山林厅、国立水产品品质管理院进行注册申请（见表2-12）。注册申请条件如下：第一，该商品在国内或海外具有知名度（知名性）；第二，该商品在特定区域生产的年代要久远（历史性）；第三，该商品的生产和加工同时在特定区域内完成（区域性）；第四，该商品的品质受土壤、气候等因素的影响（地理特性）；第五，该商品的生产者成立了法人组织（生产者的组织）。地理标志必须是地理名称（特定区域、地区、山、河流等名称），不具有地理名称的品牌可注册为商标但不能受地理标志的保护。

表 2－12　韩国地理标志注册机构及现状

		注册机构	注册情况（截至 2018 年 3 月末）
地理标志	农产品	国立农产品质量管理委员会	101 件
	林产品	山林厅	56 件
	水产品	国立水产品质量管理委员会	25 件
商标	集体商标	特许厅	368 件（多分类 422 件）
	证明商标	特许厅	4 件（多分类 5 件）

来源：各注册机构网站及 KIPRIS 检索系统。

2004 年修正的《商标法》制定了“地理标志集体商标”制度，其理由是地理标志是知识产权但并不是质量管理范畴。因此，可以通过《商标法》和《农水产品质量管理法》保护地理标志。具有历史名誉或独特品质的商品名称有必要进行权利化，促进区域经济的发展及地区农产品的品牌开发。通过地理标志集体商标制度的引入，对接了国际地理标志保护机制，韩国的地理标志也可以在海外获得保护。

《农水产品质量管理法》针对农水产品或其加工品进行保护，但《商标法》的地理标志集体商标没有限制可获得保护的种类，包括农畜产品、林产品、水产品及工艺品（手工艺）等。地理标志集体商标的权利人仅限于生产、制造及加工使用该地理标志的商品的法人，可以对侵权人进行追责。

另外，应美国的要求韩国制定了“地理标志证明商标制度”。韩国为了应对全球范围的自由贸易协定（FTA）扩大，巩固与世界最大的市场及韩国第二贸易国的交易关系，从 2004 年 11 月韩美通商长官会谈中确定推进 FTA 协定 8 年后，经过国会批准于 2012 年 3 月 15 日开启了韩美 FTA 协定。在协商过程中，美国要求韩国在知识产权领域制定与美国水平相等的保护制度，尤其是与证明商标相关的内容。协定的第 18 章“知识产权篇”第 18.2 条第 1 ~ 15 项规定了“包含地理标志的商标”。尤其是第 18.2 条第 2 项规定“商标包含证明商标，地理标志作为商标具有被保护的资格”。在此背景下，在协定实施前的 2011 年《商标法》改法过程中，引入了“证明商标”及“地理标志证明商标”制度。

如果想通过地理标志集体商标及地理标志证明商标获得保护，该区域的生产、制造或加工的产品需要与其他地区的商品具有差异化的质量和名誉，另外需要证明该地区的气候、土壤、地形等自然条件或传统的生产方法中任一项对商品特点产生影响。地理标志的地区名称并不仅限于生产、制造和加工商品的地区名称。地理标志集体商标或证明商标申请注册时，还要提出地理标志商品的品质提升计划及保障与其他商品差异化的管理标准和注册后品质管理、成员培训、宣传等方案。

韩国和智利、美国、欧盟的 FTA 协定规定了地理标志的保护内容。尤其，与欧盟的 FTA 协定具体规定了双方互相保护韩国的 64 个、欧盟的 162 个地理标志商标。

四、植物新品种保护

欧洲在 2016 年的调查报告中加入了新的知识产权类型——植物新品种权（Plant Variety Right，PVR）。植物新品种权是将植物品种当作知识产权进行保护的权利。权利保护期间通过知识的扩散奖励创新，这一点与专利权经济理论非常相似，在国际上植物新品种保护制度认定和保护植物新品种的知识产权，保护种子培育者的权益、促进新品种开发和种子产业的发展。种子产业是以“品种”为媒介的农业领域具有代表性的知识产权相关产业，培育优秀的品种就能获得独占性权利，可以创造较高的收益。

为了保护植物新品种，1962 年欧洲种子培育专家制定了关于植物新品种保护的国际条约，1968 年成立了国际植物新品种保护联盟（International Union for the Protection of New Varieties of Plants，UPOV），2018 年包括韩国在内的 75 个国家与欧盟植物新品种保护办公室（Community Plant Variety Office，CPVO）签署了合作协议。WTO 成员依据 1995 年 1 月发布的 TRIPs 协定，有义务通过专利法或其他法律来保护植物新品种，同年，成立了欧盟植物新品种保护办公室（CPVO），2016 年欧盟作为第一个组织提交了植物新品种保护申请，表明欧洲对植物新品种保护和种子产业非常关心。UPOV 排名前 10 国家/地区植物新品种权申请现状（2016 年）见表 2-13。

韩国于 1997 年 12 月发布了《种子产业法》，2013 年 6 月发布了《植物新品种保护法》，增设了种子的流通及新品种保护相关的制度。根据《植物新品种保护法》，申请新品种保护之后，经过审查，获得注册，品种培育者就能在一定期限内获得独占性、排他性权利（韩国国家知识产权委员会，2018 年）。新品种保护期限为，一般植物 20 年，果树及林木

25 年。

表 2-13 UPOV 排名前 10 国家/地区植物新品种权申请现状（2016 年） 单位：件

序号	国家/地区	新品种权申请数量						
		合计	2011 年前	2012 年	2013 年	2014 年	2015 年	2016 年
1	欧盟	57864	41665	2868	3296	3625	3111	3299
2	美国	37863	29521	1648	1889	1567	1634	1604
3	日本	30662	25589	1110	1054	1018	914	977
4	荷兰	29364	25676	639	747	699	799	804
5	中国	20008	9624	1583	1510	2026	2342	2923
6	俄罗斯	12029	8546	691	555	722	743	772
7	韩国	9213	5624	606	599	661	757	966
8	加拿大	9063	7455	86	322	345	273	282
9	澳大利亚	8438	6717	304	330	341	359	387
10	乌克兰	7716	1095	1281	1544	1447	1075	1274

来源：国际植物新品种保护联盟（UPOV）、农林畜产食品部资料再引用。

2002 年，韩国加入了国际植物新品种保护联盟（UPOV），根据该组织条约，2008 年在山林领域指定了栗子树、香菇、艾草等 15 个品种保护对象，2009 年 5 月 1 日起将范围扩大至草莓、树莓、橙子、蓝莓、车厘子等除海藻类以外的全部山林植物，2012 年 1 月 7 日起将所有山林植物指定为品种保护对象。当前，山林厅管辖的品种保护对象植物达到 7400 余种（山林树种、自生植物、蘑菇类）。

韩国由国立种子院、国立山林品种管理中心、国立水产科学院（水产植物品种管理中心）3 个机构分别管理植物新品种保护。欧盟植物新品种保护办公室（CPVO）、非洲知识产权局（African Intellectual Property Organization，OAPI）等通过海外跨国运营机构来管理植物新品种，韩国的管理机构比较分散，因此很难快速应对变化多端的国际形势。

尤其，韩国的植物新品种通过《植物新品种保护法》和《专利法》等二元结构的保护体系来进行保护。《植物新品种保护法》和《专利法》在适用范围上有差异，因此有可能发生冲突。例如，《植物新品种保护法》规定以下行为不具有法律效力：1）为了培育其他新品种，实施保护品种的行为；2）农民以自己生产为目的，进行采种的行为；3）专利法没有规定相关的内容时，植物新品种权利人对种子及收获物进行销售的行为。

第三节　各类型知识产权密集型产业分类标准

各国的知识产权密集型产业的分类范围有所不同。美国针对发明专利、商标、著作权认定了知识产权密集型产业，欧洲对发明专利、外观设计专利、商标、著作权（狭义→广义），还有地理标志和植物新品种保护也认定了密集型产业。2016 年起中国江苏省每年针对发明专利、商标、著作权进行密集型产业认定及经济贡献度分析[1]。韩国方面，针对发明专利、实用新型专利（2012 年）、外观设计专利、商标、著作权进行密集型产业认定，分析了经济贡献度（见表 2－14）。本节讨论已有研究，针对美国、欧洲知识产权密集型产业分类标准和方法进行比较和分析，明确韩国的知识产权密集型产业的分类标准。

表 2－14　各国调查报告中知识产权的范围

知识产权保护类型		美国	欧洲	韩国	密集型产业分类标准
工业产权	发明专利	○	○	○	发明专利密集度
	实用新型	×	×	○（2012）	发明专利（包括实用新型）密集度
	外观设计专利	×	○	○	外观设计专利密集度
	商标	○	○	○	商标密集度
著作权	狭义（著作权作品创作、生产）	○	○	○	WIPO（2002）“核心版权产业”
	广义（包含著作权作品销售、发行）	×	○（2016）	×	WIPO（2002）“相互依存性版权产业/部分版权产业中一部分”
新型知识产权	地理标志	×	○	×	地理标志分类标准
	植物新品种保护	×	○（2016）	×	CPVR 密集度

来源：基于美国商务部、USPTO（2012）、USPTO（2016），EPO、OHIM（2013），EPO、EUIPO（2016），韩国劳动研究院（2012），特许厅、韩国知识产权研究院（2014）等报告进行整理。

一、发明专利密集型产业

美国、欧洲、韩国在已有研究中，都是算出发明专利密集度后，将产业密集度超过平均值的产业分类为“专利密集型产业”。计算过程中，将特定期限内各产业发明专利授权量之和除以各产业从业人员数获得各产业发明专利密集度。

❶ IP Intensive Industries Forum during 2017 Zijin International IP Summit in Nanjing，China（2017. 11. 9－10）.

各产业发明专利密集度 = 各产业发明专利授权量/各产业从业人员数

如果一篇发明专利有多个申请人，每件发明专利的申请人比重为（1/n），各申请人所属产业的授权量也按照 1/n 的方式计算，这是美国、欧洲、韩国都采用的计算方法。美国在第二次调查报告中，应用了更新后的数据，重新计算出专利密集型产业，而欧洲认为第一次调查报告（2013 年）和第二次调查报告（2016 年）的时间间隔不长，因此默认知识产权密集型产业没有变化，第二次调查报告沿用了第一次调查报告的专利密集型产业。

但是，各产业发明专利授权量的统计方法在每个国家都有所不同。首先，美国利用仅限于制造业的美国专利分类（U. S. Patent Classification，USPC）和北美行业分类系统（North American Industry Classification System，NAICS）关联表，以专利分类为媒介，统计了各产业专利量（美国商务部、USPTO，2012；USPTO，2016）。欧洲利用 ORBIS 企业数据库，以申请人（欧洲企业）信息为媒介，关联到该申请人所属的产业分类（欧盟经济活动分类，NACE），计算各产业发明专利授权量（EPO、OHIM，2013；EPO、EUIPO，2016）。当时韩国并没有专利分类和韩国标准产业分类（KSIC）的关联表，因此韩国劳动研究院（2012）做了以下工作：1）制定了国际专利分类（International Patent Classification，IPC）和产业关联表的基础部门关联表；2）利用产业关联的基础部门和韩国标准产业分类关联表统计了两个时间段的各产业发明专利量。特许厅、韩国知识产权研究院（2014）开发和制定了国际专利分类（IPC）和韩国标准产业分类（KSIC）关联表，收集了各产业发明专利量。

另外，各个国家针对发明专利密集度的产业范围也有所不同（见表 2 – 15）。美国和韩国劳动研究院（2012）分别针对仅限于 USPC – NAICS 关联表和 IPC – IO 关联表范围的“制造业”发布了专利密集型产业，欧洲针对全部产业认定了专利密集型产业。特许厅、韩国知识产权研究院（2014）认定发明专利、外观设计专利、商标密集型产业时，排除农林渔业和矿业，计算了产业平均值。因为农林渔业和矿业的从业人员统计数比其他产业较少[1]，相对来说发明专利、外观设计专利、商标密集度的计算结果较高，容易被分到密集型产业。直观上讲，从韩国的产业特点来看，将农林渔业、矿业分类为知识产权密集型产业是不太适合的。

---

[1] 应用于计算知识产权密集度的统计局“全国企业调查（总从业人员数量）”的调查时，排除了农林渔业从业人员。

表 2－15　各国专利密集型产业分类标准

<table>
<tr><th rowspan="2"></th><th rowspan="2"></th><th colspan="2">专利密集型产业认定</th></tr>
<tr><th>第一次</th><th>第二次</th></tr>
<tr><td rowspan="3">美国</td><td rowspan="2">分析专利</td><td>－（2012）2004—2008 年授权发明专利</td><td>－（2016）2009—2013 年授权发明专利</td></tr>
<tr><td colspan="2">－利用美国企业发明专利的主分类（USPC）信息
－只考虑实用专利（排除植物专利和外观设计专利）</td></tr>
<tr><td>产业关联</td><td colspan="2">－利用 USPC－NAICS 关联表（仅限于制造业）
－一个产业关联多个 USPC，通过分数计数（fractional count）方法分配产业比重</td></tr>
<tr><td rowspan="2">欧洲</td><td>分析专利</td><td colspan="2">－2004—2008 年发明专利申请中截至 2013 年 1 月授权的发明专利
－利用申请人（欧洲企业）信息</td></tr>
<tr><td>产业关联</td><td colspan="2">－关联申请人所属的产业（NACE）
－有多个申请人时，通过分数计数方法统计各产业专利量
－各产业从业人员数量应用欧盟统计局（Eurostat）的企业调查结果（Structural Business Statistics，SBS）统计数量</td></tr>
<tr><td rowspan="3">韩国</td><td rowspan="2">分析专利</td><td>－（2012）2007—2010 年授权发明专利</td><td>－（2014）2008—2012 年授权发明专利</td></tr>
<tr><td colspan="2">－利用国内企业专利的主分类（ICP 4 位码）</td></tr>
<tr><td>产业关联</td><td>－（劳动研究院）IPC－IO 关联表（知识产权研究院），IO－KSIC 关联表（韩国银行）应用（仅限于制造业）</td><td>－（知识产权研究院）IPC－KSIC 关联表制作（分数计数法）
－除农林渔业、矿业</td></tr>
</table>

来源：基于美国商务部、USPTO（2012）、USPTO（2016），EPO、OHIM（2013），EPO、EUIPO（2016），韩国劳动研究院（2012），韩国特许厅、韩国知识产权研究院（2014）等报告进行整理。

二、外观设计专利密集型产业

欧洲和韩国将外观设计专利和发明专利分开管理，而美国把外观设计专利和实用专利并入专利制度进行管理。美国对专利密集型产业进行分类时，排除植物专利和外观设计专利，只针对实用专利进行分类，而且没有单独对外观设计专利密集型产业进行分类（美国商务部、USPTO，2012；USPTO，2016）。而欧洲和韩国应用授权的外观设计信息，认定了外观设计密集型产业。对此，来详细了解一下已有研究中欧洲和韩国的外观设计专利密集型产业分类方法。与发明专利相同，欧洲和韩国针对外观设计专利领域计算各产业外观设计专利密集度后，将超过平均密集度的产业指定为“外观设计专利密集型产业”。

各产业外观设计专利密集度

＝各产业外观设计专利授权量*/各产业从业人员数

*考虑合案申请外观设计专利

与其他知识产权类型不同的是，计算各产业外观设计专利授权量时，将合案申请计算为多件外观设计专利。合案申请外观设计专利，按照外观设计专利的数量缴纳申请、审查、注册手续费，因此在欧洲的研究报告中看作多件外观设计专利（EPO、OHIM，2013；EPO、EUIPO，2016）。韩国计算外观设计专利密集度时，也将合案申请和关联外观设计专利当作多件外观设计专利来统计（韩国劳动研究院，2012；特许厅、韩国知识产权研究院，2014）。

统计各产业外观设计专利授权量时，各国都采取了与专利相似的方法（见表2－16）。欧洲利用ORBIS企业数据库，以申请人信息（欧洲企业）为媒介关联申请人所属的产业分类（欧盟经济活动统计分类，NACE），计算各产业外观设计专利授权数量（EPO、OHIM，2013；EPO、EUIPO，2016）。韩国劳动研究院（2012）采取了与欧洲相同的方法，以申请人信息为媒介，关联NICE评价信息的“KISLINE”企业信息数据库，确定申请人的产业分类。特许厅、韩国知识产权研究院（2014）制作了外观设计专利分类和韩国标准产业分类（KSIC）的关联表，将外观设计专利的分类按照各产业进行分配的方式，统计了各产业外观设计专利授权量。与发明专利相同，特许厅、韩国知识产权研究院（2014）认定外观设计专利密集型产业时，排除了从业人员数统计上容易出现问题的农林渔业、矿业从业人员数量。

表2－16　各国外观设计专利密集型产业的分类标准

<table>
<tr><th rowspan="2" colspan="2"></th><th colspan="2">外观设计专利密集型产业认定</th></tr>
<tr><th>第一次</th><th>第二次</th></tr>
<tr><td rowspan="2">欧洲</td><td>分析用外观设计专利数据</td><td colspan="2">－2004—2008年外观设计专利申请中截至2013年1月授权外观设计专利
－应用申请人（欧洲企业）信息
－合案申请时按照多件外观设计专利来计算</td></tr>
<tr><td>产业关联</td><td colspan="2">－利用OHIM－ORBIS数据库整合各国申请人信息，关联申请人所属的产业（NACE）
－各产业从业人员数统计应用Eurostat SBS统计数据</td></tr>
<tr><td rowspan="2">韩国</td><td>分析用外观设计数据</td><td>－（2012）2007—2010年授权外观设计专利量
－利用申请人信息
－多类外观设计专利按照多件外观设计专利统计</td><td>－（2014）2008—2012年授权外观设计专利
－韩国外观设计专利分类利用
－合案申请外观设计专利按照多件外观设计专利来统计</td></tr>
<tr><td>产业关联</td><td>－（劳动研究院）与KISLINE企业信息数据库关联</td><td>－（知识产权研究院）外观设计专利分类
－KSIC关联表制作（分数计数法）
－排除农林渔业、矿业</td></tr>
</table>

来源：以EPO、OHIM（2013）；EPO、EUIPO（2016）；韩国劳动研究院（2012）；韩国特许厅、韩国知识产权研究院（2014）等调查报告为基础进行整理。

如前所述，韩国外观设计专利保护有两个特色制度，就是2013年施行的合案申请外观设计专利制度和关联外观设计专利制度。合案申请外观设计专利只有一个申请号，但授权时分别赋予授权号。关联外观设计专利中主外观设计专利和其他外观设计专利分别赋予申请号和授权号。韩国的外观设计申请、审查、手续费缴纳体系（见表2-17）与合案申请及关联外观设计专利无关，按照每件外观设计专利的件数收取费用。综合考虑《外观设计保护法》的目的及欧洲将合案申请外观设计专利按照多件外观设计专利统计的分类方法，韩国的分类方法既考虑了国际上通用的方法，也符合保护创作者权利的法律宗旨❶。

表2-17 韩国特许厅的外观设计专利官费体系

手续费种类	外观设计专利	
	审　查	部分审查
电子申请（线上）	94000韩元/件	45000韩元/件
书面申请（官费）	104000韩元/件	55000韩元/件
优先审查申请费用	70000韩元/件	70000韩元/件
设定授权费用（1~3年）	★每年25000韩元/件 合计75000韩元	★每年25000韩元/件 合计75000韩元

★免除、减免手续费

来源：特许厅官网 http://patent.go.kr（2016年7月29日官费标准）。

三、商标密集型产业

美国、欧洲、韩国针对商标，和发明专利、外观设计专利一样计算出各产业商标密集度，指定超过平均密集度的产业为“商标密集型产业”。

各产业商标密集度=各产业商标授权量*/各产业从业人员数

*包含多类商标

美国除了依据商标密集度的分类，还增加了其他方法完善商标密集型产业的分类。第一是，统计近5年商标注册量前50位企业，筛选并追加这50家企业所属的产业中，由于密集度低而被排除的产业。第二是，从商标注册件中随机抽取300件其申请人的产业分类没有包含在商标密集型产业中的产业。美国的调查报告没有具体写明只针对商标额外增加改善方法的原因。

❶ 施行合案申请外观设计制度之前，采用的相似外观设计制度给主外观设计和其他外观设计都赋予授权号，与合案申请外观设计相同，相似外观设计也分别按照多件外观设计来进行统计。

各国统计各产业商标注册量时，都采用多类商标为标准（见表2－18）进行统计。外观设计专利有合案申请外观设计专利，商标也有“一标多类申请制度”。也就是在申请注册商标时，指定一类以上商品，通过一次申请可以指定多个分类，以提高申请效率的制度。

表2－18　各国商标密集型产业分类标准

<table>
<tr><th rowspan="2" colspan="2"></th><th colspan="2">商标密集型产业认定</th></tr>
<tr><th>第一次</th><th>第二次</th></tr>
<tr><td rowspan="3">美国</td><td rowspan="2">分析用
商标数据</td><td colspan="2">－利用以下3种数据进行完善：
①一定时期内注册的商标申请人信息
②近5年商标注册量前50位企业名单
③在注册商标中随机抽取300件
－多类商标时，按照一类一商标统计</td></tr>
<tr><td>－（2012）数据标准
①②2004—2008年注册商标
③2010年注册商标</td><td>－（2016）数据标准
①②2009—2013年注册商标
③2013年注册商标</td></tr>
<tr><td>产业关联</td><td colspan="2">－利用上述数据，按照如下方法认定商标密集型产业：
①申请人和Compustat的上市企业（某企业）的标识（ID）关联，利用北美行业分类系统（NAICS）计算商标密集度
②连续5年上榜的企业所属的产业（以大企业为主）
③申请人为美国企业的商标中，筛选每个产业商标注册量超过5件的产业</td></tr>
<tr><td rowspan="2">欧洲</td><td>分析用
商标数据</td><td colspan="2">－2004—2008年商标申请中截至2013年1月前注册的商标
－利用申请人（欧洲企业）信息
－多类商标时，按一类一商标统计</td></tr>
<tr><td>产业关联</td><td colspan="2">－利用OHIM、ORBIS数据库关联申请人所属的产业（NACE）
－各产业从业人员数利用Eurostat SBS统计结果</td></tr>
<tr><td rowspan="3">韩国</td><td rowspan="2">分析用商标
和数据</td><td>－（2012）2007—2010年注册商标
－利用申请人（国内企业）信息</td><td>－（2014）2008—2012年注册商标
－利用商标分类（NICE分类）信息</td></tr>
<tr><td colspan="2">－多类商标时，按一类一商标来计算</td></tr>
<tr><td>产业关联</td><td>－（劳动研究院）与NICE企业信息数据库关联</td><td>－（知识产权研究院）制作NICE分类
－KSIC关联表（分数计数法）
－排除农林渔业、矿业</td></tr>
</table>

来源：以美国商务部、USPTO（2012）；USPTO（2016）；EPO、OHIM（2013）；EPO、EUIPO（2016）；韩国劳动研究院（2012）；韩国特许厅、韩国知识产权研究院（2014）等调查报告为基础进行整理。

申请人申请商标时，根据指定的分类进行申请、注册、缴纳费用，如果是多类商标，就注册认定多个商标权。韩国的商标申请、审查及注册，按照每一类收取手续费（见表2－19）。

表2－19 韩国特许厅的商标官费体系

	商标手续费
电子申请（线上）	每一类62000韩元＋指定商品追加费 ＊只用特许厅公示的商标名称申请的情况下 每一类56000韩元＋指定商品追加费
书面申请（官费）	每一类商品72000韩元＋指定商品追加费
优先审查手续费	每一类商品160000韩元
设定注册费（1～3年）	每一类商品211000韩元 （＊分2期缴纳时，每次每一类商品132000韩元）

来源：特许厅官网 http：//patent. go. kr（2016年7月29日官费）。

四、地理标志密集型产业

欧洲施行独立的地理标志保护制度，指定了生产地理标志商品的农产品及食品、蒸馏酒、芳香葡萄酒等4个地理标志密集型产业。欧洲认定地理标志密集型产业时，与发明专利、外观设计专利、商标有所不同，采取了与著作权相似的认定方法（见表2－20）。地理标志主要由地区生产者进行注册，因此没有数据库可以关联权利人（申请人）信息和经济数据。为了对地理标志密集型产业进行分类，需要提前对该产业进行定义。地理标志相关产业依据欧盟及欧盟委员会的相关规定及欧盟委员会农业和农村发展总司（DG AGRI）的研究结果进行认定（DG AGRI，2012）。

表2－20 欧洲的地理标志密集型产业分类标准

<table>
<tr><th rowspan="2"></th><th colspan="3">地理标志密集型产业认定</th></tr>
<tr><th>第一次</th><th colspan="2">第二次</th></tr>
<tr><td rowspan="7">欧洲</td><td colspan="3">－以欧盟委员会农业和农村发展总司（DG AGRI）的研究结果＊为基础，与 Eurostat 数据关联
＊DG AGRI（2012）《受地理标志保护的农产品及食品、蒸馏酒、芳香葡萄酒和烈酒的生产价值》。
〈欧洲地理标志的范围和法律依据〉</td></tr>
<tr><td></td><td>法律依据</td><td>地理标志注册比例</td></tr>
<tr><td>农产品及食品</td><td>Regulation（EU）No 1151/2012</td><td>31.3%</td></tr>
<tr><td>蒸馏酒</td><td>Regulation（EC）No 110/2008</td><td>12.2%</td></tr>
<tr><td>芳香葡萄酒</td><td>Regulation（EU）No 251/2014</td><td>0.1%</td></tr>
<tr><td>红酒</td><td>Regulation（EU）No 1308/2013</td><td>56.4%</td></tr>
<tr><td colspan="3">来源：EUIPO（2016）《侵犯欧盟葡萄酒、烈酒、农产品及食品的受保护的地理标志》。</td></tr>
</table>

来源：以EPO、OHIM（2013），EPO、EUIPO（2016）为基础进行整理。

地理标志密集型产业一般具有垂直整合的倾向。例如，地理标志红酒（地理标志最重要的领域）基于葡萄的栽培地及葡萄加工地对地理标志进行指定。也就是说，为了计算地理标志产业的间接就业，不能简单地直接利用投入产出表（input - output table）。实际上，该产业的就业情况已包含了直接和间接就业。

韩国的地理标志密集型产业分类

韩国通过《农水产品质量管理法》中的地理标志（1999 年制定），《商标法》中的地理标志集体商标（2004 年制定）、地理标志证明商标（2011 年制定）两种制度对地理标志进行保护，主管机构各不相同。2018 年 3 月底，现在的国立农产品质量管理委员会、山林厅、国立水产品质量管理委员会注册的地理标志分别有农产品 101 件[1]、林产品 56 件[2]、水产品 25 件[3]，共计 182 件。而且，截至 2018 年 3 月底，在特许厅注册的地理标志集体商标和地理标志证明商标分别有 368 件和 4 件，考虑到“一标多类”制度，地理标志集体商标有 422 件，地理标志证明商标有 5 件，共计 472[*] 件（见表 2 - 21）。

表 2 - 21　韩国地理标志商标注册情况　（单位：个）

注册时间	2006	2007	2008	2009	2010	2011	2012	2013	2014	2015	2016	2017	合计
集体商标	1	10	7	23	49	36	30	56	50	34	52	20	368
多类	2	11	7	25	55	45	35	65	58	40	57	22	422
证明商标							—	—	—	—	4	—	4
多类							—	—	—	—	5	—	5
合计	1	10	7	23	49	36	30	56	50	34	56	20	372
多类	2	11	7	25	55	45	35	65	58	40	62	22	427

来源：KISPRIS 检索结果（截至 2018 年 3 月底）。

考虑到韩国的地理标志及地理标志集体商标、地理标志证明商标的注册量比其他产业知识产权数量少，很难对地理标志密集投入（创造或运用）的产业进行定义。而且，韩国的地理标志由《农水产品质量管理法》和《商标法》分别进行保护，因此在数据的收集和利用上存在一定的限制。因此，本报告不考虑地理标志密集型产业。

[1] http：//www. naqs. go. kr/program/relic/list. naqs？ schKeyword = &schType = &page = 2.

[2] http：//www. forest. go. kr/newkfsweb/cop/bbs/selectBoardList. do？ bbsId = BBSMSTR_1068&mn = KFS_02_01_07_02_03.

[3] http：//www. nfqs. go. kr/2013/contents. asp？ fnm = sub_5_7_19_b&m = 5&s = 7&s2 = 19#.

[*] 原文如此，应为 427。——译者注

五、版权密集型产业

美国、欧洲、韩国等国家和地区在知识产权密集型产业研究中，其分类标准根据年份有所不同，但对版权密集型产业进行分类时一般采用 WIPO 的版权产业分类体系（见表 2-22）。2002 年，WIPO 为了调查版权产业的经济贡献度，发布了相关指南，至今包括美国在内的 40 多个国家都在应用该指南进行著作权对国家经济的贡献度调查。2009 年，韩国依据 WIPO 的指南对版权产业进行统计及经济贡献度分析。

表 2-22　WIPO 的版权产业分类体系

领　域	定　义	细分产业
核心版权产业	作品或其他受著作权保护的产品的创作、生产、制造、演出、广播、通信、展示或发行及销售相关的产业	出版、文学、音乐、演出及音乐剧、电影、视频、音频、电视、摄影、软件及数据库、视觉艺术、平面艺术、广告服务、著作权协会
相互依存性版权产业	专门或主要从事生产、制造、销售著作权作品的创造、生产及使用相关设备的产业	TV、收音机、VCR 等相似设备、电脑等设备、摄影及电影拍摄仪器、复印机、记录媒体、纸张等
部分版权产业	部分参与著作权作品的创造、生产、制造、广播、通信和展览及发行、销售等环节的产业	服装、纺织物、制鞋、宝石及贵金属、其他工艺品、家具、家庭用品、瓷器及玻璃制品、壁纸、地毯、玩具及游戏用品、建筑、工程、测量、室内装修、博物馆等
非专门支持性版权产业	内部的部分活动支持著作权作品及相关产品的广播、通信、销售及发行，且不属于核心版权产业	一般的批发和零售，运输业、通信业

来源：WIPO（2002），Guide on Surveying the Economic Contribution of the Copyright - Based Industries.

WIPO 的版权产业调查指南把版权产业分为核心版权产业（core copyright industries）、部分版权产业（partial copyright industries）、非专门支持性版权产业（non - dedicated support industries）、相互依存性版权产业（interdependent copyright industries），各产业具有相应的“国际标准产业分类”。

核心版权产业是“作品或其他受著作权保护的产品的创作、生产、制造、演出、广播、通信、展示或发行及销售相关的产业”。具体来说有出版、文学、音乐、演出及音乐剧、电影、视频、音频及电视、摄影、软件及数据库、视觉艺术、平面艺术、广告服务、著作权协会等产业。

相互依存性版权产业是“专门或主要从事生产、制造、销售著作权作品的创造、生产及使用相关设备的产业”。世界知识产权组织的指南使用了相互依存性（interdependent）而不是非核心（non - core），这表明该产业并不是核心版权产业的从属产业。相互依存性版权产业包含 TV、收音机、VCR 等相似设备、电脑等设备、摄影及电影拍摄仪器、复印机、记录媒体、纸张等领域，是与著作权作品的制造、流通等相关的产业。与核心版权产业的创作品结合起来，起到促进消费或应用的作用，但相互依存性版权产业除版权产业之外，对其他产业也起到一定影响。

部分版权产业是“部分参与著作权作品的创造、生产、制造、广播、通信和展览及发行、销售的产业”。部分版权产业具体来说分为服装、纺织物、制鞋、宝石及贵金属、其他工艺品、家具、家庭用品、瓷器及玻璃制品、壁纸、地毯、玩具及游戏用品、建筑、工程、测量、室内装修、博物馆等细分产业。

非专门支持性版权产业是“内部的部分活动支持著作权作品及相关产品的广播、通信、销售及发行，且不属于核心版权产业”。非专门支持性版权产业与其他产业有相似性，因此存在于限定的产业内。一般是批发业、零售业、运输业、通信业。

1. 狭义的版权密集型产业分类

已有研究报告中，版权密集型产业的分类标准（见表 2 - 23）与“核心版权密集型产业”关联度较高。韩国劳动研究院（2012）将整体核心版权产业分类[1]为版权密集型产业。例如，音乐或其他音频出版（KSIC 59212）等与作品的制作相关产品，广播（KSIC 60100）等著作邻接权相关产业，轻印刷（KSIC 18111），文具用品零售（KSIC 47612）等与著作邻接权无关的产业都被分类为版权密集型产业。

表 2 - 23 各国版权密集型产业分类标准

	版权密集型产业认定	
	第一次	第二次
美国	- WIPO（2002）的“核心版权产业”只包含与作品的“创作和生产”相关的产业，而排除了与作品的“发行”相关的产业 -（排除）书店、刻录唱片及销售、租赁录影带等	

[1] 统计局指定的“版权产业特殊分类”中将核心版权产业转换为第 9 次韩国标准产业分类微分类（5 位）后，将微分类（5 位）整合到细分类（4 位）的过程中，即便只包含核心版权产业的一部分，也当作版权密集型产业，最终认定了 50 个版权密集型产业。

续表

	版权密集型产业认定	
	第一次	第二次
欧洲	-（2013）依据美国商务部（2012）的标准，WIPO（2002）“核心版权产业”只包含与作品的“创作和记录存储”相关的产业，排除了与作品“发行”相关的产业 -（排除）唱片销售店	-（2016）WIPO（2002）的核心版权产业、相互依存性版权产业、部分版权产业 -依据 Leenheer 等人（2011），著作权因素（copyright factor）占 20% 以上的产业 -宝石及手工艺品制作、玩具、游戏制造，博物馆等
韩国	-（2012）WIPO（2002）“核心版权产业”整体 -版权产业特殊分类包含韩国标准产业分类微分类（5 位）整合到细分类（4 位）的所有分类 -（示例）包含轻印刷业（KSIC 18111）、文具用品零售业（KSIC 47612）等著作权及与著作邻接权无关的产业	-（2014）依据美国（2012）标准，包含 WIPO（2002）核心版权产业，排除美国和欧洲没有归入版权密集型产业的产业 -根据版权产业特殊分类，将韩国标准产业分类微分类（5 位）整合到细分类（4 位）时，排除关联度较低的产业 -排除印刷业、市场调查及舆论调查业法务服务等

来源：以美国商务部、USPTO（2012）；USPTO（2016）；EPO、OHIM（2013）；EPO、EUIPO（2016）；韩国劳动研究院（2012）；韩国特许厅、韩国知识产权研究院（2014）调查报告为基础进行整理。

美国在 2012 年和 2016 年的研究中，将“作品的创作、生产相关的核心版权产业”确定为版权密集型产业分类标准。因此核心版权产业中，与作品的物流、发行相关的书店、唱片复制及销售、录影带租赁等产业不属于版权密集型产业。也就是说，为了与发明专利、外观设计专利、商标密集型产业的分类标准保持统一，只认定“核心版权产业”中与作品的“创作和生产”相关产业（狭义的版权密集型产业）为版权密集型产业，而排除了作品“发行”相关产业。

EPO、OHIM（2013）和韩国特许厅、韩国知识产权研究院（2014）也采用了“狭义”的版权密集型产业分类标准。首先筛选对应美国 13 个版权密集型产业（NAICS 4 位）的 NACE 产业分类（欧洲）及 KSIC 产业分类（韩国），排除与著作权没有关联的产业后，进行了版权密集型产业分类。因此，美国（2012；2016）、欧洲（2013）、韩国（2014）的研究中，版权密集型产业都排除了书店、唱片销售业、录影带租赁业、市场调查及舆论调查业等核心版权产业。

尤其，韩国依据 WIPO 指南的 4 个版权产业分类体系，2011 年制定了“版权产业特殊分类”。此前两次研究将版权产业特殊分类中核心版权产业对应的韩国标准产业分类代码（微分类）整合为细分类来使用。“版权产业特殊分类”的构成、细分类名称等与 WIPO 的版权产业分类体系大致相同（见表 2－24）。

表 2－24　版权产业特殊分类代码体系（示例）

	版权产业		
	分类代码	分类名称	分类定义
第一阶段	1	核心版权产业	WIPO 指南的 4 个领域中第一个领域
第二阶段	101	出版及文学	遵循 WIPO 指南的 53 个细分项目
第三阶段	10101	作家、笔者、翻译家	出版及文学领域主要创作活动的主体
第四阶段	1010101	非演出艺术家	在出版及文学领域独立从事非演出艺术活动的艺术家
	1010102	翻译服务业	出版及文学领域提供翻译服务的产业活动

来源：统计局统计分类门户网站。

2. 广义的版权密集型产业分类

欧洲在 2013 年的研究中，采用了与美国相同的方式对版权密集型产业进行分类（EPO、OHIM，2013），但 EPO、EUIPO（2016）扩大了版权密集型产业的范围，不仅包含核心版权产业，还将与生产有密切关系的相互依存性版权产业、部分版权产业等非核心（non－core）版权产业也归入版权密集型产业（广义的版权密集型产业），其分类的标准是著作权因素（copyright factor）[1]。每个国家对各细分产业的著作权因素测定有所不同，欧洲引用了荷兰[2]和芬兰[3]著作权因素的测定标准，相互依存性版权产业和部分版权产业中著作权因素超过 20% 的细分产业归入版权密集型产业（见表 2－25）。结果，除核心版权产业之外，增加了宝石及手工艺品制作、玩具、游戏制造、博物馆等产业。

❶ WIPO（2002）指南中各版权产业著作权对经济的影响有所不同，尤其在非核心版权产业（non－core copyright industries），著作权对经济的贡献度并不是 100%，因此从 0 到 1 的数值中，推算著作权因素的权重值，再计算版权产业的经济贡献度。

❷ http：//www. wipo. int/export/sites/www/copyright/en/performance/pdf/econ_contribution_cr_nl. pdf.

❸ http：//www. wipo. int/export/sites/www/copyright/en/performance/pdf/econ_contribution_cr_nl. pdf.

表 2－25　主要国家的著作权因素

经济活动		新加坡（2004）	匈牙利（2004）	中国（2011）	荷兰（2014）	法国（2016）	韩国（2016）
相互依存性版权产业（包括制造、物流及租赁业）	TV 机顶盒、广播、VCR、CD 播放器等	35.0%	100.0%	100.0%	32.5%	80.0%	100.0%
	电脑及设备	35.0%	100.0%	100.0%	32.5%	50.0%	100.0%
	乐器	20.0%	100.0%	100.0%	31.7%	90.0%	100.0%
	摄像及摄影设备	30.0%	100.0%	35.0%	31.7%	30.0%	100.0%
	复印机	30.0%	100.0%	30.0%	30.0%	30.0%	100.0%
	纸张	25.0%	100.0%	25.0%	25.0%	50.0%	100.0%
部分版权产业（包括制造、物流及租赁业）	纺织物、服装、制鞋	0.4%	0.5%	0.4%	5.8%	60.0%	8.8%
	装饰品	42.0%	25.0%	8.0%	26.0%	80.0%	23.9%
	其他手工艺品	42.0%	40.0%	40.0%	39.3%	50.0%	6.9%
	家具	8.3%	5.0%	5.0%	8.8%	50.0%	6.9%
	居住用设备及玻璃工艺品	0.6%	0.5%	0.3%	0.9%	50.0%	12.2%
	壁纸及地毯	1.7%	2.0%	2.0%	2.0%	60.0%	11.6%
	玩具及游戏	42.0%	50.0%	40.0%	44.0%	80.0%	17.6%
	建筑、技术活动及咨询	8.3%	10.0%	6.0%	8.1%	80.0%	16.8%
	装修设计	8.3%	—	5.0%	12.1%	90.0%	43.9%
	博物馆	—	50.0%	0.5%	36.8%	80.0%	2.1%

来源：以 WIPO 网页上各国文件及韩国著作权委员会（2016）《SEO 经济研究》[*SEO Economic Research*（2014）] 为基础进行整理。

WIPO 指南中的著作权因素是在非核心版权产业中提取与著作权相互依存的部分的权重值。例如，相互依存性版权产业的经济规模乘以该产业的著作权因素计算出相互依存性版权产业的经济贡献度。世界各国根据 WIPO 指南，推算著作权因素，调查和分析版权产业的经济贡献度。中国、匈牙利、韩国等一些国家把相互依存性版权产业的著作权因素等同于核心版权产业，只推算部分版权产业和非专门支持性版权产业的著作权因素。2011 年，韩国根据 WIPO 指南，针对部分版权产业的 351 个企业进行电话问卷调查后，筛选出了部分版权产业及非专门支持性版权产业的著作权因素（Ahn et al.，2012）。

此后，WIPO 在版权产业经济贡献度调查第二版指南中为了推算著作权因素提议使用如下方法：1）创作活动相关（依据著作权的）的营业收入比例；2）创造活动的从业人员数；3）使用著作权费或许可费等支出比例；4）基于上述统计，对产业进行排序，针对排在第一位的产业设定安全因素，其他产业依次推算（WIPO，2015）。2015 年，韩国针对部分版权产业通过“创造活动从业人员数在总从业人员数中的占比”推算著作权因素（韩国著作权委员会，2016）。

3. 韩国版权密集型产业分类

著作权与工业产权不一样，没有注册的义务，因此不可能利用著作权注册数据筛选版权密集型产业。但是，按照知识产权密集型产业的“定义”，版权密集型产业是“知识产权活动的密集度较高，通过著作权来保护其权利，利用于价值创造”的产业，也就是“密集地使用（创造或运用）著作权的产业”。从这个方面来说，WIPO 的版权产业分类中，“相互依存性版权产业”是侧重于著作权作品的“生产”和“流通”的产业；“部分版权产业”是依据《著作权法》第 4 条（著作权保护对象）有可能“创造”或“生产”著作权作品的产业。但是，韩国的部分版权产业的注册率并不高，除装修设计（43.9%）和装饰品（23.9%）之外，其他产业的著作权因素未达到 20%。因此，韩国不能像欧洲 2016 年的报告一样，利用著作权因素将一部分相互依存性版权产业和部分版权产业归入版权密集型产业。也就是说，本报告按照狭义的标准对版权密集型产业进行分类。

六、植物新品种保护密集型产业

1995 年 4 月，欧盟成立了欧盟植物新品种保护办公室（CPVO），主要负责欧盟植物新品种保护的注册申请、管理。EPO、EUIPO（2016）依据注册在欧盟植物新品种保护办公室的植物新品种保护数据（见表 2－26）计算出了植物新品种密集度。

各产业植物新品种密集度＝各产业植物新品种保护注册量/各产业从业人员数

表 2－26　欧洲的植物新品种保护密集型产业分类标准

	植物新品种保护密集型产业认定
欧洲	－应用向欧盟植物新品种保护办公室（Community Plant Variety Office，CPVO）注册申请的品种保护权（Community Plant Variety Right，CPVR）数据 －2004—2008 年注册申请中，截至 2013 年 1 月注册的植物新品种保护 －利用申请人（欧洲企业）信息关联 ORBIS 数据（筛选产业代码） －各产业从业人员应用 Eurostat SBS 统计结果

来源：参考 EPO、EUIPO（2016）进行整理。

与发明专利、外观设计专利、商标相同，在 2004—2008 年申请、截至 2013 年 1 月注册的植物新品种保护中，针对欧洲申请人的注册与 ORBIS 企业数据进行关联，筛选了产业代码。植物新品种保护密集型产业是具有超过平均植物新品种保护密集度的产业。

截至2016年，韩国的植物新品种注册申请量排在世界前7位，植物新品种保护的重要性越来越高。但是，与欧洲相比种子产业对韩国经济的影响力并没有那么大，加上韩国的植物新品种保护由《植物新品种保护法》和《专利法》来进行，因此相关数据的采集难度较高，考虑上述因素，本报告暂时不讨论《植物新品种保护法》。

第四节 数据处理及应用方法

一、数据利用范围

基于已有研究报告，分析和比较应用于发明专利、外观设计专利、商标等工业产权的知识产权密集型产业认定的各国数据、分类方法、经济贡献度分析方法的结果如下。首先，讨论了各国/地区为了计算知识产权密集度和分析经济贡献度而使用的数据范围（见表2-27）。美国在第一次报告中，利用2004—2008年工业产权授权量和从业人员数计算了知识产权密集度。在第二次报告中，利用2009—2013年数据认定知识产权密集型产业后，基于2014年经济数据分析了经济贡献度。欧洲应用于计算知识产权密集度的数据与经济数据之间具有1~2年的时间差（time-lag）。相反，韩国并没有考虑时间差，还发现应用于计算知识产权密集度的数据（示例：2008—2012年）与分析经济贡献度的数据（示例：2010年）有重复的时间段。

表2-27 各国/地区分析数据范围

	美国		欧洲		韩国	
	（2012）	（2016）	（2013）	（2016）	（2012）	（2014）
计算知识产权密集度的数据	2004—2008	2009—2013	2004—2008（IP），2008—2010（ORBIS）		2007—2010	2008—2012
分析经济贡献度的数据	2010	2014	2008—2010	2011—2013	2009	2010
经济指标	从业人员数、工资、附加值、IP收益、贸易收支		从业人员数、GDP、贸易收支、工资		从业人员数、附加值、工资	

来源：以美国商务部、USPTO（2012）；USPTO（2016）；EPO、OHIM（2013）；EPO、EUIPO（2016）；韩国劳动研究院（2012）；韩国特许厅、韩国知识产权研究院（2014）报告为基础进行整理。

本报告参考美国、欧洲的方法，除农林渔业和矿业之外，在整体产业上知识产权密集度高于产业平均值的产业分类为发明专利、商标、外观设计专利密集型产业。分析经济贡献度时，使用与计算知识产权密集度的数据具有时间差的经济数据。

二、知识产权数据库和企业信息数据库关联

计算发明专利、外观设计专利、商标等工业产权的知识产权密集度的过程中，统计“各产业知识产权授权量”时，需要关联知识产权数据库（DB）和产业相关信息。在此环节上，各国/地区都采取了不同的方式（见表2－28）。

表2－28 各国/地区计算知识产权密集度的知识产权信息

<table>
<tr><th rowspan="2"></th><th rowspan="2">美国
（2012；2016）</th><th rowspan="2">欧洲
（2013；2016）</th><th colspan="2">韩国</th></tr>
<tr><th>（2012）</th><th>（2014）</th></tr>
<tr><td>发明专利</td><td>专利分类－产业代码关联
（除外观设计专利）</td><td>申请人－产业代码关联</td><td>IPC－IO关联
IO－KSIC关联</td><td>IPC－KSIC关联</td></tr>
<tr><td rowspan="2">外观设计专利</td><td>—</td><td>申请人－产业代码关联</td><td colspan="2">外观设计分类－KSIC关联</td></tr>
<tr><td></td><td colspan="3">合案申请外观设计专利</td></tr>
<tr><td rowspan="2">商标</td><td colspan="3">申请人－产业代码关联</td><td>NICE商品分类－KSIC关联</td></tr>
<tr><td colspan="4">多类商标按一类一件来计算</td></tr>
</table>

来源：以美国商务部、USPTO（2012）；USPTO（2016）；EPO、OHIM（2013）；EPO、EUIPO（2016）；韩国劳动研究院（2012）；韩国特许厅、知识产权研究院（2014）报告为基础进行整理。

美国的发明专利和商标的各产业授权量统计方法上与其他国家有所不同。发明专利利用以制造业为中心的美国专利分类（USPC）和北美行业分类系统（NAICS）关联表给专利赋予产业分类的方式计算各产业授权量。商标领域没有关联表，因此利用申请人信息的Compustat数据库关联上市企业标识（ID），对申请人所属的产业进行分类。依据Compustat数据库的方法只提供企业的产业分类，美国采用两种补充方法完善了商标密集型产业分类。

欧洲针对发明专利、外观设计专利、商标都采用相同的方法，利用各类工业产权的申请人（欧洲企业）信息，关联ORBIS数据库[1]，关联到该企业所属的产业（欧盟经济活动分类，NACE）（见图2－2）。企业名称检索及关联的方法，需要进行数据前处理及关联后数据整理等工作。

[1] 提供全球约2.2亿多个上市和非上市企业的时间序列财务报表信息。

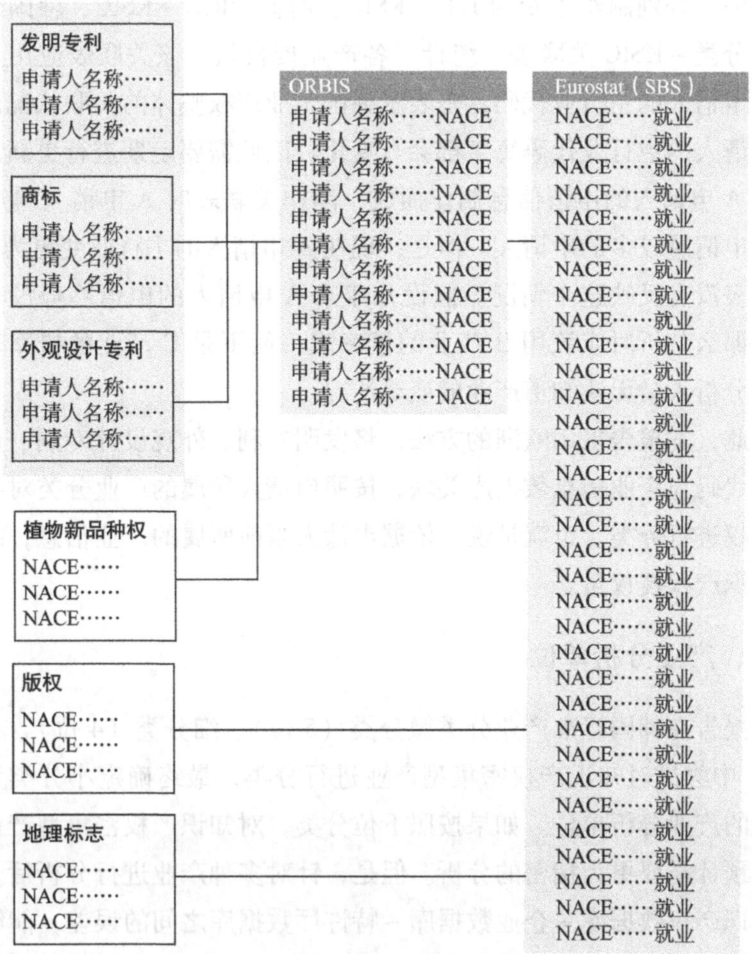

图 2-2　EPO 和 EUIPO 的知识产权对照

来源：EPO、EUIPO（2016）。

例如，统计各产业授权量后需要调整时，发明专利、商标、外观设计专利授权量靠前的产业中 NACE 70.10、64.20、82.99 的发明专利授权量排在第 1、第 2、第 27 位。根据上述信息再确认该企业的子公司，对其各自产业分配授权量，确认包含子公司的产业授权量。另外，ORBIT 提供的产业分类中，为了应用比 4 位分类（4 - digit，class）更上位的 3 位分类（3 - digit，class）或 2 位分类（2 - digit，class）提供的授权量，采用了将下位分类均等地重新分类的方法。通过整合，最终统计的授权量分别为发明专利 6000 件、商标 13813 件、外观设计专利 8262 件。

劳动研究院（2012）的研究中，在发明专利领域，利用 IPC - IO 关联表和 IO - KSIC 关联表，第一阶段专利关联到 IO 产业分类后，第二阶段 IO 关联到了 KSIC。特许厅、韩国知识产权研究院（2014）为了弥补关联表的缺失，分别制作了专利 IPC - KSIC、商标 NICE - KSIC、韩国外观设计专利分类 - KSIC 关联表，统计了各产业授权量。该关联表应用了制作当时的申请人的主行业代码，是表示韩国工业产权整体的关联状况的概率表。申请人的主行业代码每年都会有变化，因此需要定期进行更新。关联表依据 A 申请人的申请信息制作而成，制作关联表时 A 申请人属于 B 产业，是申请量较多的申请人。但是，现在 A 申请人的主行业变更为 C，那么关联表没有反映这个情况。假设几年来 A 申请人的申请趋势没有太大变化，那么分析时应该用 B 产业的概率表，而不是 C 产业的概率表，但实际上分析人员无法知道产业的变更情况。

因此，本报告采用欧洲的方法，将发明专利、外观设计专利、商标的申请人代码与企业信息数据库关联，按照申请人所属的产业分类对各类型知识产权进行分类。也就是说，依据申请人当前所属的产业信息，统计各产业知识产权授权量。

三、产业分析单位

本报告在韩国标准产业分类微分类（5 位）、细分类（4 位）、小分类（3 位）中尝试对知识产权密集型产业进行分类，最终确定小分类为最适合分类的产业分析单位。如果按照下位分类，对知识产权密集型产业进行分类，预计需要更为精密的分析。但是，针对多种产业进行分析后，发现存在知识产权数据库 - 企业数据库 - 特许厅数据库之间的误差，能够将这种误差减小到最小值的就是“KSIC 小分类”。

计算知识产权密集度的数据关联步骤如下：作为“分子”的各产业知识产权授权量以主产业申请人（KISLINE 数据库和知识产权数据库的关联）为主进行统计。相反作为“分母”的各产业从业人员数以企业（KISLINE 数据库和统计局的全国企业调查关联）为主进行统计，因此有可能存在一个申请人分配到多个产业的问题。

统计局的全国工商户调查的对象是调查日之前或调查日当日在调查地区内进行产业活动、从业人员 1 个人以上的所有“工商户”（农业、林业、渔业中个体经营户、移动性个体经营户、军事设施及国际机密保护机构、军事学校、军队医院、国际及海外机构除外）。“工商户”是在一定的场所具备生产设施和从业人员、持续进行单一或主要的产业活动的企业或者企业的构成因素（总公司、分公司、工厂、营业所、商店等）（统计局，2016）。但是一个以上的工商户组成企业，并在多个场所进行商业活动时，根据营业场所的数量计算工商户的数量。

下面的参考资料是利用2011—2014年数据，用微分类认定发明专利密集型产业的结果，主要是发明专利密集度排名靠前的产业及具体说明。排在靠前位置的是炼铁、其他经营支援服务、非金融持股公司、其他发电、制糖等产业，从名字来看就能知道是与发明专利密集型产业不相关的产业。对各产业的从业人员数和发明专利授权量进行分解后，计算知识产权密集度时，可以发现是大型企业所属的产业的发明专利授权量除以大型企业部分工商户的从业人员的结果。

※［参考资料］微分类上知识产权密集型产业分类结果

表　发明专利密集度排名前20产业（微分类）（2011—2014年）

排名	KSIC	产业分类	发明专利密集度	从业人员数（平均）	发明专利授权量（合计，件）
1	24111	炼铁	17484.2	507	8860.1
2	75919	其他行政支援服务	3177.8	8317	26431.0
3	71520	非金融持股公司	2268.8	1657	3758.8
4	35119	其他发电	1566.3	605	947.2
5	70119	其他自然科学研发	1101.8	3254	3585.1
6	10720	制糖	802.5	380	304.8
7	26299	其他电子零部件制造	592.6	17723	10502.1
8	27219	其他测量、实验、航海、控制等精密仪器制造	590.7	1307	771.9
9	72923	地质调查及勘探	566.6	1376	779.7
10	26422	移动电话制造	479.1	44903	21513.2
11	63999	其他信息服务	437.9	340	148.7
12	26600	磁及光学媒介制造	420.1	304	127.8
13	29119	其他燃机及涡轮机制造	366.5	1040	381.0
14	70129	其他光学研发	346.1	44038	15239.2
15	20501	合成纤维制造	332.9	6098	2029.7
16	13109	其他纺织	329.4	44	14.3
17	61299	其他电气通信	284.4	3426	974.5
18	20302	合成树脂及其他塑料物质制造	265.1	18170	4816.8
19	26120	二极管、晶体管及半导体元件制造	247.5	27866	6896.6
20	29299	其他特殊目的用机器制造	220.7	17382	3835.8
产业整体			**43.1**	**17860**	**275204**

-知识产权数据库（申请人）-企业信息数据库（KISLINE）中，统计局在全国工商户调查关联时，各产业从业人员的数量误差。

示例

KSIC	产业分类	主要申请人（特许厅数据库）	从业人员数（KISLINE）	从业人员数（统计局）
24111	炼铁	（株）POSCO	17000	507
75919	其他行政支援服务	首尔大学产业合作团	98	8317
71520	非金融持股公司	SK（株）	3845	1657
35119	其他发电	韩国电力公司	22138	605
10720	制糖	CJ 第一制糖（株）	6620	380

炼铁（24111）

POSCO，现代炼铁（株）等分类到炼铁（24111）的企业不仅涉及炼铁，还具有炼钢（24112）、热轧及挤压制品制造（24121）、冷轧及挤压制品制造（24112）、钢管制造（24132）等垂直整合结构的业务领域。这种垂直整合使得（株）POSCO 的员工达到 17000 多人（2018 年 6 月末），但如果按照工商户概念来看，炼铁（24112）的从业人员平均只有 507 人（2011—2014 年）。尤其，炼铁从业人员从 2006—2009 年的平均 2858 人下降至 2011—2014 年的平均 507 人，相差了 5.6 倍，这是因为 2008 年韩国标准产业分类的修改和各工商户主产业变动导致人力从 2006 年炼钢（24112）转移到 2007 年炼铁（24111），随后再转移到 2008 年热轧及挤压制品制造（24121）。

表　2006—2009 年炼铁业从业人员数变化

细分类	分类名	微分类	分类名	从业人员数			
				2006 年	2007 年	2008 年	2009 年
2411	炼铁、炼钢及合金制造	24111	炼铁	1572	8780	299	780
		24112	炼钢	7389	2540	105	367
		24113	合金制造	732	888	877	1252
		24119	其他炼铁及炼钢	60	185	314	213
		合计		9753	12393	1595	2612
2412	轧钢、挤压和延伸制品制造	24121	热轧及挤压制品制造	24627	21989	30816	30886
		24122	冷轧及挤压制品制造	3918	3872	4013	4211
		24123	铁钢船制造	5767	4875	5876	5205
		合计		34312	30736	40705	40302

资料：统计局的全国工商户调查。

同期，发明专利授权量从5347件增长至8860件，涨幅为65.7%，成为发明专利密集度上升的原因。为了解决这样的误差，在包含POSCO、(株) 现代炼铁大部分范围的小分类（241 基本钢铁制造）上计算发明专利密集度，其信赖度更高。

表 KSIC 241 下位分类各产业发明专利件数、从业人员数、发明专利密集度

小分类	分类名	细分类	分类名	微分类	分类名	2011—2014年		
						发明专利件数（合计）	从业人员数（平均）	发明专利密集度
241	基本钢铁制造	2411	炼铁、炼钢及合金制造	24111	炼铁	8860	507	17475.3
				24112	炼钢	41	653	62.8
				24113	合金制造	41	1867	22.0
				24119	其他炼铁及炼钢	7	360	19.4
				合计		8949	3387	2642.2
		2412	轧钢、挤压和延伸制品制造	24121	热轧及挤压制品制造	90	35160	2.6
				24122	冷轧及挤压制品制造	61	3820	16.0
				24123	铁钢船制造	32	6147	5.2
				合计		183	45127	4.1
		2413	钢铁管制造	24131	铸铁管制造	109	1731	63.0
				24132	钢管制造	576	27003	21.3
				合计		685	28734	23.8
		2419	其他基本钢铁制造	24191	镀金、着色及其他表面钢材处理制造	55	8528	6.4
				24199	其他基本钢铁制造	117	16146	7.2
				合计		172	24674	7.0
		总计				9990.6	101919	98.0

其他行政支援服务（75919）

被分类为“其他行政支援服务”的申请人大部分是首尔大学、高丽大学、建国大学等大学产学合作团体。首尔大学的从业人员是98人（2016年2月末），但2011—2014年发明专利授权量是2098件，呈现很高的发明专利密集度（21408件/1000人）。大部分教授及教职员属于大学（KSIC 85302）产业分类，但一部分教授及产学合作团体相关业务教职员隶属于产学合作团体。尤其，大学的发明专利是通过产学合作团体进行申请、授权，因此在结构上产学合作团体的发明专利密集度较高。

表　KSIC759 下位分类各产业发明专利件数、从业人员数、发明专利密集度

小分类	分类名	细分类	分类名	微分类	分类名	2011—2014 年		
						发明专利件数（合计）	从业人员数（平均）	发明专利密集度
759	其他经营支援服务	7591	行政支援服务	75911	文件制作	3.5	1077	3.7
				75912	复印	4.0	4261	0.9
				75919	其他行政支援服务	26431	8317	3177.9
				合计		26439	13655	1936.2
		7599	其他未分类的经营支援服务	75991	热线及电视媒体服务	1.5	66838	0.0
				75992	展览及展会会务	18.8	18358	10
				75993	信用调查及追讨	15.0	15764	1.0
				75994	包装及充电	0.0	18283	—
				75999	其他未被分类的行政支援服务	480.4	34612	13.9
				合计		516	153855	3.4
		总计				26955	167510	160.9

非金融持股公司（71520）

1991 年 1 月成立的 SK（株），于 2007 年 7 月 1 日拆分成持股公司 SK（株）和混合持股公司 SK 能源。成为持股公司后，SK（株）继续运营 IT 服务、ICT 融合、半导体元件及模块、生物制药、全球 LNG 工业链等业务部分，截至 2018 年 6 月末 SK（株）从业人员数有 3845 名。另外，SK（株）的各部门授权发明专利（2011—2014 年，178 件）显示为非金融持股公司的发明专利。

表　KSIC 715 下位分类各产业发明专利件数、从业人员数、发明专利密集度

小分类	分类名	细分类	分类名	微分类	分类名	2011—2014 年		
						发明专利件数（合计）	从业人员数（平均）	发明专利密集度
715	总公司、持股公司及经营咨询服务	7151	总公司	71511	制造业总公司	0.0	110360	—
				71519	其他产业总公司	0.0	28345	—
				合计		0.0	138705	—
		7152	非金融持股公司	71520	非金融持股公司	3759	1657	2268
		7153	经营咨询及公共关系服务	71531	经营咨询	196.4	34952	5.6
				71532	公共关系服务	23.3	1321	17.6
				合计		220	36273	6.1
		总计				3985	176635	22.6

其他发电（35119）

其他发电（35119）领域授权发明专利的主要申请人是韩国电力公司。韩国电力公司的从业人员数为 22138 名（2018 年 6 月末），但统计局的全国工商户调查中显示该公司从业人员数是“2006—2009 年平均 247 名”“2011—2014 年 605 名”，与实际人数有较大差距。因为，全国工商户调查中，调查单位是工商户，韩国电力公司的各业务部门按照产业分类分配了从业人员数，所以出现了这种数据上的差异。企业信息数据库上，韩国电力公司属于“其他发电（35119）”，但有可能很多从业人员都归入“送电及配电（35120）”。因此，为了减小这种关联上的误差，可以采用小分类电气（351）上计算发明专利密集度。

表 KSIC 351 下位分类各产业发明专利件数、从业人员数、发明专利密集度

小分类	分类名	细分类	分类名	微分类	分类名	2011—2014 年		
						发明专利件数（合计）	从业人员数（平均）	发明专利密集度
351	电气业	3511	发电	35111	核电	490.3	7335	66.8
				35112	水力发电	2.0	1112	1.8
				35113	火力发电	331.1	11707	28.3
				35119	其他发电业	947.2	605	1565.6
				合计		1770.6	20759	85.3
		3512	送电及配电业	35120	送电及配电业	9.3	18517	0.5
		总计				1779.9	39276	45.3

制糖（10720）

制糖（10720）的代表性企业是 CJ 第一制糖（株）、（株）三洋公司、大韩制糖（株）。CJ 第一制糖（株）的 2011—2014 年发明专利授权量是 260 件，占该产业发明专利件数的 85%。相反，KISLINE 上 CJ 第一制糖（株）的从业人员数是 6620 名（2018 年 6 月末），与该产业平均从业人员数（380 名）有较大差距。尤其，CJ 第一制糖（株）除了白砂糖，还生产饼干类、面类、调味料及其他食品的多元化产品。也就是说，按照工商户从业人员数统计结果，从业人员很少，但发明专利量包含制糖业之外的所有的发明专利件数，因此专利授权量非常多，最终计算出来的发明专利密集度也显得很高。因此有必要在小分类上测算发明专利密集度。

表 KSIC 107 下位分类各产业发明专利件数、从业人员数、发明专利密集度

小分类	分类名	细分类	分类名	微分类	分类名	2011—2014 年		
						发明专利件数（合计）	从业人员数（平均）	发明专利密集度
107	其他食品制造	1071	糕点、面包及饼干类制造	10711	糕类制造	11.1	30871	0.4
				10712	面包类制造	80.8	13085	6.2
				10713	巧克力制品及饼干类制造	69.4	11040	6.3
					合计	161.3	54996	2.9
		1072	制糖	10720	制糖	304.8	380	802.1
		1073	面类、通心粉及相似食品制造	10730	面类、通心粉及相似食品制造	81.5	8325	9.8
		1074	调味料及食品添加剂制造	10741	醋、发酵及化学调味料制造	13.0	781	16.6
				10742	天然或混合调味料制造	41.0	13000	3.2
				10743	酱类制造	24.2	5023	4.8
				10749	其他食品添加剂制造	83.8	2282	36.7
					合计	548.3	29791	18.4
		1079	其他食品及食材制造	10791	咖啡加工	29.5	2643	11.2
				10792	茶类加工	67.3	3770	17.9
				10793	汤及菌类食品制造	7.0	945	7.4
				10794	豆腐及相似食品制造	14.5	6378	2.3
				10795	人参食品制造	122.4	4302	28.5
				10796	辅助健康用液化食品制造	60.5	18647	3.2
				10797	保健食品制造	166.3	3837	43.3
				10798	盒饭及预制菜制造	22.5	15976	1.4
				10799	其他食品	80.0	1145	69.9
					合计	570	57643	9.9
					总计	1279.6	142430	9.0

韩国的大型企业通过在相似产业进行商业活动或者通过价值链的垂直系列化等多角度运营创造收益。因此，企业在各产业上的知识产权申请量、授权量整合到上位分类也不会有变化。细分类以下的产业分类是以商品为中心的分类，因此本报告在小分类上进行分类，试图减少各产业间授权量统计的误差。

四、小结

本报告依照当前的知识产权种类，针对发明专利、外观设计专利、商标、著作权（狭义）进行知识产权密集型产业分类。

美国认定了发明专利（实用专利）、商标、著作权的知识产权密集型产业，欧洲除了发明专利、外观设计专利、商标、著作权（狭义→广义），在地理标志和植物新品种保护领域也进行了知识产权密集型产业分类。欧盟委员会农业和农村发展总司（DG AGRI）认定了4个核心地理标志产业，另外欧盟植物新品种保护办公室（CPVO）注册的品种保护权（Community Plant Variety Right，CPVR）中，具有高于产业平均植物新品种保护密集度的产业分类为植物新品种保护密集型产业。中国江苏省从2016年起每年针对发明专利、商标、著作权进行密集型产业分类，分析经济贡献度，但没有公开具体的分类及分析方法。

针对地理标志、植物新品种保护等新型知识产权，讨论过认定密集型产业的必要性，但韩国地理标志和植物新品种保护相关产业的比重没有欧洲那么大，而且韩国通过《农水产品质量管理法》和《商标法》的地理标志集体商标、证明商标保护地理标志，通过《植物新品种保护法》和《专利法》保护植物新品种，因此很难获得确切的相关数据。

第三章　韩国知识产权密集型产业的认定

第一节　数据及方法论

本章主要讨论关联及利用知识产权数据和经济数据，对韩国发明专利、外观设计专利、商标、著作权进行知识产权密集型产业分类。在对密集型产业分类过程中，发明专利、外观设计专利、商标等工业产权和著作权的分类方法有所不同。工业产权关联特许厅数据、企业信息数据库和统计局的全国工商户调查数据，根据韩国标准产业分类计算各产业发明专利、外观设计专利、商标等知识产权各类型的密集度，将知识产权密集度高于产业平均值的产业分类为知识产权密集型产业。相反，基于美国的研究，版权密集型产业是将核心版权产业中与著作权作品的创作及记录存储等相关产业指定为版权密集型产业，但排除了核心版权产业中与著作权作品的流通和发行相关的产业。

知识产权密集型产业的分类及经济贡献度分析的全体研究体系如图 3－1 所示。在第四章经济贡献度分析相关内容中，计算知识产权密集度的数据分两期，一期为 2006—2009 年，二期为 2011—2014 年，分析经济贡献度的数据是 2010 年和 2015 年数据。

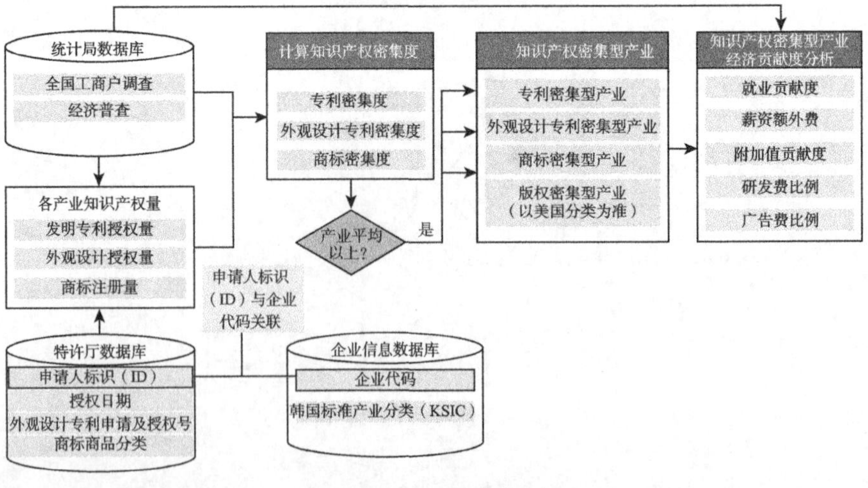

图 3－1　研究流程图

一、发明专利、外观设计专利、商标密集型产业的分类步骤

为了对发明专利、外观设计专利、商标密集型产业进行分类，首先要计算各产业发明专利、外观设计专利、商标的密集度。为此关联和利用了知识产权数据库（特许厅）、企业信息数据库［NICE 评价信息（株）的 KISLINE］、经济信息数据库（统计局的全国工商户调查）。图 3-2 为各数据中应用的字段及与数据库关联中获得的阶段计算结果。

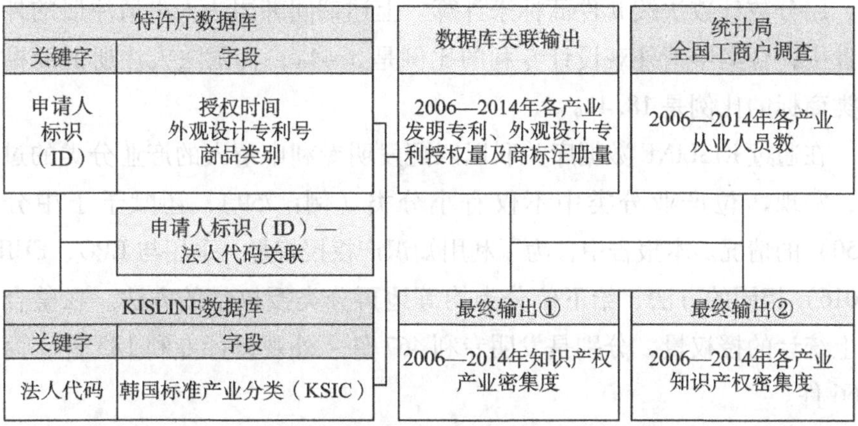

图 3-2　计算知识产权密集度的数据库关联图

第一阶段，在特许厅数据库中，统计了 2006—2014 年“韩国法人”的发明专利（除实用新型）、外观设计专利、商标授权量。韩国法人包括国内企业（大型企业、中坚企业、中小企业等）和大学、公共机构（公共机关、研究机构、国有企业、大学、学校法人等），申请人中排除了国内外个人、海外法人、代理人。在统计期间，授权的发明专利、外观设计专利、商标各有 918896 件、383826 件、840254 件，其中韩国法人的授权量为发明专利 562073 件（61.2%）、外观设计专利 202128 件（52.7%）、商标 380744 件（45.3%），发明专利的韩国法人授权比例最高（见表 3-1）。

表 3-1　各类型知识产权韩国法人授权比例　　（单位：件，%）

授权时间	发明专利		外观设计专利		商标（多类）	
	韩国法人	全　部	韩国法人	全　部	韩国法人	全　部
2006—2014 年	562073 （61.2%）	918896	202128 （52.7%）	383826	380744 （45.3%）	840254

第二阶段，通过发明专利、外观设计专利、商标的申请人标识（ID）和 KISLINE 数据库的企业代码进行关联，确认申请人（韩国法人）的主

行业代码（KSIC 第9版标准[1]，小分类），按照申请人的主行业代码统计2006—2014年每年发明专利、外观设计专利、商标的授权量，统计范围在韩国法人申请人标识（ID）和KISLINE数据库的企业代码已进行关联的数据。而且，申请人为共同申请人时，用分数计数法按照各申请人在所在领域申请1/*n*的方式进行统计。如果共同申请人不是韩国法人，而是个人或海外法人，该申请人的份额不会反映到产业知识产权数据里。尤其，合案申请外观设计专利时，按照*n*件外观设计专利来计算多类商标的情况，用分数计数法按*n*件商标来计算。上述期间韩国法人申请注册的外观设计中，合案申请外观设计专利的比例是3.4%，韩国法人注册的商标中多类商标的比例是18.4%。

在通过KISLINE数据库关联以匹配发明专利申请人的产业分类的过程中，发现3位产业分类中不仅有小分类（例：759），还赋予了中分类（750）的情况。本报告中，为了利用知识产权授权量，采用与EPO、EUIPO（2016）相同的方法，给下位分类均等地再分类授权量的方法。在整合分类上统计的授权量，分别是发明专利467件、外观设计专利183件、商标1366件。

※［参考资料］特许厅数据库的文献号结构及资料的整理

-文献号是13位，前2位表示类型：发明专利（10）/实用新型（20）/外观设计专利（30）/商标（40～）等

号码	权利区分	时间	号码	校验位	示例
申请号	2位	4位	7位	—	10-2002-0012345
公开号	2位	4位	7位	—	10-2002-0012345
公告号	2位	4位	7位	—	10-2002-0012345
授权号	2位	—	7位	0000	10-0012345-0000

来源：kipris. or. kr.

-（发明专利数据）以授权号统计每年授权量，同时需要考虑共同申请人的情况。

-（外观设计专利数据）合案申请外观设计专利和当前的相似外观设计专利，每个外观设计专利都赋予授权号。因此，以授权号统计授权量的话，可以看作考虑了合案申请外观设计专利（共同申请人也考虑在内）。

---

[1] 2017年7月以后，发布了KSIC第10版修正分类。但第四章分析经济贡献度时利用的统计局2015年经济普查数据是基于第9版修正分类而来的，所以本报告以第9版修正分类为基础计算密集型产业。KISLINE数据库的产业代码是5位数。

	申请号	申请日	授权号	授权日
相似外观设计专利	3020030037601	20031231	3003680630000	20041118
	3020030037606	20031231	3003680630001	20041118
	3020030037608	20031231	3003680630002	20041118
合案申请外观设计专利	3020150037459	20150724	3008543590001	20160511
	3020150037459	20150724	3008543590002	20160511
合案申请外观设计专利	3020170000568	20170104	3009112890001	20170614
	3020170000568	20170104	3009112890002	20170614
	3020170000568	20170104	3009112890003	20170614
	3020170000568	20170104	3009112890004	20170614
	3020170000568	20170104	3009112890005	20170614

－（商标数据）在商标的情况下，最初申请（40～）、更新（50～）、分案（60～）、追加制定商品分类授权（70～）等，根据目的不同，分别赋予申请号。

种类	权利类型（商标申请）	种类	权利类型（商标申请）
40	商标	50	商标更新
41	服务商标	51	服务商标更新
42	营业商标	52	营业商标更新
43	集体商标	53	集体商标更新
44	地理标志集体商标	54	地理标志集体商标更新
45	商标、服务商标	55	商标、服务商标更新
47	证明商标	56	商品分类转换注册申请
48	地理标志证明商标		
60	商标更新分案	70	商标指定商品追加
61	服务商标更新分案	71	服务商标指定商品追加
62	营业商标更新分案	72	营业商标指定商品追加
63	集体商标更新分案	73	集体商标指定商品追加
64	地理标志集体商标更新分案	74	地理标志集体商标指定商品追加
65	商标、服务商标更新分案	75	商标、服务商标指定商品追加
66	商品分类转换分案注册申请		

来源：韩国特许厅（2012）知识产权利用指南。

• 商标申请后，2000 年以后以续展、续展分案、指定商品追加为目的进行申请时，有可能存在重复统计的可能性。

• 但是，2013 年以后，以续展为目的的申请的情况（50～55）下，不会被赋予单独的申请号，因此不考虑续展（50～）的情况（即，续展授权的件数不会被统计，而且授权号也不会变更）。

• 续展分案（60～66）时，被赋予单独的授权号，统计授权量时需要考虑这一点。

• 指定商品追加（70～75）时，授权号与当前的号相同。

• 只有授权号不一致时，当作新授权，只在申请号 40～和 60～中，统计每年商标授权量（考虑多分类和共同申请人的情况）。

第三阶段，利用统计局的全国工商户调查数据，收集2006—2014年各产业分类（小分类）的从业人员数，分为2006—2009年和2011—2014年两个时间段，计算发明专利、外观设计专利、商标的密集度。各时间段，发明专利、外观设计专利、商标的密集度是由4年的知识产权授权量除以该产业4年从业人员平均数来获得。但是，统计各产业发明专利、外观设计专利、商标的密集度时，排除了农业、林业、渔业。统计局进行经济普查统计工商户时，也排除了个人经营的农场、牧场、养鱼场、养殖场等工商户（统计局，2016），因此"从业人员数"相对来说统计量较少，使得密集度较高，容易将第一产业分类为知识产权密集型产业。

知识产权密集度 = 各产业* 知识产权授权量（4年合计）/
各产业从业人员数（4年平均）

* 排除农业、林业、渔业、矿业。

最后，将高于各产业发明专利、外观设计专利、商标的密集度平均值的产业分类为知识产权密集型产业。对于这种分类方法，也有反对的观点，但美国和欧洲采取了相同的方法，因此本报告主要针对这个方法进行讨论。

二、版权密集型产业的分类

本报告依据协议针对版权密集型产业进行分类。也就是只有与著作权作品的创作和生产，以及演出、广播相关的产业被指定为版权密集型产业。与特许厅、韩国知识产权研究院（2014）相同，本报告将KSIC微分类产业分类和美国13个版权密集型产业（NAICS 4位）进行比较和分析，从中排除了与著作权作品的创作和生产无关的产业，最终确定了版权密集型产业。具体来说，统计局的版权产业特殊分类，核心版权产业所属的86个KSIC微分类产业中，共有37个产业被分类为版权密集型产业。但是2014年的研究中，没有归入核心版权密集型产业的"广告制作（71393）""市场调查及舆论调查（KSIC 71400）""文件制作（KSIC 75911）"，经过重新评估认为与著作权作品的创作和生产有关，被分为版权密集型产业（参考附录1）。通过微分类（KSIC 5位）认定的版权密集型产业依据倒置（bottom - up）方式，整合到了小分类（3位）上。在这个过程中（见表3 - 2），整合的小分类产业的营业收入中，微分类上版权密集型产业营业收入比例不足50%的产业，从版权密集型产业中排除（参考附录2）。

表 3－2　版权密集型产业的分类步骤示例

版权密集型产业示例（微分类）		KSIC 细分类		版权密集型产业营业收入比例		KSIC 小分类		版权密集型产业的营业收入比例	
				2010 年	2015 年			2010 年	2015 年
63910	新闻提供	6391	新闻	100%	100%	639	其他信息服务（6391，6399）	11.5%	7.9%
73902	翻译及同传服务	7390	其他专业、科学及技术服务（73901，73902，73903，73904，73905）	9.2%	8.7%	739	其他专业、科学及技术服务	9.2%	8.7%

↑小分类上整合时从版权密集型产业排除

例如，版权密集型产业“翻译及同传服务（KSIC 73902）”的上位分类是“其他专业、科学及技术服务（KSIC 739）”，该产业除包含“翻译及同传服务”之外，还有与著作权没有关系的“经纪人（73901）”“业务及无形资产中介（73903）”“物品鉴定、计量及样品筛选（73904）”“其他未分类的专业、科学及技术服务（73909）”等 5 个微分类来构成。产业分类 739 的营业收入中版权密集型产业 73902 的营业收入比例 2010 年为9.2%，2015 年为8.7%，是非常小的比重，因此将小分类“其他专业、科学及技术服务（739）”排除在版权密集型产业外。各产业营业收入资料是统计局提供的经济普查数据。

韩国版权密集型产业规模见表 3－3。

表 3－3　韩国版权密集型产业规模（2010 年，2015 年）　（单位：百万韩元）

版权密集型产业（微分类）		营业收入	
		2010 年	2015 年
58111	教科书及学习书籍出版	2165481	1962612
58112	漫画出版	72143	73924
58119	其他书籍出版	1444237	1705832
58121	新闻发行	2618859	2821336
58122	杂志及定期刊物发行	896338	1058354
58123	定期广告刊物发行	396011	347134
58211	线上、手机游戏软件开发及供给	3288332	8168216
58219	其他游戏软件开发及供给	341745	244835
58221	系统软件开发及供给	12695770	14988315
58222	软件开发及供给	6899101	8360. 357
59111	一般电影及视频制作	545468	733691

续表

版权密集型产业（微分类）		营业收入	
		2010 年	2015 年
59112	动漫电影及视频制作	309624	464543
59113	广告、电影及视频制作	473027	829164
59114	广播节目制作	955707	1520818
59201	音乐及其他音频出版	368592	491028
60100	广播播放	140313	240339
60210	有线电视播放	3728011	4016445
60221	节目供给	980546	2614842
60222	有线播放	3100740	3532295
60229	卫星及其他播放	667781	744622
62010	电脑编程服务	2741557	4141061
62021	电脑系统整合咨询及搭建服务	12877304	23678630
63910	新闻提供	219811	235470
71310	广告	4470608	7970126
71391	室外及展览广告	579992	811968
71393	宣传品制作	942215	1776916
71400	市场调查及舆论调查	536685	795571
73203	视觉设计	564888	771181
73301	人物摄影及活动用视频摄影	497293	712372
73302	商业用摄影	69302	127094
73902	翻译及同传服务	107753	225856
75911	文件制作	103224	88331
90121	表演团体	60565	168693
90122	舞蹈及音乐团体	100552	204857
90123	其他表演团体	10219	19182
90131	表演艺术家	1322	2940
90132	非表演艺术家	21642	39192
版权密集型产业市场规模		65992758	96688142

注：版权密集型产业是，依据统计局的版权产业特殊分类“核心版权产业”中，只认定与著作权作品的创作和生产有直接关系的产业。

第二节　知识产权密集型产业分类结果

一、发明专利密集型产业

2006—2014 年，韩国法人的专利授权量为 574623 件，占整体专利

(938017 件）的61.3%。为了确认申请人的产业代码，利用KISLINE企业数据库可以关联到99.2%的韩国法人发明专利。KSIC小分类中，为了统计各产业授权量，把分类到上位分类（中分类）的467件发明专利重新分类到下位分类里，整理了2006—2014年总共224个产业的授权发明专利570053件（见表3-4)。

表3-4　分析对象的发明专利授权量　（单位：件，%）

授权时间	专利授权量	韩国法人授权量	企业信息关联
2006年	122802	77803（63.4%）	77167（99.2%）
2007年	125163	77373（61.8%）	76763（99.2%）
2008年	84443	50349（59.6%）	49.916（99.1%）
2009年	57796	34211（59.2%）	33.897（99.1%）
2010年	70679	42298（59.8%）	44914（99.1%）
2011年	97365	60254（61.9%）	59761（99.2%）
2012年	115844	69250（59.8%）	68625（99.1%）
2013年	130896	80287（61.3%）	79711（99.3%）
2014年	133029	82799（62.2%）	82298（99.4%）
合计	938017	574623（61.3%）	570053（99.2%）

注：有共同申请人时，利用分数计数法分配到各申请人所属的产业，共同申请人不是韩国法人的情况下，该申请人的份额排除在各产业统计外。

从发明专利授权量来看，排在前10位的产业（2006—2009年）中，通信及广播设备制造（264)、半导体制造（261)、电子零部件制造（262)、锂电池及蓄电池制造（301）等IT制造业分别排在第一、二、四、五位；另外，还包括自然科学及工学研发（701)、其他经营支援服务（759)、建筑技术、工程及相关技术服务（721)、高等教育机构（853）的服务❶。2011—2014年，自然科学及工学研发（261)、其他经营支援服务（759）分别占据第一和第二位，汽车零部件制造（303)、软件开发及供给（582)、船舶及快艇制造（311）等产业的排名有一定程度的提升（见表3-5)。

❶ 产业分类701、759、853分别包含各研究机构、大学产学合作团、研究生院。

表3-5 发明专利授权量排名前10位产业（小分类）

排名	2006—2009年			2011—2014年		
	KSIC	产业分类	发明专利件数	KSIC	产业分类	发明专利件数
1	264	通信及广播设备制造	55249	701	自然科学及工学研发	35727
2	261	半导体制造	18594	759	其他经营支援服务	27835
3	701	自然科学及工学研发	18566	264	通信及广播设备制造	25804
4	262	电子零部件制造	12767	262	电子零部件制造	21531
5	282	锂电池及蓄电池制造	9892	292	特殊目的用机器制造	13899
6	301	汽车引擎及汽车制造	9167	241	基本钢铁制造	10002
7	292	特殊目的用机器制造	8253	291	一般目的用机器制造	8062
8	759	其他经营支援服务	7677	261	半导体制造	8326
9	612	电气通信	6656	303	汽车零部件制造	7904
10	721	建筑技术、工程及相关技术服务	6206	301	汽车引擎及汽车制造	7589
11	241	基本钢铁制造	5947	582	软件开发及供给	6992
12	715	总公司、持股公司及经营咨询服务	5279	311	船舶及快艇制造	6561
13	291	一般目的用机器制造	5082	721	建筑技术、工程及相关技术服务	5101
14	303	汽车零部件制造	5020	203	合成橡胶及塑料物质制造	5080
15	285	家庭用仪器制造	4707	853	高等教育机构	4650
16	582	软件开发及供给	3691	222	塑料制品制造	4325
17	203	合成橡胶及塑料物质制造	3305	612	电气通信	4303
18	853	高等教育机构	3157	281	电动机、发电机及电机变换、供给、控制设备制造	4260
19	204	其他化学制品制造	2847	204	其他化学制品制造	4248
20	281	电动机、发电机及电机变换、供给、控制设备制造	2693	272	测量、实验、航海、控制及其他精密仪器制造，光学仪器除外	4039

各产业发明专利授权量除以平均从业人员数可以计算出“发明专利密集度”（见表3-6），发明专利密集型产业的情况如下：除第一产业（农林渔业、矿业）外，209个小分类产业的平均发明专利密集度是2006—2009年（第一期）25.5（件/千人），具有高于产业平均发明专利密集度的“发明专利密集型产业”有41个。发明专利密集度上位分类以“锂电

池及蓄电池制造（282）”“通信及广播设备制造（264）”“半导体制造（261）”“化学纤维制造（205）”等制造业为中心，还包括以研究机构为中心的“自然科学及工学研发（701）”、大学产业合作团所属的“其他经营支援服务（759）”等产业。尤其，“电气通信（612）”“环境治理（390）”等服务领域的发明专利密集度也较高（见表3－7）。

表3－6　发明专利密集度排名前20位产业　（单位：件/千人）

排名	2006—2009年			2011—2014年		
	KSIC	产业分类	发明专利密集度	KSIC	产业分类	发明专利密集度
1	282	锂电池及蓄电池制造	1411.3	266	磁及光学媒介制造	420.2
2	264	通信及广播设备制造	605.0	205	化学纤维制造	309.7
3	261	半导体制造	196.0	264	通信及广播设备制造	293.0
4	701	自然科学及工学研发	187.6	701	自然科学及工学研发	229.9
5	205	化学纤维制造	145.7	282	锂电池及蓄电池制造	186.7
6	285	家庭用仪器制造	142.9	203	合成橡胶及塑料物质制造	173.5
7	203	合成橡胶及塑料物质制造	140.1	759	其他经营支援服务	166.2
8	612	电气通信	123.0	390	环境治理	145.3
9	211	基础药物及生物制剂制造	120.6	262	电子零部件制造	113.1
10	301	汽车引擎及汽车制造	104.8	241	基本钢铁制造	98.1
11	266	磁及光学媒介制造	104.7	313	航空飞行器、宇宙飞船及零部件制造	95.8
12	390	环境治理	99.8	301	汽车引擎及汽车制造	91.8
13	262	电子零部件制造	88.4	211	基础药物及生物制剂制造	91.7
14	313	航空飞行器、宇宙飞船及零部件制造	76.5	612	电气通信	90.3
15	241	基本钢铁制造	69.7	312	铁路设备制造	86.7
16	759	其他经营支援服务	66.4	272	测量、实验、航海、控制及其他精密仪器制造，光学仪器除外	82.3
17	272	测量、实验、航海、控制及其他精密仪器制造，光学仪器除外	62.2	285	家庭用仪器制造	80.6
18	289	其他电子设备制造	55.4	271	医疗用仪器制造	80.5
19	163	软木及组合制品制造	52.8	289	其他电子设备制造	75.3
20	715	总公司、持股公司及经营咨询服务	50.9	261	半导体制造	73.4

表3-7　发明专利密集度排名前20位产业（小分类）（2006—2009年）

排名	KSIC	产业分类	发明专利密集度（件/千人）	从业人员数（人，平均）	专利授权量（件，合计）
1	282	锂电池及蓄电池制造	1411.3	7010	9892
2	264	通信及广播设备制造	605.0	91318	55249
3	261	半导体制造	196.0	94858	18594
4	701	自然科学及工学研发	187.6	98939	18566
5	205	化学纤维制造	145.7	5515	804
6	285	家庭用仪器制造	142.9	32936	4707
7	203	合成橡胶及塑料物质制造	140.1	23587	3305
8	612	电气通信	123.0	54128	6656
9	211	基础药物及生物制剂制造	120.6	3708	447
10	301	汽车引擎及汽车制造	104.8	87498	9167
11	266	磁及光学媒介制造	104.7	1235	129
12	390	环境治理	99.8	656	65
13	262	电子零部件制造	88.4	144491	12767
14	313	航空飞行器、宇宙飞船及零部件制造	76.5	8399	643
15	241	基本钢铁制造	69.7	85334	5947
16	759	其他经营支援服务	66.4	115560	7677
17	272	测量、实验、航海、控制及其他精密仪器制造，光学仪器除外	62.2	34723	2159
18	289	其他电子设备制造	55.4	10766	596
19	163	软木及组合制品制造	52.8	502	27
20	715	总公司、持股公司及经营咨询服务	50.9	1037099	5279
整体产业			**25.5**	**72287**	**237744**

2011—2014年（第二期），平均发明专利密集度是24.4件/千人，比第一期有所回落，但发明专利密集型产业从41个增加到50个。发明专利密集度排名前20位也有所变动，尤其4年来半导体制造（261）的发明专利授权量快速下滑，导致发明专利密集度排名下降。汽车引擎及汽车制造（301）、铁路设备制造（312）进入前20位，总公司、持股公司及经营咨询服务（715）不仅跌落前20位以外，还被排除于发明专利密集型产业之外（见表3-8）。

表 3-8 发明专利密集度排名前 20 位产业（2011—2014 年）

排名	KSIC	产业分类	发明专利密集度（件/千人）	从业人员数（人，平均）	发明专利授权量（件，合计）
1	266	磁及光学媒介制造	420.2	304	128
2	205	化学纤维制造	309.7	6558	2031
3	264	通信及广播设备制造	293.0	88058	25804
4	701	自然科学及工学研发	229.9	155406	35727
5	282	锂电池及蓄电池制造	186.7	12964	2420
6	203	合成橡胶及塑料物质制造	173.5	29280	5080
7	759	其他经营支援服务	166.2	167509	27835
8	390	环境治理	145.3	1018	148
9	262	电子零部件制造	113.1	190408	21531
10	241	基本钢铁制造	98.1	101919	10002
11	313	航空飞行器、宇宙飞船及零部件制造	95.8	12885	1234
12	301	汽车引擎及汽车制造	91.8	82653	7589
13	211	基础药物及生物制剂制造	91.7	5496	504
14	612	电气通信	90.3	47637	4303
15	312	铁路设备制造	86.7	6553	568
16	272	测量、实验、航海、控制及其他精密仪器制造，光学仪器除外	82.3	49046	4039
17	285	家庭用仪器制造	80.6	31482	2538
18	271	医疗用仪器制造	80.5	36526	2939
19	289	其他电子设备制造	75.3	11649	878
20	261	半导体制造	73.4	113394	8326
		整体产业	**24.4**	**84906**	**290395**

发明专利密集型产业的数量从 2006—2009 年（第一期）41 个增加到 2011—2014 年（第二期）50 个。大分类上，发明专利密集型产业的分布如下：制造业（C）在第一期和第二期分别为 31 个（发明专利密集型产业的 75.6%）和 37 个（74.0%），占较大比例，出版、视频、广播通信及信息服务业（J）和专业、科学及技术服务（M）等知识相关的服务业的一部分也包含在发明专利密集型产业里（见表 3-9）。

表 3-9　韩国发明专利密集型产业的分布（KSIC 小分类）　（单位：个，%）

KSIC 大分类（小分类产业）		2006—2009 年		2011—2014 年	
		密集型产业数	比例	密集型产业数	比例
A 农业、林业及渔业	(8)	0	0.0%	0	0.0%
B 采矿业	(7)	0	0.0%	0	0.0%
C 制造业	(83)	31	75.6%	37	74.0%
D 电气、燃气、蒸汽及水的供应	(4)	0	0.0%	1	2.0%
E 污水处理、废物、材料回收和环境治理	(5)	1	2.4%	1	2.0%
F 建筑业	(7)	0	0.0%	0	0.0%
G 批发及零售业	(20)	0	0.0%	0	0.0%
H 运输业	(11)	0	0.0%	1	2.0%
I 住宿及餐饮服务活动	(4)	0	0.0%	0	0.0%
J 出版、播放、通信及信息服务业	(11)	4	9.8%	4	8.0%
K 金融和保险活动	(8)	0	0.0%	0	0.0%
L 房地产及租赁业	(6)	0	0.0%	0	0.0%
M 专业、科学及技术服务	(13)	4	9.8%	5	10.0%
N 商业设备管理及商业支持服务	(7)	1	2.4%	1	2.0%
O 公共管理和国防、强制性社会保障	(5)	0	0.0%	0	0.0%
P 教育服务业	(7)	0	0.0%	0	0.0%
Q 医疗保健及社会工作活动	(6)	0	0.0%	0	0.0%
R 艺术、体育及休闲相关服务	(4)	0	0.0%	0	0.0%
S 协会及团体，维修和其他个人服务活动	(8)	0	0.0%	0	0.0%
合计	**(224)**	**41**	**100%**	**50**	**100%**

第一期的发明专利密集型产业中 39 个产业第二期也被分类到发明专利密集型产业，但 182（记录媒介复制）和 715（总公司、持股公司及经营咨询服务）等两个产业从发明专利密集型产业中被排除。第二期新进入的产业是 212（药品制造）、311（船舶及快艇制造）、729（其他科学技术服务）、739（其他专业、科学及技术服务）等 11 个产业（见表 3-10）。

※［参考资料］总公司、持股公司及经营咨询服务（715）

上述产业在第一期被分为发明专利密集型产业的主要原因是下位分类产业（微分类）里包含发明专利密集度较高的“非金融持股公司(71520)”。该产业的发明专利密集度较高的原因是：1）“分母”的从业人员数较少；2）“分子”的“发明专利件数”较多。

表　KSIC 715 下位分类各产业发明专利件数、从业人员数、发明专利密集度

（单位：件，人，件/千人）

小分类	分类名	细分类	分类名	微分类	分类名	2011—2014 年		
						发明专利件数（合计）	从业人员数（平均）	发明专利密集度
715	总公司、持股公司及经营咨询服务	7151	总公司	71511	制造业总公司	0.0	110360	—
				71519	其他产业总公司	0.0	28345	—
				合计		0.0	138705	—
		7152	非金融持股公司	71520	非金融持股公司	3758.8	1657	2268.4
		7153	经营咨询及公共关系服务	71531	经营咨询	196.4	34952	5.6
				71532	公共关系服务	23.3	1321	17.6
				合计		220	36273	6.1
		总计				3070	176635	22.5

持股公司是以持有和管理子公司股份为目的成立的公司，分为控制和操控子公司的股份或资金的“纯粹持股公司”和与子公司合作推进关联业务的“混合持股公司”。一般来说，纯粹持股公司通过少数人员管理子公司的运营，因此从业人员数较少，同时发明专利授权量也不多。例如，截至2018年6月末，（株）LG（1947年1月成立，2003年3月变更为持股公司）的从业人员数[1]是111人，变更为持股公司后没有发明专利授权记录。2007年9月变更为持股公司的CJ（株）的从业人员数是34人（2018年6月末），2008年后没有发明专利授权记录。

另外，在混合持股公司的情况下，该企业申请、授权的发明专利被统计为非金融持股公司（71520）的发明专利。例如，1991年1月成立的SK（株）于2007年7月1日拆分为持股公司SK（株）和混合持股公司SK能源，变更为持股公司。SK（株）作为持股公司持续运营IT服务、ICT融合、半导体元件及模块、生物医药、全球LNG工业链等业务，2018年6月末SK（株）从业人员数达到3845人[2]。同时，各业务部门授权的发明专利（2011—2014年，178件）被统计为非金融持股公司的发明专利。

[1] 各企业从业人员数参考NICE评价信息（株）KISLINE DB（www.kisline.com）。

[2] 计算发明专利密集度的各产业从业人员数来源于统计局工商户调查，该产业所属的企业从业人员数有可能被统计得较少，因此在整合的小分类产业里统计发明专利密集度。

尤其，在持股公司变更节点上，该产业的从业人员数及专利件数有所差异。发明专利申请、授权后，变更为持股公司时可以选择是登记新法人还是保留原法人。如果选择成为原有法人（沿用当前法人代码）而不是新法人（新的法人代码），可以继续持有当前申请和授权的发明专利，维持法律上的权利。由于使用了当前（2017 年 6 月）的产业分类（KISLINE 企业数据库），因此有可能包含了变更为持股公司的变更前专利量。例如，1999 年 11 月成立的（株）韩罗 holdings 于 2014 年 9 月于（株）满道通过人员拆分变更为持股公司，于 2015 年 7 月合并韩罗 mister（有），成为混合持股公司。（株）韩罗 holdings 运营从子公司获得分配利益、韩罗及满道品牌权利，收取商标权的收益等混合持股业务及汽车零部件、用品销售和流通的 mister 业务部门。2018 年 6 月末，当前（株）韩罗 holdings 的从业人员数[1]是 292 人，2011—2014 年授权专利是 1241 件，2015 年增加了 1 件专利后，再也没有新的授权专利。

也就是，当前变更为“非金融持股公司（71520）”的申请人过去专利授权的情况，使得 2006—2009 年统计中“总公司、持股公司及经营咨询服务（715）”被分类为发明专利密集型产业，但持股公司变更完成后，2011—2014 年混合持股公司的发明专利授权量相对较少，因此被排除在发明专利密集型产业之外。

表 3－10 韩国的发明专利密集型产业的变化（2006—2009 年→2011—2014 年）

追加为发明专利密集型产业的产业		排除在发明专利密集型产业之外的产业	
120	烟草制造	182	记录媒介复制
212	药品制造	715	总公司、持股公司及经营咨询服务
251	结构用金属制品、水槽及蒸汽发生器制造		
252	武器及枪炮制造		
265	视频及音响仪器制造		
311	船舶及快艇制造		
319	其他运输设备制造		
351	电气		
495	管道运输		
729	其他科学技术服务		
739	其他专业、科学及技术服务		

[1] 各企业从业人员数参考 NICE 评价信息（株）KISLINE DB（www.kisline.com）。

二、外观设计专利密集型产业

2006—2014 年授权的韩国法人外观设计专利（包含合案申请外观设计专利）总共有 193179 件，占全体外观设计专利（370993 件）的 52.1%。为了确认申请人的产业代码，利用 KISLINE 企业数据库，关联了韩国法人授权外观设计专利的 98.3%。为了统计 KSIC 小分类中各产业授权外观设计专利，将上位分类产业（中分类）183 件重新分类为下位分类产业，2006—2014 年共有 224 个产业 189959 件授权外观设计专利（见表 3-11）。

表 3-11 分析对象授权外观设计专利授权量 （单位：件，%）

授权年份	外观设计专利授权量	韩国法人授权量	企业信息关联
2006	34242	16981（49.6%）	16444（96.8%）
2007	40803	20128（49.3%）	19672（97.7%）
2008	39944	20187（50.5%）	19619（97.2%）
2009	32209	16834（52.3%）	16567（98.4%）
2010	33972	18126（53.4%）	17667（97.5%）
2011	42192	22139（52.5%）	21916（99.0%）
2012	46000	24442（53.1%）	24235（99.2%）
2013	47555	24761（52.1%）	24494（98.9%）
2014	54074	29580（54.7%）	29345（99.2%）
合计	370993	193179（52.1%）	189959（98.3%）

注：包括合案申请外观设计专利，有共同申请人时利用分数计数法计算各申请人所属的产业，如果共同申请人不是韩国法人时，该申请人的份额不会被计入总量。

外观设计专利授权量的情况如下：排名前 5 位（2006—2009 年，2011—2014 年）的是“通信及广播设备制造（264）”“结构用金属制品、水槽及蒸汽发生器制造（251）”“灯泡及照明设备制造（284）”“其他化学制品制造（204）[1]”“塑料制品制造（222）”。尤其是“家庭用仪器制造（285）”“家庭用品批发（464）[2]”“房屋建筑及其他房屋建筑工程（424）”“家具制造（320）”“木制品制造（162）”“织物织造及织物制品制造（132）”等排在外观设计授权量排名前 20 位（见表 3-12）。

外观设计专利密集度排名前 20 位产业（小分类）见表 3-13。

---

[1] 主要申请人是 LG 生活健康、太平洋、Koreana 等化妆品制造公司。

[2] 主要申请人是 Hanssem。

表3-12　外观设计专利授权量排名前20位产业（小分类）　（单位：件）

排名	2006—2009年			2011—2014年		
	KSIC	产业分类	外观设计专利数	KSIC	产业分类	外观设计专利数
1	264	通信及广播设备制造	7412	264	通信及广播设备制造	10894
2	251	结构用金属制品、水槽及蒸汽发生器制造	5533	284	灯泡及照明设备制造	6157
3	284	灯泡及照明设备制造	4659	204	其他化学制品制造	4158
4	204	其他化学制品制造	4145	222	塑料制品制造	4495
5	222	塑料制品制造	2788	251	结构用金属制品、水槽及蒸汽发生器制造	4277
6	203	合成橡胶及塑料物质制造	2678	107	其他食品制造	3580
7	107	其他食品制造	2105	464	家庭用品批发	3262
8	285	家庭用仪器制造	2068	259	其他金属制品制造	2794
9	259	其他金属制品制造	2017	292	特殊目的用机器制造	2132
10	464	家庭用品批发	1979	132	织物织造及织物制品制造	2125
11	291	一般目的用机器制造	1669	301	汽车引擎及汽车制造	2085
12	301	汽车引擎及汽车制造	1553	425	房屋建筑及其他房屋建筑工程	2048
13	424	房屋建筑及其他房屋建筑工程	1543	291	一般目的用机器制造	2043
14	132	织物织造及织物制品制造	1519	262	电子零部件制造	2014
15	303	汽车零部件制造	1474	162	木制品制造	1958
16	281	电动机、发电机及电机变换、供给、控制设备制造	1232	285	家庭用仪器制造	1862
17	320	家具制造	1205	141	定制服装制造	1768
18	179	其他纸张及纸壳制品制造	1154	759	其他经营支援服务	1693
19	262	电子零部件制造	1066	303	汽车零部件制造	1680
20	292	特殊目的用机器制造	992	281	电动机、发电机及电机变换、供给、控制设备制造	1522

表3－13 外观设计专利密集度排名前20位产业（小分类） （单位：件）

排名	2006—2009年			2011—2014年		
	KSIC	产业分类	外观设计专利数	KSIC	产业分类	外观设计专利数
1	284	灯泡及照明设备制造	153.1	284	灯泡及照明设备制造	173.9
2	203	合成橡胶及塑料物质制造	113.5	331	贵金属及装饰品制造	139.4
3	333	运动及游戏用品制造	107.7	264	通信及广播设备制造	123.7
4	264	通信及广播设备制造	81.2	333	运动及游戏用品制造	119.9
5	319	其他运输设备制造	79.1	205	化学纤维制造	108.3
6	204	其他化学制品制造	72.1	162	木制品制造	75.1
7	285	家庭用仪器制造	62.8	204	其他化学制品制造	64.8
8	179	其他纸张及纸壳制品制造	61.4	334	玩偶、玩具及娱乐用品制造	59.4
9	205	化学纤维制造	60.9	285	家庭用仪器制造	59.1
10	251	结构用金属制品、水槽及蒸汽发生器制造	55.2	062	非铁金属采矿	54.2
11	331	贵金属及装饰品制造	41.9	319	其他运输设备制造	52.0
12	112	非酒精饮料及食用冰制造	36.1	732	专业设计	51.5
13	334	玩偶、玩具及娱乐用品制造	34.0	133	编织原材料及编织制品制造	48.7
14	163	软木及组合制品制造	30.9	112	非酒精饮料及食用冰制造	44.4
15	274	钟表及钟表零部件制造	29.9	251	结构用金属制品、水槽及蒸汽发生器制造	39.9
16	732	专业设计	27.6	289	其他电气设备制造	37.3
17	132	织物织造及织物制品制造	24.6	179	其他纸张及纸壳制品制造	34.5
18	289	其他电气设备制造	24.4	132	织物织造及织物制品制造	33.5
19	390	环境治理	22.9	152	制鞋及制鞋部件制造	32.5
20	232	陶瓷及其他窑业制品制造	22.8	271	医疗用仪器制造	32.0

外观设计专利密集度是各产业外观设计专利授权量除以平均从业人员数得出的结果，其排名结果如下：除第一产业（农林渔业、矿业）外，在小分类产业里平均外观设计专利密集度是2006—2009年（第一期）为9.0件/千人，高于产业平均水平的有52个外观设计专利密集型产业。外观设计专利密集度排名靠前的产业是“灯泡及照明设备制造（284）”“运动及游戏用品制造（333）”“贵金属及装饰品制造（331）”“玩偶、玩具及娱乐用品制造（334）”“钟表及钟表零部件制造（163）”“专业设计（732）”等外观设计比较活跃的产业（见表3-14）。

表3-14 外观设计专利密集度排名前20位产业（小分类）（2006—2009年）

排名	KSIC	产业分类	外观设计专利密集度（件/千人）	从业人员数（人，平均）	外观设计专利授权量（件，合计）
1	284	灯泡及照明设备制造	153.1	30434	4659
2	203	合成橡胶及塑料物质制造	113.5	23587	2678
3	333	运动及游戏用品制造	107.7	6167	664
4	264	通信及广播设备制造	81.2	91318	7412
5	319	其他运输设备制造	79.1	4423	350
6	204	其他化学制品制造	72.1	57470	4145
7	285	家庭用仪器制造	62.8	32936	2068
8	179	其他纸张及纸壳制品制造	61.4	18798	1154
9	205	化学纤维制造	60.9	5515	336
10	251	结构用金属制品、水槽及蒸汽发生器制造	55.2	100175	5533
11	331	贵金属及装饰品制造	41.9	8485	356
12	112	非酒精饮料及食用冰制造	36.1	8315	300
13	334	玩偶、玩具及娱乐用品制造	34.0	3569	122
14	163	软木及组合制品制造	30.9	502	16
15	274	钟表及钟表零部件制造	29.9	1657	50
16	732	专业设计	27.6	14704	406
17	132	织物织造及织物制品制造	24.6	61673	1519
18	289	其他电气设备制造	24.4	10766	262
19	390	环境治理	22.9	656	15
20	232	陶瓷及其他窑业制品制造	22.8	17303	394
整体产业			**9.0**	**72287**	**72302**

另外，还包括“合成橡胶及塑料物质制造（203）”“通信及广播设备制造（264）”“其他化学制品制造（204）”“化学纤维制造（205）”“环

境治理（390）”等看起来与外观设计专利毫无关联的产业，这是因为依照大型企业的产业分类，这些企业的主产业的外观设计专利密集度计算结果为密集度较高。例如，“化学纤维制造（205）”有 Hyosung、KOLON 等公司关于纤维、服装相关的外观设计专利，“其他化学制品制造（204）”有 LG 生活健康、太平洋等公司关于化妆品容器相关的外观设计专利，因此这些产业的外观设计专利密集度计算结果显示较高。

2011—2014 年（第二期），平均外观设计专利密集度是 11.1 件/千人，比第一期有所提升，但外观设计专利密集型产业的数量从 52 个减少到 50 个。外观设计专利密集度排名前 20 位的产业里，外观设计专利相关的产业排名有所提升，尤其“编织原材料及编织制品制造（133）”“制鞋及制鞋部件制造（152）”“医疗用仪器制造（271）”“商品综合批发（468）”等进入前 20 位，“环境治理（390）”跌出外观设计专利密集度排名前 20 位（见表 3－15）。

表 3－15 外观设计专利密集度排名前 20 位产业（小分类）（2011—2014 年）

排名	KSIC	产业分类	外观设计专利密集度	从业人员数（平均）	外观设计专利授权量（合计）
1	284	灯泡及照明设备制造	173.9	35400	6157
2	331	贵金属及装饰品制造	139.4	8954	1248
3	264	通信及广播设备制造	123.7	88058	10894
4	333	运动及游戏用品制造	119.9	6642	796
5	205	化学纤维制造	108.3	6558	711
6	162	木制品制造	75.1	26070	1958
7	204	其他化学制品制造	64.8	69744	4518
8	334	玩偶、玩具及娱乐用品制造	59.4	3588	213
9	285	家庭用仪器制造	59.1	31482	1862
10	319	其他运输设备制造	52.0	4835	251
11	732	专业设计	51.5	19730	1016
12	133	编织原材料及编织制品制造	48.7	6038	296
13	112	非酒精饮料及食用冰制造	44.4	8116	361
14	251	结构用金属制品、水槽及蒸汽发生器制造	39.9	107241	4277
15	289	其他电气设备制造	37.3	11649	435
16	179	其他纸张及纸壳制品制造	34.5	20376	703
17	132	织物织造及织物制品制造	33.5	63392	2125
18	152	制鞋及制鞋部件制造	32.5	19910	647
19	271	医疗用仪器制造	32.0	36526	1169
20	468	商品综合批发	20.3	16319	495
		整体产业	**11.1**	**84906**	**99990**

外观设计专利密集型产业数从2006—2009年（第一期）的52个减少到2011—2014年（第二期）的50个，减少了两个产业。在大分类上外观设计专利密集型产业主要分布在制造业（C）上，分别为第一期44个（占外观设计专利密集型产业的84.6%），第二期45个（90%），建筑业（F）和批发及零售业（G）的一部分产业也被分类到外观设计专利密集型产业（见表3－16）。

表3－16 韩国外观设计专利密集型产业的分布（KSIC小分类） （单位：个）

KSIC大分类（小分类产业数）		2006—2009年		2011—2014年	
		密集型产业数	比例	密集型产业数	比例
A 农业、林业及渔业	(8)	0	0.0%	0	0.0%
B 采矿业	(7)	0	0.0%	0	0.0%
C 制造业	(83)	44	84.6%	45	90.0%
D 电气、燃气、蒸汽及水的供应	(4)	0	0.0%	0	0.0%
E 污水处理、废物、材料回收和环境治理	(5)	1	1.9%	0	0.0%
F 建筑业	(7)	2	3.8%	1	2.0%
G 批发和零售业	(20)	2	3.8%	3	6.0%
H 运输业	(11)	0	0.0%	0	0.0%
I 住宿及餐饮服务活动	(4)	0	0.0%	0	0.0%
J 出版、播放、通信及信息服务业	(11)	1	1.9%	0	0.0%
K 金融和保险活动	(8)	0	0.0%	0	0.0%
L 房地产及租赁业	(6)	0	0.0%	0	0.0%
M 专业、科学及技术服务	(13)	2	3.8%	1	2.0%
N 商业设备管理及商业支持服务	(7)	0	0.0%	0	0.0%
O 公共管理和国防、强制性社会保障	(5)	0	0.0%	0	0.0%
P 教育服务业	(7)	0	0.0%	0	0.0%
Q 医疗保健及社会工作活动	(6)	0	0.0%	0	0.0%
R 艺术、体育及休闲相关服务	(4)	0	0.0%	0	0.0%
S 协会及团体，维修和其他个人服务活动	(8)	0	0.0%	0	0.0%
合计	(224)	52	100%	50	100%

外观设计专利密集型产业的第一期和第二期有变动较多的产业。第一期的外观设计专利密集型产业中“玻璃及玻璃制品制造（231）”等11个产业在第二期没有被分类到外观设计专利密集型产业，但有“酒精饮料制造（111）”“定制服装制造（141）”“服装装饰品制造（144）”“乐器制造（332）”“家庭用品批发（464）”等9个产业增加到外观设计专利密集型产业中。其余41个产业没有变动，依然被分类到外观设计专利密集型产业中（见表3－17）。

表3-17 韩国外观设计专利密集型产业的变化（2006—2009年→2011—2014年）

增加的外观设计专利密集型产业		排除的外观设计专利密集型产业	
111	酒精饮料制造	182	记录媒介复制
133	编织原材料及编织制品制造	221	橡胶制品制造
139	其他纤维制品制造	231	玻璃及玻璃制品制造
141	定制服装制造	242	基本非铁金属的制造
144	服装装饰品制造	243	金属铸造
213	医疗用品及其他医药相关制品制造	291	一般目的用机器制造
313	航空器、宇宙飞船及零部件制造	302	汽车车体及拖车制造
332	乐器制造	390	环境治理
464	家庭用品批发	422	建筑设备设置施工
		631	资料处理、托管、门户及其他网络信息媒介服务
		715	总公司、持股公司及经营咨询服务

三、商标密集型产业

2006—2014年韩国法人注册的商标（包括多类商标）总计438721件，占整体商标注册量（796733件）的55.1%。为了确认申请人的产业代码，利用KISLINE企业信息关联到注册商标的97.3%。KSIC小分类中，为了统计各产业注册量，将上位分类产业（中分类）的1366件注册商标重新分类为下位分类产业，2006—2014年共有224个产业的426848件注册商标（见表3-18）。

表3-18 分析对象商标注册量 （单位：件，%）

授权年份	商标注册量	韩国法人授权量	企业信息关联
2006	103829	60225（58.0%）	58530（97.2%）
2007	98365	53785（54.7%）	52429（97.5%）
2008	114361	62625（54.8%）	60926（97.3%）
2009	83044	43774（52.7%）	42497（97.1%）
2010	69414	37979（54.7%）	36671（96.6%）
2011	67192	37895（56.4%）	36443（96.2%）
2012	71955	39401（54.8%）	38594（98.0%）
2013	95747	53371（55.7%）	52107（97.6%）
2014	92826	49666（53.5%）	48651（98.0%）
合计	796733	438721（55.1%）	426848（97.3%）

注：多类商标中，存在共同申请人时使用分数计数法分配给各申请人所属的产业，如果共同申请人不是韩国法人，该申请人的份额不会被计入总量。

表3-19为商标注册量排名前20位的产业，包括：1）持股公司所属的“总公司、持股公司及经营咨询服务（715）”和“保险（651）”“银行及储蓄机构（641）”等需要较高的消费者认知度的产业；2）“家庭用品批发（464）”“酒精/非酒精制造（111/112）”“其他食品制造（107）”“药品制造（212）”等消费材料产业；3）“家庭用品批发（464）”“饮料食品及香烟批发（463）”“综合零售（471）”“其他专门批发（467）”“商品综合批发（468）”等流通产业。

表3-19 商标注册量排名前20位产业（小分类）

排名	2006—2009年			2011—2014年		
	KSIC	产业分类	商标件数	KSIC	产业分类	商标件数
1	204	其他化学制品制造	19741	204	其他化学制品制造	19458
2	715	总公司、持股公司及经营咨询服务	15560	464	家庭用品批发	9819
3	107	其他食品制造	15411	107	其他食品制造	8963
4	212	药品制造	8726	582	软件开发及供给	8328
5	464	家庭用品批发	8384	715	总公司、持股公司及经营咨询服务	7656
6	141	定制服装制造	8328	141	定制服装制造	6548
7	463	饮料食品及香烟批发	5529	463	饮料食品及香烟批发	5248
8	612	电气通信	4863	212	药品制造	4276
9	264	通信及广播设备制造	4800	471	综合零售	4150
10	582	软件开发及供给	4690	264	通信及广播设备制造	3657
11	581	书籍、杂志及其他印刷品出版	4261	581	书籍、杂志及其他印刷品出版	3253
12	641	银行及储蓄机构	4036	479	无店面零售	3137
13	471	综合零售	3626	641	银行及储蓄机构	2903
14	105	农产品及食用冰制造	3541	612	电气通信	2835
15	649	其他金融	3423	949	其他协会及团体	2510
16	651	保险	3029	649	其他金融	2442
17	411	建筑物建设	2786	465	机器设备及相关物品批发	2243
18	112	非酒精饮料及食用冰制造	2469	222	塑料制品制造	1897
19	467	其他专门批发	2457	969	其他个人服务	1881
20	468	商品综合批发	2297	467	其他专门批发	1813

商标密集度是各产业商标注册量除以平均从业人员数的结果，商标密集型产业的情况如下：除第一产业（农林渔业、矿业）外，209个小分类产业的平均商标密集度在2006—2009年（第一期）为29.4件/千人，高

于平均密集度的商标密集型产业有51个。商标密集型产业包括“药品制造（212）”“其他化学制品制造（204）”“基础药物及生物制剂制造（211）”“化肥及氮化合物制造（202）”等化学/药品制造和“农产品及食用冰制造（105）”“非酒精饮料及食用冰制造（112）”“香烟制造（120）”等注重品牌和营销的食品饮料相关制造业。另外，“磁及光学媒介制造（266）”“广播出版及原版录音（592）”“其他信息服务（639）”“资料处理、托管、门户及其他网络信息媒介服务（631）”等信息服务相关产业也分类到商标密集型产业（见表3－20）。

商标密集度排名前20位产业（小分类）（2006—2009年）见表3－21。

表3－20　商标密集度排名前20位产业（小分类）

排名	2006—2009年			2011—2014年		
	KSIC	产业分类	商标件数	KSIC	产业分类	商标件数
1	212	药品制造	347.9	592	广播出版及原版录音	313.4
2	204	其他化学制品制造	343.5	204	其他化学制品制造	279.0
3	105	农产品及食用冰制造	335.3	120	香烟制造	205.3
4	112	非酒精饮料及食用冰制造	296.9	212	药品制造	176.3
5	111	酒精饮料制造	249.1	211	基础药物及生物制剂制造	130.7
6	120	香烟制造	192.8	205	化学纤维制造	125.7
7	266	磁及光学媒介制造	179.1	112	非酒精饮料及食用冰制造	120.2
8	211	基础药物及生物制剂制造	164.3	105	农产品及食用冰制造	114.8
9	468	商品综合批发	161.6	694	无形资产租赁	114.6
10	715	总公司、持股公司及经营咨询服务	150.0	202	化肥及氮化合物制造	89.9
11	202	化肥及氮化合物制造	128.8	468	商品综合批发	86.9
12	205	化学纤维制造	124.9	111	酒精饮料制造	79.5
13	107	其他食品制造	117.5	639	其他信息服务	78.4
14	592	广播出版及原版录音	112.1	333	运动及游戏用品制造	67.9
15	639	其他信息服务	101.2	213	医疗用品及其他医药相关制品制造	67.8
16	612	电气通信	89.8	334	玩偶、玩具及娱乐用品制造	64.6
17	333	运动及游戏用品制造	88.3	107	其他食品制造	62.9
18	108	动物饲料及调制品制造	87.9	631	资料处理、托管、门户及其他网络信息媒介服务	60.9
19	631	资料处理、托管、门户及其他网络信息媒介服务	81.0	612	电气通信	59.5
20	649	其他金融	74.7	581	书籍、杂志及其他印刷品出版	58.9

表3-21 商标密集度排名前20位产业（小分类）（2006—2009年）

排名	KSIC	产业分类	商标密集度（件/千人）	从业人员数（人，平均）	商标注册数（件，合计）
1	212	药品制造	347.9	25082	8726
2	204	其他化学制品制造	343.5	57470	19741
3	105	农产品及食用冰制造	335.3	10559	3541
4	112	非酒精饮料及食用冰制造	296.9	8315	2469
5	111	酒精饮料制造	249.1	8588	2139
6	120	香烟制造	192.8	2676	516
7	266	磁及光学媒介制造	179.1	1235	221
8	211	基础药物及生物制剂制造	164.3	3708	609
9	468	商品综合批发	161.6	14211	2297
10	715	总公司、持股公司及经营咨询服务	150.0	103709	15560
11	202	化肥及氮化合物制造	128.8	6764	872
12	205	化学纤维制造	124.9	5515	689
13	107	其他食品制造	117.5	131156	15411
14	592	广播出版及原版录音	112.1	1945	218
15	639	其他信息服务	101.2	11987	1213
16	612	电气通信	89.8	54128	4863
17	333	运动及游戏用品制造	88.3	6167	544
18	108	动物饲料及调制品制造	87.9	8847	777
19	631	资料处理、托管、门户及其他网络信息媒介服务	81.0	16043	1300
20	649	其他金融	74.7	45819	3423
整体产业			**29.4**	**72287**	**214376**

2011—2014年（第二期）的平均商标密集度是20.5件/千人，与第一期相比小幅下降。虽然密集型产业的分类标准整体下降，但商标密集型产业数量减少到50个。商标密集度排名前20位的产业里，一部分商标密集型产业的排名顺序有所变化。尤其新增“无形资产租赁（694）”，另外“医疗用品及其他医药相关制品制造（213）”“玩偶、玩具及娱乐用品制造（334）”进入前20位，相反“磁及光学媒介制造（266）”不仅跌出前20位，还排除在商标密集型产业之外（见表3-22）。

表 3-22 商标密集度排名前 20 位产业（小分类）（2011—2014 年）

排名	KSIC	产业分类	商标密集度（件/千人）	从业人员数（人，平均）	商标注册数（件，合计）
1	592	广播出版及原版录音	313.4	2975	933
2	204	其他化学制品制造	279.0	69744	19458
3	120	香烟制造	205.3	2090	429
4	212	药品制造	176.3	24250	4276
5	211	基础药物及生物制剂制造	130.7	5496	718
6	205	化学纤维制造	125.7	6558	825
7	112	非酒精饮料及食用冰制造	120.2	8116	975
8	105	农产品及食用冰制造	114.8	10210	1172
9	694	无形资产租赁	114.6	585	67
10	202	化肥及氮化合物制造	89.9	7001	630
11	468	商品综合批发	86.9	16319	1419
12	111	酒精饮料制造	79.5	8570	681
13	639	其他信息服务	78.4	14622	1147
14	333	运动及游戏用品制造	67.9	6642	451
15	213	医疗用品及其他医药相关制品制造	67.8	4283	291
16	334	玩偶、玩具及娱乐用品制造	64.6	3588	232
17	107	其他食品制造	62.9	142428	8963
18	631	资料处理、托管、门户及其他网络信息媒介服务	60.9	23595	1436
19	612	电气通信	59.5	47637	2835
20	581	书籍、杂志及其他印刷品出版	58.9	55258	3253
整体产业			**20.5**	**84906**	**175792**

商标密集型产业的数量，2011—2014 年（第二期）比 2006—2009 年（第一期）减少了 1 个。大分类里，商标密集型产业主要分布在制造业（C），第一期有 33 个（占商标密集型产业的 64.7%），第二期有 32 个（64.0%），“出版、播放、广播通信及信息服务业（J）”也有 8 个产业入选商标密集型产业（第一期商标密集型产业的 15.7%，第二期 16.0%）（见表 3-23）。

表 3－23 韩国商标密集型产业的分布（KSIC 小分类） （单位：个）

KSIC 大分类（小分类产业数）		2006—2009 年		2011—2014 年	
		密集型产业数	比例	密集型产业数	比例
A 农业、林业及渔业	(8)	0	0.0%	0	0.0%
B 采矿业	(7)	0	0.0%	0	0.0%
C 制造业	(83)	33	64.7%	32	64.0%
D 电气、燃气、蒸汽及水的供应	(4)	0	0.0%	0	0.0%
E 污水处理、废物、材料回收和环境治理	(5)	0	0.0%	0	0.0%
F 建筑业	(7)	0	0.0%	0	0.0%
G 批发和零售业	(20)	2	3.9%	3	6.0%
H 运输业	(11)	2	3.9%	0	0.0%
I 住宿及餐饮服务活动	(4)	0	0.0%	0	0.0%
J 出版、播放、通信及信息服务	(11)	8	15.7%	8	16.0%
K 金融和保险活动	(8)	1	2.0%	2	4.0%
L 房地产及租赁业	(6)	1	2.0%	2	4.0%
M 专业、科学及技术服务	(13)	3	5.9%	2	4.0%
N 商业设备管理及商业支持服务	(7)	0	0.0%	0	0.0%
O 公共管理和国防、强制性社会保障	(5)	0	0.0%	0	0.0%
P 教育服务业	(7)	1	2.0%	1	2.0%
Q 医疗保健及社会工作活动	(6)	0	0.0%	0	0.0%
R 艺术、体育及休闲相关服务	(4)	0	0.0%	0	0.0%
S 协会及团体，维修和其他个人服务活动	(8)	0	0.0%	0	0.0%
合计	(224)	51	100%	50	100%

第一期和第二期变动的产业如下：第二期排除了“磁及光学媒介制造（266）”等 9 个产业，同时新增了“无形资产租赁（694）”“服装装饰品制造（144）”“乐器制造（332）”“投资机构（642）”等 8 个产业。其余 42 个产业保持不变（见表 3－24）。

表 3－24 韩国的商标密集型产业的变化（2006—2009 年→2011—2014 年）

商标密集型产业新增产业		商标密集型产业排除产业	
103	果实、蔬菜加工及储藏加工	142	毛皮加工及毛皮制品制造
144	服装装饰品制造	182	记录媒介复制
263	电脑及周边设施制造	233	水泥、石灰、石膏及制品制造
289	其他电气设备制造	266	磁及光学媒介制造
332	乐器制造	283	绝缘线及光缆制造
463	饮料食品及香烟批发	319	其他运输设备制造
642	投资机构	495	管道运输
694	无形资产租赁	501	海上运输
		732	专业设计

四、版权密集型产业

如前所述，版权密集型产业是将统计局的版权产业特殊分类中核心版权产业的86个KSIC微分类，与美国著作权分类标准对比，将与著作权的创作、生产有直接关系的37个版权密集型产业整合到细分类和小分类。将微分类的产业整合到细分类的过程中，细分类产业的营业收入中，微分类的版权密集型产业营业收入比例低于50%的产业就排除在版权密集型产业外。例如，版权密集型产业"翻译及同传服务（KSIC 73902）"的上位分类是"其他专业、科学及技术服务（KSIC 7390）"，该分类里除"翻译及同传服务（73902）"之外，还有与著作权不相关的"经纪业（73901）""业务及无形资产中介（73903）""物品鉴定、计量及标本提取（73904）""其他未分类的专业、科学及技术服务（73909）"等5个微分类产业。产业分类7390的营业收入中，著作权密集型产业73902的营业收入2010年为9.2%，2015年为8.7%，占比较少，因此细分类"其他专业、科学及技术服务（7390）"被排除在版权密集型产业。同样，核心版权密集型产业中，与著作权有部分关联的"文件制作（KSIC 75911）"的上位分类"行政支援服务（KSIC7591）"分为"文件制作（75911）""复印（75912）""其他行政支援服务（75919）""行政支援服务（7591）"中，"文件制作（75911）"的营业收入比例是2010年为13.2%，2015年为4.2%，占比相对较低，因此从版权密集型产业中排除。"专业设计（7320）"也排除到版权密集型产业之外，最终认定的细分类版权密集型产业是18个。

将细分类整合到小分类产业时，小分类产业营业收入中微分类版权密集型产业营业收入比例低于50%的排除在版权密集型产业之外。整合到细分类时排除了"专业设计（732）"等3个产业，同时整合到小分类时又排除了"其他信息服务（639）"和"创作及艺术相关服务（901）"❶。因此，版权密集型产业在小分类上认定了"书籍、杂志等其他印刷品出版（581）"等10个产业。

表3-25是将版权密集型产业从微分类整合到细分类，另外通过整合到细分类的方法认定的小分类版权密集型产业的筛选结果，从表格中可以

❶ 其他信息服务（639）中新闻提供（63910）的营业收入比例是2010年为11.5%，2015年为7.9%，专业设计（732）中视觉设计（73202）的营业收入比例是2010年为26.5%，2015年为26.3%，创作及艺术相关服务（901）中表演团体（90121）~非表演艺术家（90132）的营业收入比例是2010年为12.9%，2015年为16.2%（销售额参考统计局的经济普查数据）。

看出第一期（2010 年营业收入为准）和第二期（2015 年营业收入为准）的结果相同，版权密集型产业没有变动。

表 3－25 韩国版权密集型产业的认定结果

微分类标准		微分类整合		小分类整合	
58111	教科书及学习书籍出版	5811	书籍出版	581	书籍、杂志及其他印刷品出版
58112	漫画出版				
58119	其他书籍出版				
58121	报纸发行	5812	报纸、杂志及定期刊物出版		
58122	杂志及定期刊物发行				
58123	定期广告刊物发行				
58211	线上、手机游戏软件开发及供给	5821	游戏软件开发及供给	582	软件开发及供给
58219	其他游戏软件开发及供给				
58221	系统软件开发及供给	5822	系统/应用软件开发及供给		
58222	应用软件开发及供给				
59111	一般电影及视频制作	5911	电影、视频及广播节目制作	591	电影、视频及广播节目制作
59112	动画及视频制作				
59113	广告、电影及视频制作				
59114	广播节目制作				
59201	音乐及其他音频出版	5920	音频出版及原版录音	592	音频出版及原版录音
60100	广播播放	6010	广播播放	601	广播播放
60210	电视台播放	6021	电视台播放	602	电视播放
60221	节目供给	6022	有线、卫星及其他播放		
60222	有线播放				
60229	卫星及其他播放				
62010	电脑编程服务	6201	电脑编程服务	620	电脑编程、系统整合及管理
62021	电脑系统整合咨询及搭建服务	6202	电脑系统整合咨询、搭建及管理		
63910	新闻提供	6391	新闻提供	除（639 其他信息服务）	
71310	广告	7131	广告	713	广告
71391	室外及展览广告	7139	其他广告		
71393	广告制作				
71400	市场调查及舆论调查	7140	市场调查及舆论调查	714	市场调查及舆论调查
73203	视觉设计	除（7320 专业设计）		除（7320 专业设计）	

续表

微分类标准		微分类整合		小分类整合	
73301	人物摄影及活动用视频摄影	7330	摄像及加工	733	摄像及加工
73302	商业用摄影				
73902	翻译及同传服务	除（7390 其他专业、科学及技术服务）		除（7390 其他专业、科学及技术服务）	
75911	文件制作	除（7591 行政支援服务）		除（7591 行政支援服务）	
90121	表演团体	9012	表演团体	除（901 创作及艺术相关服务）	
90122	舞蹈及音乐团体				
90123	其他表演团体				
90131	表演艺术家	9013	艺术家		
90132	非表演艺术家				

韩国标准产业分类大分类中，版权密集型产业中7个产业主要分布于“出版、播放、广播通信及信息服务业（J）”，还有3个分布于“专业、科学及技术服务”，呈现集中分布的趋势（见表3-26）。

表3-26 韩国版权密集型产业的分布（KSIC小分类） （单位：个）

KSIC大分类（小分类产业数）		版权密集型产业数	比例
A农业、林业及渔业	(8)	0	0.0%
B采矿业	(7)	0	0.0%
C制造业	(83)	0	0.0%
D电气、燃气、蒸汽及水的供应	(4)	0	0.0%
E污水处理、废物、材料回收和环境治理	(5)	0	0.0%
F建筑业	(7)	0	0.0%
G批发和零售业	(20)	0	0.0%
H运输业	(11)	0	0.0%
I住宿及餐饮服务活动	(4)	0	0.0%
J出版、播放、通信及信息服务业	(11)	7	70.0%
K金融和保险活动	(8)	0	0.0%
L房地产及租赁业	(6)	0	0.0%
M专业、科学及技术服务	(13)	3	30.0%
N商业设备管理及商业支持服务	(7)	0	0.0%
O公共管理和国防、强制性社会保障	(5)	0	0.0%
P教育服务业	(7)	0	0.0%
Q医疗保健及社会工作活动	(6)	0	0.0%
R艺术、体育及休闲相关服务	(4)	0	0.0%
S协会及团体，维修和其他个人服务活动	(8)	0	0.0%
合计	(224)	10	100.0%

第三节　知识产权密集型产业分类结果的趋势比较

本节在 KSIC 小分类里，针对发明专利、外观设计专利、商标、著作权各类型分成第一期（2006—2009 年）和第二期（2011—2014 年）两个时间段，利用各类型知识产权的授权量和从业人员数计算出发明专利、外观设计专利、商标的密集度，以此为标准认定了发明专利、外观设计专利、商标密集型产业。发明专利、外观设计专利、商标密集型产业及版权密集型产业的知识产权密集型产业具有各类型知识产权重复存在的特点。

本报告中：1）在小分类上分类了知识产权密集型产业；2）认定知识产权密集型产业的时间段（2006—2009 年，2011—2014 年）与已有研究［2008—2012 年（特许厅、韩国知识产权研究院，2014）］有所不同。利用相同的方法论，针对不同的分类标准进行分析的结果显示，能够减少知识产权数据库、企业信息数据库、统计局数据库间关联误差的是"KSIC 小分类"。随着分析单位整合到小分类，知识产权密集型产业的比例也有所提升（见表 3－27）。

表 3－27　韩国知识产权密集型产业分类结果　（单位：个）

种类	KSIC 微分类		KSIC 细分类		KSIC 小分类		已有研究
	2006—2009 年	2011—2014 年	2006—2009 年	2011—2014 年	2006—2009 年	2011—2014 年	2008—2012 年
发明专利	152（13.3%）	142（12.5%）	55（11.4%）	77（15.9%）	41（18.3%）	50（22.3%）	74（15.5%）
外观设计专利	188（16.5%）	189（16.6%）	88（18.2%）	67（13.9%）	52（23.2%）	50（22.3%）	67（14.0%）
商标	149（13.1%）	184（16.1%）	28（5.8%）	72（14.9%）	51（22.8%）	50（22.3%）	61（12.8%）
著作权	37（3.2%）	37（3.2%）	18（3.7%）	18（3.7%）	10（4.5%）	10（4.5%）	19（4.0%）
知识产权密集型产业合计	357（31.3%）	370（32.5%）	137（28.4%）	158（32.7%）	96（42.9%）	100（44.6%）	152（31.8%）
整体产业数	1140		483		224		478

注：已有研究是特许厅、韩国知识产权研究院（2014）的研究结果。

特许厅、韩国知识产权研究院（2014）的研究中，在 483 个 KSIC 细分类产业中认定了 152 个（31.5%）知识产权密集型产业。研究结果显示发明专利密集型产业的占比最高，比例为 15.3%，其余依次为商标（13.9%）、外观设计专利（12.6%）、著作权（3.9%）。针对研究结果，进行分析后认为各产业工业产权授权量（企业）和从业人员数（工商户）的关联单位不一致❶导致出现各类型知识产权密集度的不一致。另外，计算密集度时，使用的韩国各产业工业产权授权量和各产业从业人员数的变动性较大也影响了研究结果。

如前所述，分析比较第一期和第二期各类型知识产权授权量排名前 20 位的产业时，发现其排名顺序变动较大，还有增加或排除的产业（见表 3－28）。尤其，2008 年施行韩国标准产业分类第 9 版时，各产业从业人员数（知识产权密集度中相当于“分母”）产生了变动，随之各产业知识产权密集度也出现了异常值。从统计结果来看，认定知识产权密集型产业的方法论是否适用于韩国，还不能下定论。

表 3－28　韩国知识产权密集型产业的变化（2006—2009 年→2011—2014 年）

知识产权密集型产业新增产业		知识产权密集型产业排除产业	
103	水果、蔬菜加工及储藏处理	142	毛皮加工及毛皮制品制造
133	编织原材料及编织制品制造	182	记录媒介复制
139	其他纤维制品制造	231	玻璃及玻璃制品制造
144	服装装饰品制造	242	基本非铁金属的制造
252	武器及枪炮制造	243	金属铸造
311	船舶及快艇制造	283	绝缘线及光缆制造
332	乐器制造	422	建筑设备设置施工
351	电气	501	海上运输
463	饮料食品及香烟批发		
642	投资机构		
694	无形资产租赁		
729	其他科学技术服务		

第一期认定的 96 个知识产权密集型产业中，外观设计专利密集型产业为 52 个，是占比最高的产业，其次为商标密集型产业（51 个）和发明专利密集型产业（41 个）。第二期知识产权密集型产业排除了“毛皮加工及毛皮制品制造（142）”等 8 个产业，新增了“投资机构（642）”“无形资产租赁（694）”“其他科学技术服务（729）”等 12 个产业，最终认定

❶ 计算知识产权密集度的各产业授权量是以申请人（KISLINE 数据库与知识产权数据库关联）的主产业为准进行统计，而各产业从业人员数是以工商户（统计局的全国工商户调查）为准进行统计，因此容易出现相同的从业人员分配到多个产业的情况。

结果为100个产业。第一期中88个产业持续入选第二期密集型产业。第二期，发明专利、外观设计专利、商标密集型产业分别为50个，占比相同，也就是发明专利密集型产业的数量增加，外观设计专利和商标密集型产业的数量有所减少。版权密集型产业依据“核心版权产业中与著作权作品的创作及生产相关的产业”这一标准进行分类，结果没有任何变动。

美国的第一次报告和第二次报告中认定的知识产权密集型产业数相同，这一点上韩国与美国的情况有所不同。美国的第二次报告中，新增或排除了一些产业，但整体数量还是保持不变。另外，欧洲的知识产权密集型产业没有变化，在相同数据条件下，增加了植物新品种保护密集型产业。欧洲的版权密集型产业分类标准变更导致一部分相互依存性版权产业及部分版权产业进入版权密集型产业中（见表3－29）。

表3－29　各国知识产权密集型产业分类结果比较　（单位：件）

密集型产业	美国		欧洲		韩国（本报告）	
	2004—2008年	2009—2013年	2004—2008年（第一次，第二次）		2006—2009年	2011—2014年
发明专利	26（8.3%）*	26（8.3%）	140（22.8%）	140（22.8%）	41（18.3%）	50（22.3%）
外观设计专利	—	—	165（26.8%）	165（26.8%）	52（23.2%）	50（22.3%）
商标	60（19.2%）	60（19.2%）	277（45.0%）	277（45.0%）	51（22.8%）	50（22.3%）
著作权	13（4.2%）	13（4.2%）	33（5.4%）	79（12.8%）	10（4.5%）	10（4.5%）
地理标志	—	—	4（0.7%）	4（0.7%）	—	—
植物新品种	—	—	—	6（1.0%）	—	—
知识产权密集型产业	75（24.0%）	75（24.0%）	321（52.2%）	342（55.6%）	96（42.9%）	100（44.6%）
整体产业	313		615		224	

注：年份是计算知识产权密集度时应用的知识产权或授权量及从业人员数统计的时间段，各知识产权密集型产业之间存在重复的领域。

* 比例＝各类型知识产权密集型产业数/整体产业数

KSIC大分类中，韩国的知识产权密集型产业分布情况如表3－30所示：发明专利、外观设计专利、商标等知识产权密集型产业的67%集中在制造业（C），另外20%左右是“出版、播放、广播通信及信息服务业（J）”“专业、科学及技术服务（M）”。版权密集型产业的特点是只分布在J和M产业上。

表3-30　韩国知识产权密集型产业的分布（KSIC小分类）* （单位：个，%）

KSIC大分类（小分类产业数量）	2006—2009年					2011—2014年				
	发明专利	外观设计专利	商标	著作权	合计	发明专利	外观设计专利	商标	著作权	合计
A农业、林业及渔业 (8)	0	0	0	0	0	0	0	0	0	0
B采矿业 (7)	0	0	0	0	0	0	0	0	0	0
C制造业 (83)	31	44	33	0	65	37	45	32	0	66
D电气、燃气、蒸汽及水的供应 (4)	0	0	0	0	0	1	0	0	0	1
E污水处理、废物、材料回收和环境治理 (5)	1	1	0	0	1	1	0	0	0	1
F建筑业 (7)	0	2	0	0	2	0	1	0	0	1
G批发和零售业 (20)	0	2	2	0	3	0	3	3	0	4
H运输业 (11)	0	0	2	0	2	1	0	0	0	1
I住宿及餐饮服务活动 (4)	0	0	0	0	0	0	0	0	0	0
J出版、播放、通信及信息服务业 (11)	4	1	8	7	10	4	0	8	7	10
K金融和保险活动 (8)	0	0	1	0	1	0	0	2	0	2
L房地产及租赁业 (6)	0	0	1	0	1	0	0	2	0	2
M专业、科学及技术服务 (13)	4	2	3	3	9	5	1	2	3	10
N商业设备管理及商业支持服务 (7)	1	0	0	0	1	1	0	0	0	1
O公共管理和国防、强制性社会保障 (5)	0	0	0	0	0	0	0	0	0	0
P教育服务业 (7)	0	0	1	0	1	0	0	1	0	1
Q医疗保健及社会工作活动 (6)	0	0	0	0	0	0	0	0	0	0
R艺术、体育及休闲相关服务 (4)	0	0	0	0	0	0	0	0	0	0
S协会及团体，维修和其他个人服务活动 (8)	0	0	0	0	0	0	0	0	0	0
合计 (224)	41	52	51	10	96	50	50	50	10	100

* 表内数据按原文，不确定数据之间是什么关系、哪列数据对应百分号。——译者注

表3－31和图3－3是各类型知识产权密集型产业的重复领域。首先，3个类型的知识产权同时密集的产业，也就是发明专利＋外观设计专利＋商标密集型产业第一期有10个，第二期有11个，发明专利＋商标＋版权密集型产业只有1个，是“软件开发及供给（582）”。

表3－31　各类型知识产权密集型产业重复领域　（单位：个，%）

知识产权密集型产业类型	2006—2009年（产业数量，整体产业对比）	2011—2014年（产业数量，整体产业对比）
发明专利	12　5.4%	21　9.4%
外观设计专利	15　6.7%	13　5.8%
商标	17　7.6%	13　5.8%
著作权	5　2.2%	5　2.2%
发明专利＋外观设计专利	13　5.8%	11　4.9%
发明专利＋商标	5　2.2%	6　2.7%
外观设计专利＋商标	14　6.3%	15　6.7%
商标＋著作权	4　1.8%	4　1.8%
专利发明＋外观设计专利＋商标	10　4.5%	11　4.9%
专利发明＋商标＋著作权	1　0.4%	1　0.4%
知识产权密集型产业合计	96　42.9%	100　44.6%
非知识产权密集型产业	128　57.1%	124　55.4%
整体产业	224　100.0%	224　100.0%

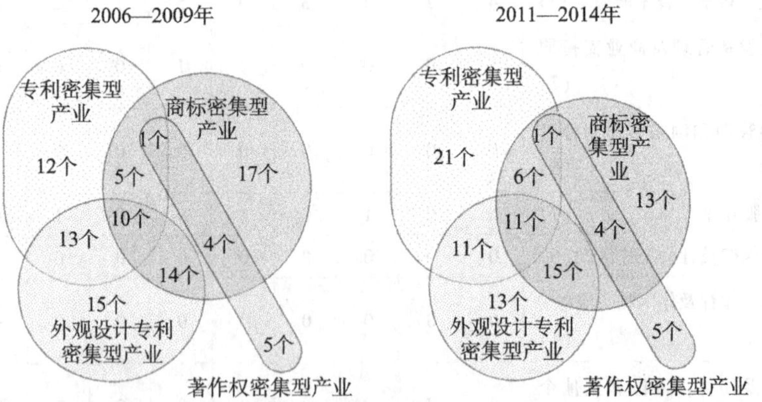

图3－3　各类型知识产权密集型产业的重复情况

两个类型重复的密集型产业中，外观设计专利＋商标的占比最高，发明专利＋外观设计专利、发明专利＋商标等工业产权重复的产业是32个

（第一期和第二期相同）。也就是，发明专利、外观设计专利、商标根据企业的战略性目的相互交叉使用。相反，著作权领域只有4个产业是商标+版权密集型产业，也表示韩国企业不会交叉使用发明专利、外观设计专利和著作权。

只在发明专利、外观设计专利、商标、著作权领域被分类为密集型产业的第一期有49个，第二期52个，整体呈现上升趋势，但发明专利密集型产业从12个增加到21个，外观设计专利密集型产业和商标密集型产业分别减少了一些产业。只分类为发明专利密集型产业的代表性产业是“半导体制造（261）”“汽车零部件制造（303）”“电子零部件制造（262）”等中间材料制造产业。只分类为外观设计专利密集型产业的是“专业设计（732）”“木制品制造（162）”“家具制造（320）”“房屋建筑及其他房屋建筑工程（424）”等装修部件的设计及制造相关的产业。只分类为商标密集型产业的主要产业是“投资机构（642）”“总公司、持股公司及经营咨询服务（715）”“教育支援服务（857）”等服务业。

两个时间段中，至少有一个阶段入选知识产权密集型产业的，韩国标准产业分类第9版小分类里共有108个（附录3）。知识产权密集型产业目录以韩国标准产业分类第10次（2017年7月）修正为准进行整理的结果参考附录4。在此过程中，统计局的微分类（5位）上利用提供变更内容的韩国标准产业分类第9版、第10版关联表。本报告中，小分类上知识产权密集型产业的名称变更、产业代码变更、产业整合及再分类等发生全面改正时，适用到知识产权密集型产业的分类❶。例如，“汽车零部件制造（303）”在第10次修正时，被分为“汽车新品零部件制造（303）”和“汽车再制造零部件制造（304）”。这种情况下，利用当前密集型产业的主申请人在KISLINE数据库中确认第10版KSIC主产业分类（见表3-32）。

发明专利密集型产业“汽车零部件制造（303）”的主要申请人是现代MOBIS（KSIC 30399）、现代WIA（30391）、SUNGWOO HITECH（30320），KSIC第10版中被分到“汽车新品零部件制造（303）”的企业。

❶ 例如：其他食品制造（KSIC 107）有20个微分类，其中一个是“面类、通心粉及相似食品制造（10730）”，根据面类制造用谷物面团的包含与否，分成小分类106（10613谷物混合粉末及面团制造）和107（10730面类、通心粉及相似食品制造），但并没有反映此分类。

表 3-32 第 9 版和第 10 版关于知识产权密集型产业分类变化内容（KSIC 小分类）

第 9 版 KSIC		第 10 版 KSIC		备注
202	化肥及氮化合物制造	203	化肥、农药及杀菌、杀虫剂制造	名称变更
203	合成橡胶及塑料物质制造	202	合成橡胶及塑料物质制造	
232	陶瓷及其他窑业制品制造	232	耐火、非耐火窑业制品制造	
303	汽车零部件制造	303	汽车新品零部件制造	
642	投资机构	642	信托及集合信托	
694	无形资产租赁	764	无形资产租赁	代码变更
715	总公司、持股公司及经营咨询服务	649	其他金融	代码变更 产业整合

而且，分类知识产权密集型产业时起到重要作用的，微分类产业修正时已经反映到修正内容里。例如、发明专利、外观设计专利、商标等授权量里占据较大比例的“非金融持股公司（71520）”在第 10 次修正时变更为“持股公司（64992）”，当前的金融/非金融持股公司的产业分类被整合，第 9 版 KSIC 标准下被分类到知识产权密集型产业的“总公司、持股公司及经营咨询服务（715）”变更为第 10 版的“其他金融（694）”。

第四章　知识产权密集型产业的经济贡献度分析

第一节　数据及方法论

本章讨论利用第三章认定的韩国知识产权密集型产业分类，从“贡献度”方面分析知识产权密集型产业对国民经济产生的经济效果，并与美国、欧洲的结果进行对比分析，以期提供一些相关的启示。经济贡献度分析方法一般有产业关联分析、计量分析等多种方法，但本报告依据 WIPO 的指南分析版权密集型产业的经济贡献度时使用“整体产业经济指标中特定产业的比例”概念定义贡献度（WIPO，2012）。美国和欧洲当前的研究中，也采用该方法分析知识产权密集型产业的经济贡献度。

本报告中，采取了与美国、欧洲相同的方法，收集分析数据时考虑了分类知识产权密集型产业的数据，与分析知识产权密集型产业的经济贡献度的经营数据之间的时间差（time - lag）。例如，利用 2011—2014 年数据计算知识产权密集度，利用 2015 年经济指标数据进行分析。也就是，使用与计算知识产权密集度的数据（2006—2009 年，2011—2014 年）有一定时间差的经济数据（统计局的经济普查为 2010 年、2015 年）分析经济指标（见表 4 - 1）。

表 4 - 1　分析所需的数据范围及来源

	计算密集度的数据	分析经济贡献度的数据
时间段	（第一期）2006—2009 年	（第一期）2010 年
	（第二期）2011—2014 年	（第二期）2015 年
数据来源	特许厅数据库（发明专利、外观设计专利、商标 各年度各产业授权量）	经济普查*（各产业、各地区从业人员数、人力资源费用、附加值、研发费用、广告宣传费、有形和无形资产等）
	全国工商户调查（各年度、各产业从业人员数）	
	KISLINE 数据库（产业分类）	

*2017 年 7 月之后，发布了 KSIC 第 10 版分类，但“2015 年经济普查依据第 9 版分类进行调查”，为此本报告也依据第 9 版分类来进行分析。

经济贡献度分析分为各年度趋势分析、各地区现状分析、经济效果分析3个阶段。第一，各年度趋势分析是针对2010年和2015年知识产权密集型产业的经济指标（就业、工资、附加值）对韩国经济的贡献度（整体经济中的占比）进行比较分析。第二，各地区现状分析是利用韩国17个主要市和道的经济普查数据，针对各地区的就业、工资、附加值分析知识产权密集型产业的贡献度，掌握知识产权密集型地区。第三，经济效果分析是用实例分析企业的知识产权活动对营业收入、附加值、创造就业产生的影响（见表4－2）。本报告利用以产业整合的2015年数据进行了回归分析。

表4－2　韩国知识产权密集型产业的贡献度分析阶段及数据

	分析目的	主要指标
各年度趋势分析	了解2010年和2015年知识产权密集型产业对韩国经济的贡献度趋势，提供知识产权密集型产业的就业、股票价值等创造效果统计	知识产权密集型产业的就业贡献度、薪资额外费、附加值贡献度、研发费比例、广告费比例
各地区现状分析	以经济指标为中心，分析17个主要市和道的知识产权密集型产业分布，了解知识产权密集型产业地区	知识产权密集型产业的就业、人均工资、附加值
经济效果分析	分析企业的知识产权密集型活动对定量（营业收入）及定性（附加值）产生的影响因素	（从属变量）营业收入、附加值、就业 （独立变量）研发费、知识产权储备、知识产权密集度、密集型产业集群

第二节　韩国知识产权密集型产业的经济贡献度

本节主要分析2010年和2015年知识产权密集型产业的各经济指标对韩国经济的贡献度。尤其，针对以就业、工资、附加值为中心的韩国知识产权密集型产业的经济贡献度与美国、欧洲的研究结果进行分析和比较。

各年度趋势分析的经济指标是知识产权密集型产业的就业、薪资额外费、附加值、研发费、广告费等（见表4－3），利用经济普查数据进行计算。

表4－3　各年度趋势分析的指标说明

	计算公式	备　注
就业贡献度	＝知识产权密集型产业的从业人员数/全体从业人员数	
薪资额外费	＝（知识产权密集型产业的人均周薪/非知识产权密集型产业的人均周薪）－1	*人均周薪＝人力费/52周/从业人员数

续表

	计算公式	备 注
附加值贡献度	=知识产权密集型产业的附加值/全体附加值	*附加值=人力费+营业利润+租赁费+折旧费+税金
研发费比例	=知识产权密集型产业的普通研发费/全体普通研发费	
广告费比例	=知识产权密集型产业的广告费/全体广告费	只提供2015年资料

注：利用2010年、2015年经济普查数据算出。

应用于经济指标计算的统计局的经济普查项目的概要及计算公式如下。首先，统计局的经济普查中各产业“从业人员数”分别是普通工人、临时工及日薪工人（当作月平均从业人员）、自营业者、无薪家庭从业人员、其他从业人员，还包括外包人员❶。

知识产权密集型产业的就业贡献度是通过知识产权密集型产业从业人员数在全体从业人员数中的比例来计算。

其次，“薪资额外费”是表示非知识产权密集型产业的人均工资对比知识产权密集型产业的平均工资高低的指数，“工资”使用综合“工资总额、退休金额、福利”的“人力费”，但为了与美国和欧洲的人均工资进行比较，计算了周薪。美国、欧洲的报告中计算人均工资时，使用了包含福利费用的人力费。

平均周薪=人力费合计/52周/从业人员数合计*100（单位：万元）

再次，为了统计附加值贡献度，从经济普查数据中计算出“附加值”。韩国银行定义附加值为“人力费+营业盈余*+税金+折旧费+利息支出”，营业盈余可以通过“营业损益+坏账费用-利息支出”算出。

附加值=人力费+(营业损益+坏账费用-利息支出)+
税金+折旧费+利息支出
=人力费+营业损益+坏账费用+税金+折旧费

经济普查数据中营业损益分为营业利润、租赁费和税金，因此本报告的附加值通过“人力费+租赁费+营业利润+税金+折旧费”算出。

而且，本节与已有研究不同，通过经济普查数据中的“普通研发费”和“广告宣传费”，算出韩国知识产权密集型产业的研发费比例和广告费比例，分析比较各年度趋势。*

❶ 签订1年以上期限的外包人员算作普通工人，签订1年以下就业合约的人员算作临时或日薪工人。
* 上文中“*100”“营业盈余*”均依原文。——译者注

通过各经济指标分析韩国知识产权密集型产业的贡献度后，针对各类型知识产权的就业、工资、附加值增加率及贡献度进行了排序。

一、就业贡献度

针对各类型知识产权密集型产业的就业贡献度进行分析后，能够了解哪些产业是拉动国家就业的产业。韩国的就业规模从2010年的1764.7万人到2015年的2088.9万人，5年增加了18.4%，其中知识产权密集型产业的就业规模从2010年的463.1万人到2015年的607.0万人，增加了31.1%，对韩国的带动就业做出了巨大的贡献。5年就业的增长率从高到低是发明专利（36.3%）>商标（33.2%）>著作权（31.3%），引领知识产权密集型产业的就业增长。相反，外观设计密集型产业的就业增长率是9.0%，比密集型产业的平均就业增长率低（见表4-4）。

表4-4 韩国知识产权密集型产业的就业贡献度（单位：万人，%）

	2010年		2015年		增减	
	就业	贡献度（A）	就业	贡献度（B）	就业	贡献度（B-A）
发明专利密集型产业	240.4	13.6%	327.7	15.7%	▲36.3%	▲2.1%p
外观设计专利密集型产业	227.5	12.9%	248.0	11.9%	▲9.0%	▽1.0%p
商标密集型产业	170.9	9.7%	227.7	10.9%	▲33.2%	▲1.2%p
版权密集型产业	39.0	2.2%	51.2	2.5%	▲31.3%	▲0.3%p
知识产权密集型产业合计	463.1	26.2%	607.0	29.1%	▲31.1%	▲2.9%p
整体产业	1，764.7	100%	2，088.9	100%	▲18.4%	—

注：就业贡献度=知识产权密集型产业从业人员数/整体产业从业人员数。

韩国的整体就业中，知识产权密集型产业的贡献度（知识产权密集型产业从业人员数/全体产业从业人员数）从2010年26.2%增加到2015年29.1%，增幅为2.9%。各类型知识产权密集型产业的就业贡献度分别为发明专利（15.7%）>商标（10.9%）>著作权（2.5%），比2010年有所增加，但外观设计专利密集型产业的就业贡献度从2010年的12.9%下降至11.9%，减幅为1.0%，显示带动就业的效果不理想。

知识产权密集型产业中，5年带动就业效果较高的前10位产业是服务业和制造业，均匀地分布于各知识产权类型上（见表4-5）。

表 4-5 就业增长率排名前 10 位产业

	KSIC	产业名称	就业增长率	知识产权密集型产业（2015 年）			
				发明专利	外观设计专利	商标	著作权
1	857	教育支援服务	134.5%			○	
2	282	锂电池及蓄电池制造	103.3%	○			
3	702	人文及社会科学研发	81.8%	○			
4	313	航空飞行器、宇宙飞船及零部件制造	64.6%	○	○		
5	592	音频出版及原版录音	63.3%			○	○
6	620	电脑编程、系统整合及管理	62.2%				○
7	468	商品综合批发	59.5%		○	○	
8	713	广告	58.7%				○
9	701	自然科学及工学研发	56.1%	○			
10	211	基础药物及生物制剂制造	54.9%	○	○		
知识产权密集型产业平均			31.1%				
整体产业			18.4%				

注：2010 年、2015 年所有被分类为知识产权密集型产业的 88 个产业。

二、薪资额外费

薪资额外费表示知识产权密集型产业和非知识产权密集型产业之间人均平均工资差异的指标，薪资额外费更高的产业创造附加值的效果更高。本报告中，以各产业工资（人力费）除以从业人员数的人均工资为标准，算出周薪，方便各国之间进行比较。5 年里韩国的平均周薪增加了 26.6%，达到 62.4 万韩元，知识产权密集型产业的平均周薪是 82.1 万韩元，增幅为 22%。非知识产权密集型产业的平均周薪比 5 年前增长 26.8%，达到 54.3 万韩元，比整体产业的平均工资的增幅更大。知识产权密集型产业工资增长率排序为发明专利 > 外观设计专利 > 商标 > 著作权，各产业的工资增长率低于知识产权密集型产业的平均工资增长率。

知识产权密集型产业的薪资额外费（知识产权密集型产业平均工资/非密集型产业平均工资 -1）从 2010 年的 57.1% 下降至 51.1%，减幅为 6%。其排序是发明专利 > 著作权 > 外观设计专利 > 商标，但整体产业的薪资额外费呈现下降趋势，下降幅度排序是商标 > 外观设计专利 > 著作权 > 发明专利。发明专利密集型产业的周薪是 96.8 万韩元，属于薪资额外费较高的产业，从业人员人均附加值创出效果最好。但是，非知识产权密集型产业的人均工资比整体产业的提升速度更快，因此知识产权密集型产业和非密集型产业之间的工资差距缩小导致薪资额外费下降（见表4－6）。

表4－6　韩国知识产权密集型产业的薪资额外费　（单位：万韩元，%）

	2010年		2015年		增减	
	周薪	薪资额外费	周薪	薪资额外费	周薪	薪资额外费
发明专利密集型产业	79.7	85.1%	96.8	78.1%	▲21.5%	▽7.0%p
外观设计专利密集型产业	62.6	46.1%	72.7	33.7%	▲16.1%	▽12.4%p
商标密集型产业	66.0	54.1%	72.4	33.2%	▲9.7%	▽20.9%p
版权密集型产业	78.0	65.1%	83.6	53.8%	▲7.2%	▽11.3%p
知识产权密集型产业合计	67.3	57.1%	82.1	51.1%	▲22.0%	▽6.0%p
整体产业	49.3	15.0%	62.4	14.8%	▲26.6%	▽0.2%p
非知识产权密集型产业	42.8	0%	54.3	0%	▲26.8%	▲0.2%p

注：（薪资额外费）表示非知识产权密集型产业的平均工资（周薪2010年为42.8万韩元，2015年为54.3万韩元）对比，知识产权密集型产业的平均工资水平高多少。

知识产权密集型产业中2015年平均工资（薪资额外费）排名前10位的产业和工资涨幅排名前10位产业情况见表4－7。工资较高的产业主要集中在以发明专利为中心的制造业，工资涨幅较高的产业集中在服务业（见表4－8）。

表4－7　工资排名前10位产业　（单位：万韩元）

	KSIC	产业名称	平均周薪	知识产权密集型产业（2015年）			
				发明专利	外观设计专利	商标	著作权
1	192	石油炼油制品制造	230.0			○	
2	301	汽车引擎及汽车制造	212.8	○	○		
3	495	管道运输	190.1	○			
4	612	电气通信	168.4	○		○	
5	120	香烟制造	167.3	○	○	○	
6	261	半导体制造	154.7	○			
7	201	基础化学物质制造	151.4	○			
8	602	电视播放	147.2			○	○
9	282	锂电池及蓄电池制造	140.6	○			
10	313	航空飞行器、宇宙飞船及零部件制造	129.8	○	○		
知识产权密集型产业平均			82.1				
整体产业			62.4				

注：2015年知识产权密集型产业。

表4－8 工资提升速度排行前10位产业

	KSIC	产业名称	周薪涨幅	知识产权密集型产业（2015年）			
				发明专利	外观设计专利	商标	著作权
1	424	房屋建筑及其他房屋建筑工程	71.9%		○		
2	649	其他金融	58.1%			○	
3	733	摄像及处理	53.8%				○
4	285	家庭用仪器制造	48.0%	○	○	○	
5	759	其他经营支援服务	45.7%	○			
6	468	商品综合批发	42.3%		○	○	
7	714	市场调查及舆论调查	39.0%				○
8	120	香烟制造	38.2%	○	○	○	
9	466	建筑材料、五金及供暖设施批发	38.1%		○		
10	284	灯泡及照明设备制造	38.0%	○	○		
知识产权密集型产业平均			22.0%				
整体产业			26.6%				

注：2010年、2015年被分为知识产权密集型产业的88个产业。

三、附加值贡献度

通过各类型知识产权密集型产业的GDP贡献度分析，可以了解引领附加值创出的产业有哪些。2010—2015年韩国的附加值由1008.2兆韩元增长到1300.7兆韩元，增幅为29.0%，但知识产权密集型产业的附加值增加27.6%，低于整体产业的增幅。各密集型产业的附加值增长率为著作权（43.0%）＞发明专利（38.7%），尤其外观设计专利和商标密集型产业的附加值增长率分别为13.8%和18.6%，低于密集型产业平均附加值增长率（见表4－9）。

表4－9 韩国知识产权密集型产业的附加值贡献度 （单位：兆韩元，%）

	2010年		2015年		增减	
	附加值	贡献度	附加值	贡献度	附加值	贡献度
发明专利密集型产业	255.7	25.4%	354.6	27.3%	▲38.7%	▲1.9%p
外观设计专利密集型产业	179.2	17.8%	203.9	15.7%	▲13.8%	▽2.1%p
商标密集型产业	185.2	18.4%	219.7	16.9%	▲18.6%	▽1.5%p
版权密集型产业	24.4	2.4%	34.9	2.7%	▲43.0%	▲0.3%p
知识产权密集型产业合计	439.0	43.5%	560.0	43.1%	▲27.6%	▽0.4%p
整体产业	1008.2	100%	1300.7	100%	▲29.0%	—

2015 年知识产权密集型产业的附加值贡献度（知识产权密集型产业附加值/整体产业附加值）从 2010 年 43.5% 小幅下降到 43.1%，降幅为 0.4 个百分点。知识产权密集型产业附加值贡献度排序为发明专利 > 外观设计专利 > 商标 > 著作权。发明专利（27.3%）和著作权（2.7%）密集型产业的附加值贡献度小幅上升，但外观设计专利（15.7%）和商标（16.9%）密集型产业的附加值增幅非常低，产业的附加值贡献度比 2010 年有所下降。

知识产权密集型产业中，2015 年附加值创出排名前 10 位产业和 5 年附加值增长率排名前 10 位产业见表 4－10、表 4－11。

表 4－10　附加值创出排名前 10 位产业　　（单位：10 亿韩元）

	KSIC	产业名称	附加值	知识产权密集型产业（2015 年）			
				发明专利	外观设计专利	商标	著作权
1	261	半导体制造	32435	○			
2	262	电子零部件制造	28370	○			
3	301	汽车引擎及汽车制造	23163	○	○		
4	464	家庭用品批发	22640		○	○	
5	303	汽车零部件制造	22637	○			
6	292	特殊目的用机器制造	17862	○			
7	649	其他金融	16748			○	
8	222	塑料制品制造	16478		○		
9	291	一般目的用机器制造	15950	○			
10	241	基本钢铁制造	15488	○			
知识产权密集型产业平均			560004				
整体产业			1300671				

注：2015 年知识产权密集型产业。

表 4－11　附加值增幅排名前 10 位产业

	KSIC	产业名称	附加值增幅	知识产权密集型产业（2015 年）			
				发明专利	外观设计专利	商标	著作权
1	468	商品综合批发	130.0%		○	○	
2	857	教育支援服务	128.5%			○	
3	424	房屋建筑及其他房屋建筑工程	91.9%		○		
4	120	香烟制造	91.1%	○	○	○	
5	759	其他经营支援服务	89.3%	○			

续表

	KSIC	产业名称	附加值增幅	知识产权密集型产业（2015 年）			
				发明专利	外观设计专利	商标	著作权
6	620	电脑编程、系统整合及管理	85.5%				○
7	111	酒精饮料制造	82.2%		○	○	
8	681	房地产租赁及供给	81.6%			○	
9	702	人文及社会科学研发	81.2%	○			
10	112	非酒精饮料及食用冰制造	79.9%		○	○	
知识产权密集型产业平均			27.6%				
整体产业			29.0%				

注：2010 年、2015 年被分为知识产权密集型产业的 88 个产业。

四、研发费比例

2010—2015 年，韩国企业的普通研发费投入增长了 34.4%，达到 30.8 兆韩元。知识产权密集型产业的普通研发费约 24 兆韩元，研发费增长率是 43.6%，比行业平均增长率（34.4%）高很多。5 年研发费增长率排序为著作权（54.3%）> 发明专利（45.5%）> 商标（10.1%）> 外观设计专利，外观设计专利的研发费比 2010 年下降 3.3%（见表 4－12）。

表 4－12　韩国知识产权密集型产业的研发费比例　（单位：10 亿韩元，%）

	2010 年		2015 年		增减	
	研发投资	比例*（A）	研发投资	比例*（B）	研发投资	比例（B－A）
发明专利密集型产业	13997	61.0%	20365	66.1%	▲45.5%	▲5.1%p
外观设计专利密集型产业	7227	31.5%	6989	22.7%	▽3.3%	▽8.8%p
商标密集型产业	5580	24.3%	6141	19.9%	▲10.1%	▽4.4%p
版权密集型产业	1093	4.8%	1686	5.5%	▲54.3%	▲0.7%p
知识产权密集型产业合计	16704	72.8%	23995	77.9%	▲43.6%	▲5.1%p
整体产业	22944	100%	30807	100%	▲34.3%	—

* 研发比例 =（知识产权密集型产业普通研发费/整体产业普通研发费）。

2015 年韩国的研发费投入是 30.8 兆韩元，其中知识产权密集型产业的研发费比例（知识产权密集型产业普通研发费/整体产业普通研发费）从 2010 年的 72.8% 上升到 77.9%，涨幅为 5.1 个百分点。也就是知识产权密集型产业可以说是研发费密集型产业。各密集型产业中研发费投入的排序为发明专利（66.1%）>外观设计专利（22.7%）>商标（19.9%）>著作权（5.5%）。专利和版权密集型产业的研发费投入比2010年上涨很多，但外观设计专利和商标密集型产业的研发费投入比例有所下降。

知识产权密集型产业中2015年研发投入排名前10位的产业见表4-13，主要集中在包含研发产业的发明专利密集型产业。

表4-13 2015年研发投入排名前10位产业

	KSIC	产业名称	研发费增幅	知识产权密集型产业（2015年）			
				发明专利	外观设计专利	商标	著作权
1	701	自然科学及工学研发	119.4%	○			
2	261	半导体制造	88.5%	○			
3	262	电子零部件制造	44.6%	○			
4	292	特殊目的用机器制造	85.3%	○			
5	582	软件开发及供给	44.5%	○		○	○
6	303	汽车零部件制造	73.5%	○			
7	265	视频及音响仪器制造	90.5%	○	○		
8	464	家庭用品批发	111.8%		○	○	
9	715	总公司、持股公司及经营咨询服务	29.1%			○	
10	291	一般目的用机器制造	48.5%	○			
知识产权密集型产业平均			43.6%				
整体产业			34.3%				

注：2010年、2015年被分为知识产权密集型产业的88个产业。

五、广告费比例

2015年起，经济普查包含了各产业广告宣传费。2015年韩国企业的广告宣传费约27兆韩元，其中知识产权密集型产业的广告宣传费（约14兆韩元）占52.3%，占比较大。广告费支出较高的密集型产业排序为商标（42.0%）>发明专利（21.0%）>外观设计专利（20.2%）>著作权（6.7%）（见表4-14），显示广告及营销对商标密集型产业来说非常重要。

表 4-14　2015 年韩国知识产权密集型产业的广告费比例

（单位：10 亿韩元，%）

	知识产权密集型产业				合计	整体产业
	发明专利	外观设计专利	商标	著作权		
广告宣传费	5762	5525	11498	1844	14336	27391
比例*	21.0%	20.2%	42.0%	6.7%	52.3%	100%

* 广告宣传费比例 = 知识产权密集型产业广告宣传费/整体产业广告宣传费。

知识产权密集型产业中，2015 年广告费支出排名前 10 位产业见表 4-15，主要集中在商标密集型产业。

表 4-15　2015 年广告费支出排名前 10 位产业　（单位：10 亿韩元）

	KSIC	产业名称	广告费	知识产权密集型产业（2015 年）			
				发明专利	外观设计专利	商标	著作权
1	464	家庭用品批发	2390		○	○	
2	612	电气通信	1339	○		○	
3	715	总公司、持股公司及经营咨询服务	833			○	
4	649	其他金融	755			○	
5	582	软件开发及供给	719	○		○	○
6	701	自然科学及工学研发	577	○			
7	681	房地产租赁及供给	451			○	
8	468	商品综合批发	441		○	○	
9	631	资料处理，托管、门户及其他网络信息媒介服务	431	○		○	
10	264	通信及广播设备制造	414	○	○	○	
知识产权密集型产业平均			14336				
整体产业			27391				

注：2010 年、2015 年被分为知识产权密集型产业的 88 个产业。

六、与主要国家调查报告的比较分析

为了对比各国的调查报告，以通用的就业、工资、附加值等经济指标为中心，将韩国的知识产权密集型产业各类型经济贡献度，与美国、欧洲的调查结果进行比较和分析。首先，通过各类型知识产权密集型产业的就业贡献度分析，了解引领创造就业的产业，同时也能了解到美国、欧洲和韩国主导就业的知识产权密集型产业有所不同。

针对美国、欧洲等主要国家和地区的知识产权密集型产业的就业情况进行各年度趋势分析，发现在带动就业的效果上没有明显的变化。美国的知识产权密集型产业的就业贡献度呈现下降趋势（美国 18.8% → 18.2%），各类型的排序为商标 > 著作权 > 发明专利。欧洲的就业及就业贡献度小幅上升，但发明专利和商标密集型产业的从业人员数有所下降。就业贡献度的排序是外观设计专利 > 商标 > 发明专利 > 著作权，商标密集型产业的就业贡献度高于发明专利密集型产业，这一点上与美国有共同之处。另外，韩国的知识产权密集型产业的就业贡献度，2010 年和 2015 年都比美国、欧洲高，除外观设计专利密集型产业外，其他产业都呈现上升趋势，其排序为发明专利 > 外观设计专利 > 商标 > 著作权（见表 4－16）。也就是说，美国和欧洲主要靠商标密集型产业创造就业机会，而韩国以发明专利密集型产业为中心带动就业效果。

表 4－16　各国知识产权密集型产业的就业贡献度比较　　（单位：千人，%）

密集型产业	美国		欧洲		韩国（本报告）	
	2010 年	2014 年	2008—2010 年	2011—2013 年	2010 年	2015 年
发明专利	3891 （2.7%）	3927 （2.6%）	22446 （10.3%）	22268 （10.3%）	2404 （13.6%）	3277 （15.7%）
外观设计专利	—	—	26658 （12.2%）	45789 （21.2%）	2275 （12.9%）	2480 （11.9%）
商标	22590 （15.7%）	23741 （15.5%）	45508 （20.8%）	25663 （11.9%）	1709 （9.7%）	2277 （10.9%）
著作权	5100 （3.5%）	5672 （3.7%）	7049 （3.2%）	11631 （5.4%）	390 （2.2%）	512 （2.5%）
地理标志	—	—	374 （0.2%）	400 （0.2%）	—	—
植物新品种保护	—	—	—	1019 （0.5%）	—	—
知识产权密集型产业	27065 （18.8%）	27877 （18.2%）	56494 （25.9%）	60032 （27.8%）	4631 （26.2%）	6070 （29.1%）

注：年份是经济数据的统计年份，知识产权各类型密集型产业之间存在重复的领域。

比例 = 知识产权密集型产业的从业人员数/整体产业从业人员数。

其次，表示知识产权密集型产业和非知识产权密集型产业之间“人均平均工资差异”的指标，主要国家非知识产权密集型产业和知识产权密集型产业的人均工资水平及薪资额外费趋势情况如表 4－17 所示。各国的人均平均工资都有所增长，但其涨幅各不相同。尤其，美国的知识产权各类型薪资额外费呈现整体上涨趋势，欧洲的著作权和地理标志的薪资额外费下降，韩国的知识产权各类型薪资额外费整体呈现下降趋势。

表 4-17 各国知识产权密集型产业的平均周薪及薪资额外费比较

（单位：$，€，万韩元，%）

密集型产业	美国		欧洲		韩国（本报告）	
	2010 年	2014 年	2008—2010 年	2011—2013 年	2010 年	2015 年
发明专利	1407	1560	831	895	79.7	96.8
	(72.6%)	(74.1%)	(63.9%)	(68.9%)	(86.1%)	(78.1%)
外观设计专利			666	732	62.6	72.7
			(31.4%)	(38.1%)	(46.1%)	(33.7%)
商标	1111	1236	719	783	66.0	72.4
	(36.3%)	(37.9%)	(41.8%)	(47.7%)	(54.1%)	(33.2%)
著作权	1440	1701	856	871	70.8	83.6
	(76.7%)	(89.8%)	(68.8%)	(64.3%)	(65.1%)	(53.8%)
地理标志	—	—	739	692	—	—
			(45.8%)	(30.6%)		
植物新品种保护	—	—	—	—	—	—
知识产权密集型产业	1156	1312	715	776	67.3	82.1
	(41.8%)	(46.4%)	(41.0%)	(46.4%)	(57.1%)	(51.1%)
非密集型产业	815	896	507	530	42.8	54.3

* 薪资额外费 =（知识产权密集型产业的平均周薪/非知识产权密集型产业的平均周薪）-1。

美国的知识产权密集型产业的薪资额外费排序为著作权（2014 年，1701 $/周）>发明专利（1560 $/周）>商标（1236 $/周）密集型产业，欧洲的排序为专利（895 €/周）>著作权（871 €/周）>商标（783 €/周）>外观设计专利（732 €/周）密集型产业。

韩国的知识产权密集型产业的薪资额外费，2015 年比 2010 年有所下降，但是与美国、欧洲相比处于较高水平。各类型排序为发明专利（2015 年，78.1%）>著作权（53.8%）>外观设计专利（33.7%）>商标（33.2%）密集型产业，韩国和美国不同，发明专利密集型产业的工资水平比版权密集型产业更高。韩国的薪资额外费比 5 年前有所下降，也说明非知识产权密集型产业和密集型产业之间人均工资的差异正在缩小。

美国和欧洲的版权密集型产业的工资水平和专利密集型产业大致相同，但韩国的情况有所不同，为了促进版权密集型产业的成长，需要提高版权密集型产业工资水平。

最后，主要国家的各年度知识产权密集型产业的附加值及附加值贡献度的分析结果如下。美国和欧洲的知识产权密集型产业的附加值贡献度有所提升，但韩国的贡献度小幅下降。

美国的知识产权密集型产业的附加值贡献度排序为商标（2014 年，34.9%）>著作权（5.5%）>发明专利（5.1%）密集型产业，商标密集型产业的附加值贡献度比例最大。欧洲也相同，商标密集型产业的附加值贡献度最高 35.9%，其次为发明专利（15.2%）>外观设计专利（13.4%）>著作权（5.8%）密集型产业，考虑到专利密集型产业和商标密集型产业的从业人员数大致相同的情况，可以看出商标密集型产业创造出 2 倍以上的附加值。欧洲的外观设计专利密集型产业就业规模是专利和商标密集型产业的 2 倍，但并没有创造出更多的附加值（见表 4－18）。

表 4－18 各国知识产权密集型产业的附加值贡献度比较

（单位：10 亿 $，10 亿€，10 亿韩元，%）

密集型产业	美国		欧洲		韩国（本报告）	
	2010 年	2014 年	2008—2010 年	2011—2013 年	2010 年	2015 年
发明专利	763 （5.3%）	881 （5.1%）	1704 （13.9%）	2035 （15.2%）	255677 （25.4%）	354632 （27.3%）
外观设计专利			1570 （12.8%）	1789 （13.4%）	179238 （17.8%）	203894 （15.7%）
商标	4500 （30.8%）	6030 （34.9%）	4164 （33.9%）	4812 （35.9%）	185232 （18.4%）	219694 （16.9%）
著作权	641 （4.4%）	950 （5.5%）	510 （4.2%）	915 （6.8%）	24399 （2.4%）	34950 （2.7%）
地理标志	—	—	16 （0.1%）	18 （0.1%）	—	—
植物新品种保护	—	—	—	52 （0.4%）	—	—
知识产权密集型产业	5060 （34.8%）	6600 （38.2%）	4735 （38.6%）	5664 （42.3%）	439042 （43.6%）	560004 （43.1%）

注：年份是经济数据的统计年份，知识产权各类型密集型产业之间存在重复的领域。

比例＝知识产权密集型产业的附加值/整体产业附加值。

韩国的知识产权密集型产业的附加值贡献度，2015 年小幅下降至 43.1%，但依然处于比美国和欧洲更高的水平。发明专利密集型产业和版权密集型产业的附加值贡献度在 5 年里有所增加，其排序为发明专利

（27.3%）>商标（16.9%）>外观设计专利（15.7%）>著作权（2.7%）密集型产业，与美国、欧洲相比，韩国的发明专利密集型产业的附加值贡献度更高。

也就是，美国和欧洲主要以服务业（商标密集型产业）为主导创造GDP，但韩国以制造业（发明专利密集型产业）为中心的经济结构导致出现GDP贡献度下降的现象。

整体来看，知识产权密集型产业的GDP贡献度比就业贡献度更高，因此知识产权密集型产业的就业人均附加值创出效果更为明显。例如，韩国2015年发明专利密集型产业的就业贡献度为15.7%，GDP贡献度为27.3%。但韩国版权密集型产业的就业贡献度（2015年2.5%）和GDP贡献度（2.7%）处于基本相等的水平，带动就业的效果并不能带来附加值的创出。

综合来说，与美国、欧洲相比，韩国的就业贡献度、薪资额外费、GDP贡献度分析结果较高，随着时间的变化，贡献度的增减在各国呈现不同的趋势。

美国的就业贡献度从18.8%（2010年）→18.2%（2014年）小幅下降，薪资额外费（41.8%→46.4%）和GDP贡献度（34.8%→38.2%）有所增长。欧洲的就业贡献度（2008—2010年25.9%→2011—2013年27.8%）、薪资额外费（41%→46.4%）、GDP贡献度（38.6%→42.3%）都呈现增长趋势。韩国的就业贡献度（2010年26.2%→2015年29.1%）增长，但薪资额外费（57.1%→51.1%）和GDP贡献度（43.6%→43.1%）下降，这和美国正相反（见表4-19）。

表4-19 各国知识产权密集型产业的经济贡献度分析结果比较

（单位：千人，各国货币，%）

	美国		欧洲		中国*	韩国（本报告）	
	2010年	2014年	2008—2010年	2011—2013年	2016年	2010年	2015年
就业贡献度	27065	27877	56494	60032	5999	4631	6070
	（18.8%）	（18.2%）	（25.9%）	（27.8%）	（12.6%）	（26.2%）	（29.1%）
薪资额外费	周薪 1.156 $	周薪 1.312 $	周薪 715 €	周薪 776 €	周薪 1248元	67.3万韩元	82.1万韩元
	（41.8%）	（46.4%）	（41.0%）	（46.4%）	（10.8%）	（57.1%）	（51.1%）
附加值贡献度	5060b $	6600b $	4735b €	566b €	24427亿元	439兆韩元	560兆韩元
	（34.8%）	（38.2%）	（38.6%）	（42.3%）	（32.1%）	（43.6%）	（43.1%）

* 江苏省地区的分析结果，工资及额外费基于资料另行算出。

来源：IP Intensive Industries Forum，2017 Zijin International IP Summit in Nanjing，China（2017.11.9-10）

一般来说，随着经济的发展，经济重心逐渐从制造业转移到服务业，但韩国的知识产权密集型产业还处于第二产业。因此，美国和欧洲的知识产权密集型产业的附加值贡献度呈现增长趋势，但韩国呈现下降趋势，在薪资额外费（知识产权密集型产业和非密集型产业之间工资差异）上这种现象更为明显。

第三节 知识产权密集型产业的各地区现状分析

统计局的经济普查统计了韩国17个主要市和道的产业数据，本节将利用该数据分析知识产权密集型产业相关工商户[1]聘用的从业人员数、平均工资、附加值的各地区分布及各年度趋势。同时，针对就业、工资、附加值了解知识产权密集型区域。

一、知识产权密集型产业的各地区就业带动效果

从2010年韩国知识产权密集型产业的从业人员（463万人）地区分布来看，主要集中在首尔（26.3%）和京畿道（25.9%），其次是庆尚南道（6.7%）、庆尚北道（5.7%）、釜山（5.4%），这5个地区的从业人员数占全体知识产权密集型产业从业人员数的70%。2015年知识产权密集型产业从业人员数达到607万人，其中京畿道（26.0%）的比例超过首尔（24.2%），庆尚南道（7.5%）和庆尚北道（5.5%）的排序有调整，但包含釜山的5个地区的从业人员数占全体知识产权密集型产业从业人员数的68.4%（见表4-20）。

表4-20 韩国知识产权密集型产业的各地区就业贡献度 （单位：人）

2015年	2010年		2015年		
	知识产权密集型产业 从业人员数（比例）*	各地区分布	知识产权密集型产业 从业人员（比例）*	知识产权密集型产业 增减	各地区分布
全国	4631012（26.2%）	100%	6070666（29.1%）	▲2.9%p	100%
首尔	1218321（27.2%）	26.3%	1471258（28.8%）	▲1.6%p	24.2%
釜山	248972（20.7%）	5.4%	317750（23.2%）	▲2.5%p	5.2%
大邱	174990（22.3%）	3.8%	213846（23.3%）	▲1.0%p	3.5%
仁川	222996（27.0%）	4.8%	272029（27.6%）	▲0.6%p	4.5%
广州	109968（22.1%）	2.4%	133382（23.9%）	▲1.8%p	2.2%
大田	107018（21.8%）	2.3%	143490（24.5%）	▲2.7%p	2.4%

[1] 经济普查以“工商户”为单位统计从业人员数，企业的主行业即便不是知识产权密集型产业，工商户属于知识产权密集型产业，就统计为知识产权密集型产业从业人员。

续表

2015 年	2010 年		2015 年		
	知识产权密集型产业	各地区分布	知识产权密集型产业		各地区分布
	从业人员数（比例）*		从业人员（比例）*	增减	
蔚山	123578（28.5%）	2.7%	204180（39.3%）	▲10.8%p	3.4%
世宗	—	—	22499（27.3%）	新增	0.4%
京畿道	1198286（32.0%）	25.9%	1580233（34.0%）	▲2.0%p	26.0%
江原道	60906（12.4%）	1.3%	89817（15.5%）	▲3.1%p	1.5%
忠清北道	152740（28.6%）	3.3%	204359（31.5%）	▲2.9%p	3.4%
忠清南道	221061（31.5%）	4.8%	290195（33.8%）	▲2.3%p	4.8%
全罗北道	109118（19.3%）	2.4%	150787（22.5%）	▲3.2%p	2.5%
全罗南道	86482（15.2%）	1.9%	148453（21.5%）	▲6.3%p	2.4%
庆尚北道	262992（28.4%）	5.7%	333247（31.3%）	▲2.9%p	5.5%
庆尚南道	309270（26.4%）	6.7%	455791（33.4%）	▲7.0%p	7.5%
济州岛	20244（10.0%）	0.4%	34034（13.6%）	▲3.6%p	0.6%

* 比例 = 各地区知识产权密集型产业从业人员数/各地区总从业人员数。

资料：统计局，2010 年、2015 年各地区经济普查数据。

从表 4-20 来看，“比例”是“各地区知识产权密集型产业从业人员数/全体从业人员数”，是各地区知识产权密集型产业的就业贡献度。用图表示如图 4-1 所示。蔚山（2010 年 28.5%→2015 年 39.3%）、京畿道（32.0%→34.0%）、忠清南道（31.5%→33.8%）、庆尚南道（26.4%→33.4%）、忠清北道（28.6%→31.5%）、庆尚北道（28.4%→31/3%）的从业人数占比在 30% 左右，就业方面呈现“知识产权密集型产业”的特点。尤其，2010 年和 2015 年，蔚山和庆尚南道的从业人员中知识产权密集型产业的从业人员占比大幅提升。相反，济州岛（2015 年 13.6%）和江原道（15.5%）的知识产权密集型产业从业人员数比例不足 20%。

知识产权各类型密集型产业就业的地区分布见表 4-21。表 4-21 表示将全国的知识产权各类型密集型产业的从业人员数设定为 100，去了解各地区的分布情况。首先，发明专利领域京畿道（2010 年 28.6%→2015 年 29.3%）和首尔（21.6%→14.7%）、庆尚南道（8.4%→10.2%）的知识产权密集型产业的就业比例较高，外观设计专利领域京畿道（29.3%→28.9%）、首尔（17.5%→20.8%）、庆尚南道（8.4%→6.4%）从业人员数较多。商标密集型产业领域，首尔（41.5%→40.4%）和京畿道（19.6%→21.1%）比例较高，釜山（5.8%→5.1%）的从业人员数较多。著作权领域，首尔（70.3%→67.6%）的从业人员数较多，其次是京畿道（11.4%→15.4%）。

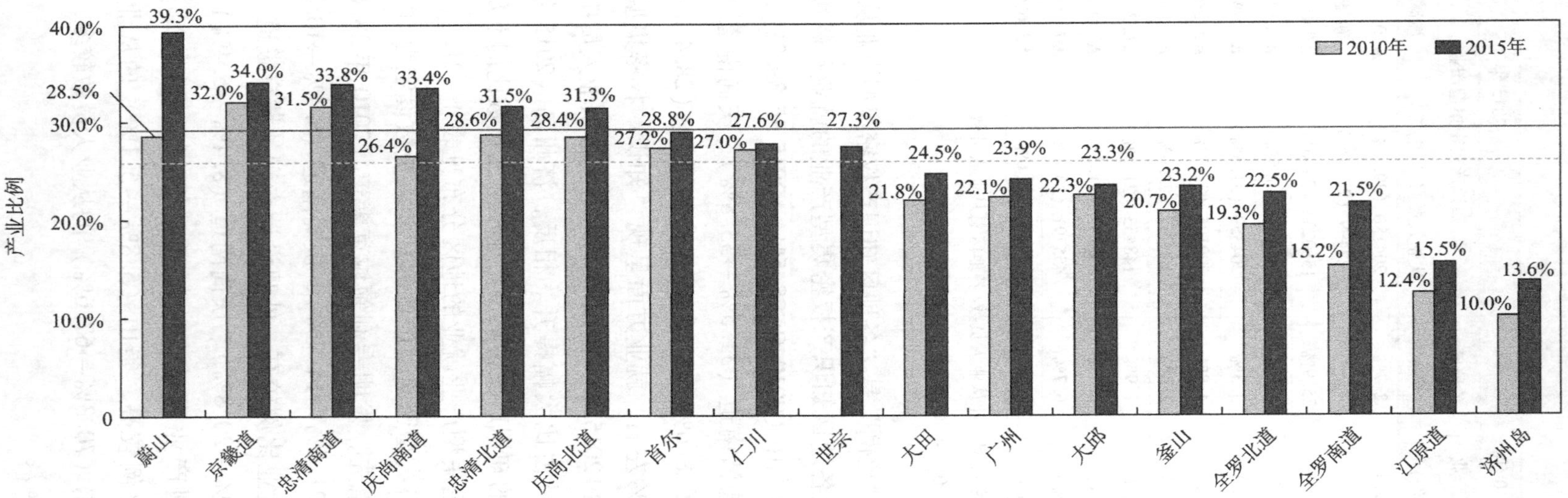

图 4-1　各地区就业中知识产权密集型产业的比例（2010 年与 2015 年）

表 4－21　韩国的知识产权密集型产业就业的各地区分布

	2010 年				2015 年			
	发明专利	外观设计专利	商标	著作权	发明专利	外观设计专利	商标	著作权
全国	100%	100%	100%	100%	100%	100%	100%	100%
首尔	21.6%	17.5%	41.5%	70.3%	14.7%	20.8%	40.0%	67.6%
釜山	4.7%	5.8%	5.8%	2.7%	4.7%	5.7%	5.1%	2.7%
大邱	3.4%	4.0%	3.1%	2.5%	3.1%	4.1%	2.9%	2.1%
仁川	5.4%	6.0%	3.2%	1.1%	5.2%	5.0%	3.3%	1.2%
广州	2.5%	2.7%	2.1%	1.4%	2.3%	2.4%	1.9%	1.3%
大田	2.6%	2.0%	2.2%	2.1%	2.6%	1.9%	2.2%	2.4%
蔚山	3.4%	3.2%	1.4%	0.7%	5.0%	3.1%	1.4%	0.6%
世宗	—	—	—	—	0.4%	0.4%	0.3%	0.1%
京畿道	28.6%	29.3%	19.6%	11.4%	29.3%	28.9%	21.1%	15.4%
江原道	1.0%	1.5%	1.8%	1.1%	1.1%	1.6%	1.9%	0.9%
忠清北道	3.2%	3.5%	2.9%	0.8%	3.5%	3.9%	3.1%	0.7%
忠清南道	5.5%	4.6%	3.1%	0.7%	6.0%	4.2%	3.2%	0.7%
全罗北道	2.1%	2.4%	2.5%	1.0%	2.4%	2.7%	2.7%	0.8%
全罗南道	1.5%	2.2%	2.0%	0.7%	2.5%	2.2%	2.3%	0.6
庆尚北道	6.4%	6.4%	4.2%	1.2%	6.5%	5.9%	4.0%	0.9%
庆尚南道	7.9%	8.4%	3.7%	1.7%	10.2%	6.4%	3.7%	1.4%
济州岛	0.3%	0.4%	0.8%	0.6%	0.3%	0.5%	0.8%	0.6%

资料：统计局，2010 年、2015 年各地区经济普查数据。

二、知识产权密集型产业的各地区人均工资趋势分析

从 2010 年和 2015 年各地区经济普查资料来看，各地区知识产权密集型产业人均工资（周薪）的计算[1]结果见表 4－22。知识产权密集型产业的人均周薪从 2010 年的 67.3 万韩元增长到 2015 年的 82.1 万韩元，涨幅为 22.0%，5 年间工资涨幅排名前 3 的地区依次是济州岛（46.4%）、首尔（34.4%）、大田（31.3%）。薪资额外费是相对于非知识产权密集型产业的平均周薪（2010 年 42.8 万韩元，2015 年 54.33 万韩元）的知识产权密集型产业平均周薪水平的指标，从 2010 年的 57.1% 下降到 2015 年的 51.1%。

[1] 各地区知识产权密集型产业的人均周薪＝各地区（知识产权密集型产业的人力费/52 周/知识产权密集型产业的从业人员数）。

表4-22 韩国知识产权密集型产业的薪资额外费（周薪单位：万韩元）

	2010年		2015年			
	知识产权密集型产业平均工资（周薪）	薪资额外费*	知识产权密集型产业平均工资（周薪）	知识产权密集型产业工资增幅	薪资额外费	增减
全国	67.3	57.1%	82.1	▲22.0%	51.1%	▽6.0%p
首尔	65.1	52.1%	87.5	▲34.4%	61.1%	▲9.0%p
釜山	53.4	24.8%	68.1	▲27.5%	25.4%	▲0.6%p
大邱	47.5	11.0%	61.8	▲30.1%	13.8%	▲2.8%p
仁川	60.0	40.2%	78.3	▲30.5%	44.2%	▲4.0%p
广州	60.9	42.3%	76.8	▲26.1%	41.4%	▽0.9%p
大田	61.4	43.5%	80.6	▲31.3%	48.4%	▲5.0%p
蔚山	106.9	149.8%	128.8	▲20.5%	137.2%	▽12.6%p
世宗	—	—	91.0	新增	67.6%	新增
京畿道	69.9	63.3%	81.7	▲16.9%	50.5%	▽12.9%p
江原道	51.8	21.0%	62.8	▲21.2%	15.7%	▽5.4%p
忠清北道	67.1	56.8%	83.4	▲24.3%	53.6%	▽3.2%p
忠清南道	80.7	88.6%	100.4	▲24.4%	84.9%	▽3.7%p
全罗北道	61.3	43.2%	74.4	▲21.4%	37.0%	▽6.2%p
全罗南道	76.9	79.7%	85.9	▲11.7%	58.2%	▽21.5%p
庆尚北道	77.1	80.1%	87.0	▲12.8%	60.2%	▽19.9%p
庆尚南道	68.3	59.6%	87.5	▲28.1%	61.1%	▲1.6%p
济州岛	39.2	-8.4%	57.4	▲46.4%	5.7%	▲14.1%p

* 薪资额外费 = “各地区知识产权密集型产业平均工资/全国非知识产权密集型产业平均工资” -1

资料：统计局，2010年、2015年各地区经济普查数据。

所有地区在5年里人均工资呈现增长的趋势，但薪资额外费逐渐下降。这表明非知识产权密集型产业和密集型产业之间的工资差距逐渐缩小。薪资额外费排名前4的地区是蔚山（2010年149.8%→2015年137.2%）、忠清南道（88.6%→84.9%）、世宗（2015年67.6%）、首尔（52.1%→61.1%），除世宗外，其余都是知识产权密集型产业从业人员分布较广的地区（见图4-2）。也就是说，大部分地区的薪资额外费呈现下降趋势，与非知识产权密集型产业的工资差距逐渐缩小。

人均工资较低的地区有江原道、大邱、济州岛等知识产权密集型产业的就业比例较低的非知识产权密集型地区。尤其，济州岛的2010年薪资额外费是-8.4%，知识产权密集型产业的人均工资比非知识产权密集型产业的人均工资还低。

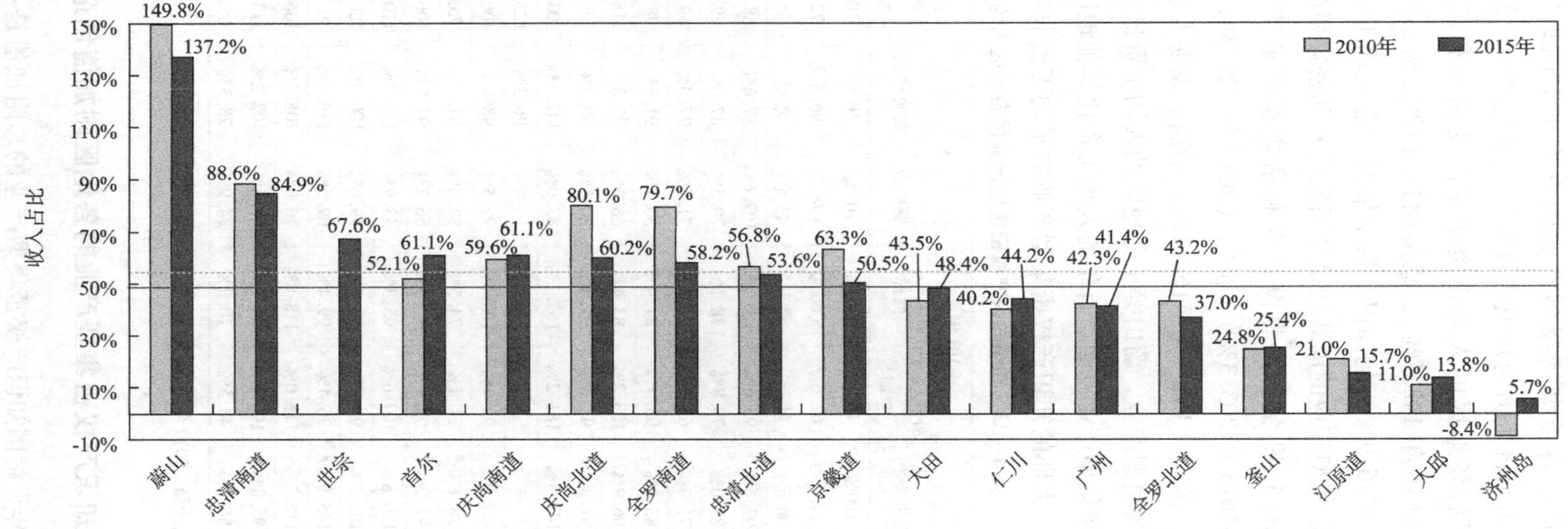

图 4-2　各地区知识产权密集型产业人员薪资外收入占比

知识产权各类型密集型产业的人均工资的地区分布见表4－23。表4－23表示将全国的知识产权各类型密集型产业的从业人员数设定为100，去了解各地区的人均工资水平。发明专利领域，蔚山（2010年149.3%→2015年142.1%）、忠清南道（120.8%→121.3%）、全罗南道（145.9%→116.9%）的知识产权密集型产业人均工资相对较高，蔚山的发明专利密集型产业的周薪约是全国发明专利密集型产业人均周薪（79.7万韩元）的1.49倍；外观设计专利密集型产业方面，蔚山（2010年181.2%→2015年203.3%）、世宗（2015年123.8%）的人均工资较高；商标领域，蔚山（162.1%→163.2%）最高。发明专利密集型产业和外观设计专利密集型产业，蔚山等工业地区的人均工资比首都圈更高，相反商标和版权密集型产业方面，首尔的人均工资比其他地区略高一些。济州岛和江原道、大邱的知识产权密集型产业的平均工资非常低。

表4－23 韩国知识产权密集型产业的各地区人均工资比较

	2010年				2015年			
	发明专利	外观设计专利	商标	著作权	发明专利	外观设计专利	商标	著作权
全国	100%（79.7万韩元）	100%（62.6万韩元）	100%（66万韩元）	100%（78万韩元）	100%（96.8万韩元）	100%（72.7万韩元）	100%（72.4万韩元）	100%（83.6万韩元）
首尔	93.6%	95.6%	108.5%	107.6%	87.6%	88.3%	107.0%	107.5%
釜山	82.0%	78.8%	78.1%	70.5%	87.0%	79.0%	79.8%	71.8%
大邱	71.7%	65.3%	73.4%	71.5%	77.0%	69.7%	75.8%	70.3%
仁川	83.2%	93.9%	81.4%	58.1%	91.4%	98.7%	91.7%	56.2%
广州	96.9%	103.2%	83.4%	68.0%	97.8%	118.7%	100.1%	62.7%
大田	91.5%	91.6%	91.4%	80.5%	99.4%	88.5%	99.3%	84.6%
蔚山	149.3%	181.2%	162.1%	83.0%	142.1%	203.3%	163.2%	82.6%
世宗	—	—	—	—	96.2%	123.8%	98.3%	44.0%
京畿道	102.0%	99.9%	100.7%	99.5%	98.4%	100.0%	97.6%	101.2%
江原道	78.1%	71.4%	74.5%	83.0%	81.3%	75.1%	78.5%	72.6%
忠清北道	97.0%	97.9%	93.4%	66.2%	97.5%	106.4%	101.1%	65.4%
忠清南道	120.8%	107.6%	95.3%	48.9%	121.3%	110.3%	99.6%	53.2%
全罗北道	103.5%	99.7%	78.5%	59.6%	100.4%	100.4%	81.8%	52.8%
全罗南道	145.9%	96.4%	99.4%	69.5%	116.9%	91.6%	97.8%	63.7%
庆尚北道	115.3%	115.0%	118.8%	76.0%	105.7%	106.9%	98.8%	60.7%
庆尚南道	95.8%	108.3%	84.2%	71.6%	102.2%	113.7%	98.7%	65.3%
济州岛	56.8%	48.5%	70.0%	74.9%	78.3%	65.0%	77.7%	82.5%

资料：统计局，2010年、2015年各地区经济普查数据。

三、知识产权密集型产业的各地区附加值创造效果分析

2010年，韩国知识产权密集型产业的总附加值是439兆韩元，占整体

产业附加值的43.5%（见表4-24）。2015年附加值为560兆韩元，5年之间增长了27.6%。5年附加值涨幅排名前3的地区是济州岛（152.9%）、大田（71.3%）、京畿道（50.5%）。知识产权密集型产业创造的附加值从各地区分布来看，和就业情况相同，主要集中在首尔（2010年23.2%→2015年21.1%）和京畿道（22.4%→26.4%）。2015年京畿道和首尔的排序对调，但加上忠清南道（7.2%）、庆尚北道（7.0%）、庆尚南道（6.2%），5个地区创造的附加值占知识产权密集型产业创造的附加值的67.9%。

表4-24 韩国知识产权密集型产业各地区附加值贡献度（附加值单位：10亿韩元）

	2010年		2015年			
	知识产权密集型产业附加值（比例）*	各地区分布	知识产权密集型产业			各地区分布
			附加值	增幅	比例*	
全国	439042（43.5%）	100%	560003	27.6%	43.1%	100%
首尔	101744（35.7%）	23.2%	118136	16.1%	33.7%	21.1%
釜山	17015（31.2%）	3.9%	24303	42.8%	32.8%	4.3%
大邱	9555（29.7%）	2.2%	12838	34.4%	29.5%	2.3%
仁川	16477（39.4%）	3.8%	20543	24.7%	36.7%	3.7%
广州	8887（38.9%）	2.0%	10487	18.0%	36.3%	1.9%
大田	7091（32.6%）	1.6%	12147	71.3%	37.6%	2.2%
蔚山	26774（60.5%）	6.1%	30049	12.2%	64.6%	5.4%
世宗	—	—	2299	新增	28.6%	0.4%
京畿道	98365（49.9%）	22.4%	148005	50.5%	51.9%	26.4%
江原道	3703（19.7%）	0.8%	5231	41.3%	20.5%	0.9%
忠清北道	16622（54.5%）	3.8%	21700	30.5%	53.2%	3.9%
忠清南道	39075（66.2%）	8.9%	40372	3.3%	60.0%	7.2%
全罗北道	10640（38.9%）	2.4%	13119	23.3%	38.2%	2.3%
全罗南道	18626（48.4%）	4.2%	21506	15.5%	47.9%	3.8%
庆尚北道	35534（57.5%）	8.1%	39073	10.0%	54.2%	7.0%
庆尚南道	26664（41.7%）	6.1%	34737	30.3%	46.5%	6.2%
济州岛	1094（14.9%）	0.2%	2767	152.9%	22.5%	0.5%

* 比例=地区内知识产权密集型产业附加值/地区内总附加值。

资料：统计局，2010年、2015年各地区经济普查数据。

各地区附加值贡献度是“各地区知识产权密集型产业的附加值/各地区总附加值”，各年度趋势见图4-3。蔚山（2010年60.5%→2015年64.6%）、忠清南道（66.2%→60.0%）、庆尚北道（57.5%→54.2%）、忠清北道（54.5%→53.2%）创造全体知识产权密集型产业附加值的50%以上，在附加值方面显示出“知识产权密集的地区”的特点。相反，济州岛（2015年22.5%）、江原道（20.5%）的知识产权密集型产业的从业人员比例不足20%，但知识产权密集型产业的附加值比重达到20%左右。

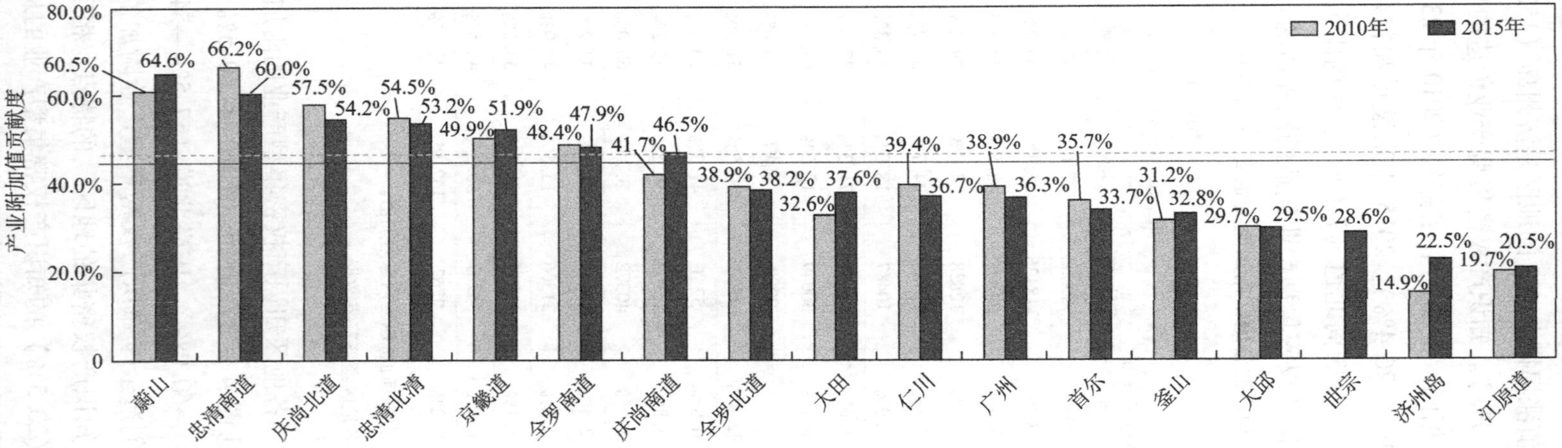

图4-3　各地区知识产权密集型产业附加值贡献度

表4-25是将全国知识产权各类型密集型产业的附加值设定为100，去了解各地区分布情况。发明专利领域，京畿道（2010年25.4%→2015年30.4%）和首尔（14.8%→25.4%*）、忠清南道（10.4%→9.3%）的知识产权密集型产业附加值比例较高；外观设计专利密集型产业中，京畿道（24.3%→27.0%）、首尔（12.8%→16.4%）、庆尚北道（9.6%→8.2%）是创造附加值较高的地区；商标密集型产业里，首尔（39.2%→38.0%）的附加值创出额比京畿道（16.3%→20.3%）高；著作权领域主要集中在首尔（73.1%→68.4%），其次是京畿道（13.2%→17.4%）。

表4-25 韩国知识产权密集型产业的附加值地区分布

	2010年				2015年			
	发明专利	外观设计专利	商标	著作权	发明专利	外观设计专利	商标	著作权
全国	100%	100%	100%	100%	100%	100%	100%	100%
首尔	14.8%	12.8%	39.2%	73.1%	10.2%	16.4%	38.0%	68.4%
釜山	3.5%	4.2%	4.1%	2.0%	4.1%	3.8%	4.0%	2.2%
大邱	2.1%	2.3%	2.0%	1.8%	1.9%	2.4%	2.1%	1.6%
仁川	3.8%	4.7%	2.8%	0.9%	3.8%	3.9%	2.9%	0.8%
广州	2.5%	3.2%	1.7%	0.9%	1.7%	2.0%	1.5%	0.9%
大田	1.8%	1.7%	1.9%	1.6%	2.4%	2.1%	2.4%	1.8%
蔚山	6.7%	7.7%	5.4%	0.6%	6.5%	7.6%	3.5%	0.5%
世宗	—	—	—	—	0.4%	0.5%	0.4%	0.0%
京畿道	25.4%	24.3%	16.3%	13.2%	30.4%	27.0%	20.3%	17.4%
江原道	0.6%	0.9%	1.3%	1.0%	0.9%	1.4%	0.7%	0.7%
忠清北道	3.6%	4.3%	2.8%	0.6%	3.8%	5.0%	3.8%	0.5%
忠清南道	10.4%	8.6%	4.2%	0.4%	9.3%	5.6%	3.5%	0.4%
全罗北道	2.6%	2.9%	2.2%	0.6%	2.5%	2.9%	2.3%	0.5%
全罗南道	4.2%	3.2%	5.6%	0.5%	0.6%	0.8%	0.6%	0.2%
庆尚北道	10.5%	9.6%	6.4%	0.9%	8.9%	8.2%	5.9%	0.7%
庆尚南道	7.2%	8.7%	3.0%	1.6%	7.5%	6.5%	3.6%	1.0%
济州岛	0.2%	0.3%	0.5%	0.4%	0.4%	0.3%	0.8%	2.2%

资料：统计局，2010年、2015年各地区经济普查数据。

* 原文表内为10.2%，与25.4%不一致。——译者注

第四节　知识产权密集型产业的经济效果分析

本节的经济效果分析是用实例分析企业的知识产权活动对营业收入和附加值、就业带动产生的影响，主要利用以产业为单位整合的 2015 年数据进行了回归分析。

一般来说，为了测算某个产业的经济成果，需要计算该产业在国家经济要素中占据的比例，或者挖掘影响该产业所属企业经营效益的要素，进行影响力分析。前面介绍的针对营业收入、附加值、就业、工资的技术性分析属于前者，那么本节要介绍的要素挖掘或影响力分析属于后者。

分析影响力时用到的从属变量就是企业的经营效益，可以通过财务报表上的营业收入、营业利润、资产收益率（Return on Asset，ROA）、净资产收益率（Return on Equity，ROE）等比率变量来测算。20 世纪 80 年代以后，测算企业的经营效益时，减少账本上的乖离率，更注重分析企业在股市上的表现（Griliches，1981；Salinger，1984）。本节介绍的针对“知识产权密集型产业”的经济效益的研究，涉及过去企业的技术革新和经营效益的关系研究。技术革新和经营效益的关系研究主要利用研发（R&D）或发明专利数据，针对技术革新相关变量对企业经营效益产生的影响进行定量测算的分析（Hall，1993；Cockburn and Griliches，1987；Lang and Stulz，1994；Hall，2000）。国内也有很多研究试图解释企业的专利活动和经营效益之间的关系。

一、已有研究

具有代表性的是，李元英（이원영）、朴永泰（박용태）（2004）从 20 世纪 80 年代至 90 年代，分析和比较 71 个韩国和美国企业的专利活动。专利活动的定量指标利用了国内发明专利授权量、从业人员人均国内发明专利授权量、美国发明专利授权量、从业人员人均美国发明专利授权量等指标，定性指标利用了引用频率、国际范围、组数、平均权利要求数等指标。朴贤英（박선영）等（2006）根据企业的特点，在 11 年里针对 162 个国际科技企业进行实例分析，将去除规模效应的专利强度、研发强度、无形资产强度作为国内企业的技术创新特点进行分析，其中已验证专利强度和研发强度对企业经营效益起到正向影响，同时确认根据企业技术创新特点分类的 8 个类型的企业效益有不同的差异。

但是，专利和研发数据作为技术创新的代理变量，具有一定的劣势，就是不能反映创新的商用化。也就是 R&D 和专利数据更接近于发明的代理变量而不是创新的变量，因此不能反映技术创新带来企业经营效益的过程。R&D 是投入变量，并不意味着创新技术的成功或商用化。在权利化的多数专利中，能够发挥作用的专利较少，因此商用化转化率也偏低。

对企业的经营效益产生影响的并不只有技术创新，当然还有非技术创新因素。其中，与知识产权有关的是商标或外观设计专利。但是，针对企业的非技术创新的测算和分析，并没有像技术创新那么活跃。非技术创新的成果通过申请和注册商标、外观设计专利来进行保护，与 R&D 和专利相比，商标和外观设计专利可以直接应用到产品或服务在市场上进行销售，商用化特点非常明显。尤其，商标可以表示非技术创新成果，这一点上与专利和 R&D 有所不同，因此逐渐获得市场的关注（Mendonca et al.，2004；Millot，2009；Greenhalgh et al.，2011）。

Allegrezza 和 Guard Rauchs（1999）对商标的决定性因素进行实证分析，并解释了企业的创新活动和商标的关系。根据比荷卢关税同盟的商标局针对 2500 个比荷卢关税同盟的中小企业进行问卷调查的结果，企业规模、竞争水平、竞争对手的模仿能力、出口比例、商标保护决策者的主观因素、研发密集度等指标对企业的商标注册产生正面影响。

Greenhalgh 和 Rogers（2007）阐述了英国企业的商标活动对股价和生产能力提升有重大贡献，这是因为商标活动代理了生产性和产品价值创新等不容易被发现的多种企业特点。Kransnikov 等人（2009）分析了企业所属的产业里，商标密集度对企业的现金流和托宾 Q 值产生积极的影响。针对企业的商标活动和经营效益的分析研究中，会涉及 R&D 或企业等创新活动的变量（Feeny and Rogers，2003；Greenhalgh and Rogers，2007；Kransnikov et al.，2009；Greenhalgh et al.，2011；Sandner and Block，2011）。

外观设计专利也是企业创新活动的成果，但是创新出来的外观设计专利对企业的经营产生多少影响，没有做过深入的研究。Feeny 和 Rogers（2003）和 Griffith 等人（2005）利用创新活动成果发明专利、商标、外观设计专利，分析了企业的创新活动和企业价值及经营效益之间的关系，但外观设计专利方面没有得出正向的结果。

基于已有的研究，韩国劳动研究院（2012）和特许厅、韩国知识产权研究院（2014）通过计量模型分析了知识产权密集型产业的经济效果。

韩国劳动研究院（2012）利用韩国信用评价的企业数据库和特许厅的发明专利、实用新型、外观设计专利、商标授权数据库，分析了企业的知识产权储备对企业的经营及就业产生的效果。分析结果表明，随着企业的专利及实用新型的授权量增加，营业收入及就业也随之提升。而且在相同的产业里，其他企业的发明专利、实用新型的积累也对就业和营业收入产生积极的影响。在发明专利、实用新型密集型产业里，发明专利、实用新型的积累对营业收入及就业产生的影响更为显著。针对商标注册进行经济效果及就业效果的分析，结果显示商标注册量越多，其营业收入及从业人员数也会增加。相反，相同的产业里其他企业的商标注册增加，对就业产生积极的影响，但对营业收入产生不了有利的影响。针对营业收入的商标注册弹性，在密集型产业和非密集型产业之间没有统计上的差异，但针对就业的弹性，两个产业领域之间存在一定的差异。尤其，商标密集型产业里，就业带动效果更小，甚至产生负面的影响，这和其他知识产权的分析结果存在不小的差异。

特许厅、韩国知识产权研究院（2014）针对企业的知识产权和经营效益的关系，以柯布－道格拉斯生产函数及 Griliches（1981）的市场价值方程式为基础，进行了用无形资产（R）和知识储备（K）的代理变量分析包含知识产权密集度等相关变量的研究。该研究的前提是假设企业通过创新活动创造（申请或授权）发明专利、商标、外观设计专利等知识产权，并利用这些知识产权可以创造收益或提高经营效益。利用的数据是 2013 年知识产权活动实情调查中母公司（20566 个）法人代码关联到特许厅数据库－NICE 评价信息数据库搭建的 2000—2012 年不均衡观察数据（针对 16202 个企业的 134109 件观测值）。分析结果表明，商标及外观设计密集度对企业的短期营业收入产生积极的影响，专利和商标的密集度对企业的长期经营效益（托宾 Q 值）产生更积极的影响。

二、分析模型及数据

本报告中，以知识产权密集型产业为中心，试图用柯布－道格拉斯生产函数测算各种知识产权活动带来的经济效益。柯布－道格拉斯生产函数是经济学上常用的公式，表示两个以上的投入因素（物质资本、劳动）和产出之间的关系，标准公式如下：

$$Y = \alpha L^{\beta_1} K^{\beta_2} \tag{1}$$

公式中，Y 表示总生产量，L 是劳动投入，K 是资本投入，α 是总要素生产弹性，β_1 和 β_2 是资本和劳动的生产弹性。β_1 和 β_2 是依据可用技术决定的常量，$\beta_1 + \beta_2 = 1$ 表示规模收益不变，$\beta_1 + \beta_2 > 1$ 表示规模效益递减，$\beta_1 + \beta_2 < 1$ 表示规模效益递增。如果将柯布－道格拉斯生产函数扩展（Griliches and Lichtenberg，1984），变成表示劳动、物质资本、技术资本等生产要素的投入产出关系的公式，具体公式如下：

$$Y = \alpha L^{\beta_1} K^{\beta_2} R^{\beta_3} \tag{2}$$

上述公式中，Y 表示生产，L 表示劳动，K 表示有形资产，R 表示企业积累的无形资产，α 表示对企业产生影响的外部知识变量，β_1、β_2、β_3 表示企业的各投入要素的生产弹性。

上述式（2）中，对两边求自然对数

$$\ln Y = \ln\alpha + \beta_1 \ln L + \beta_2 \ln K + \beta_3 \ln R \tag{3}$$

上述式（3）中，本报告为了了解知识产权密集型产业对企业的生产 Y 产生的影响，将无形资产变量 R 替换为与知识产权有关的代理变量（R&D 支出额、知识产权储备变量、知识产权流量变量、产业集群变量），构建了如下的模型。知识产权储备变量使用了发明专利持有量、商标持有量、外观设计持有量，知识产权流量标量使用知识产权密集度、商标密集度、外观设计密集度，产业集群变量主要是知识产权密集型产业集群、发明专利密集型产业集群、商标密集型产业集群、外观设计专利密集型产业集群。

以式（3）为基础，将知识产权活动带来的经济效益分为1）定量效益和2）定性效益，从属变量分别设置为营业收入和附加值。营业收入是企业的营销活动或普通活动带来的收益，销售商品或提供外包服务换取的金额，可以说是企业的定量成果。另外，附加值是企业在生产过程中新增或创造的价值。也就是企业生产的最终产品的价值减去投入的原材料和中间材料的价值剩下的部分，可以说是企业的定性成果。

定量成果和定性成果的分析模型是根据不同的变量分别由 5 个构成（见表 4 – 26）。模型 1 和模型 6 是基本模型。模型 2 和模型 7 是无形资产的代理（proxy）变量，是利用 R&D 支出额的模型。模型 3 和模型 8 是分析知识产权储备对企业产生的影响的模型，代理变量是 R&D 支出额和知识产权持有量。模型 4 和模型 9 是分析知识产权流量的模型，代理变量是 R&D 支出额和知识产权密集型程度。最后，模型 5 和模型 10 是分析知识产权密集型产业对营业收入和附加值产生的影响的模型。

表 4 – 26　分析模型

	模型	回归式
定量效果模型 从属变量： ln（营业收入）	模型 1	$\ln Sales = \ln\alpha + \beta_1 \ln L + \beta_2 \ln K + \beta_3 \ln R$
	模型 2	$\ln Sales = \ln\alpha + \beta_1 \ln L + \beta_2 \ln K + \beta_3 \ln R$ $\ln R = k_0 + k_1 \ln RD$
	模型 3	$\ln Sales = \ln\alpha + \beta_1 \ln L + \beta_2 \ln K + \beta_3 \ln R$ $\ln R = k_0 + k_1 \ln RD + k_2 \ln Pat + k_3 \ln Tra + k_4 \ln Des$

续表

	模型	回归式
定量效果模型 从属变量： ln（营业收入）	模型4	$\ln Sales = \ln\alpha + \beta_1 \ln L + \beta_2 \ln K + \beta_3 \ln R$ $\ln R = k_0 + k_1 \ln RD + k_2 \ln PatI + k_3 \ln TraI + k_4 \ln DesI$
	模型5	$\ln Sales = \ln\alpha + \beta_1 \ln L + \beta_2 \ln K + \beta_3 \ln R$ $\ln R = k_0 + k_1 \ln RD + k_2 \mathrm{D}$
定性效果模型 从属变量： ln（附加值）	模型6	$\ln Value = \ln\alpha + \beta_1 \ln L + \beta_2 \ln K + \beta_3 \ln R$
	模型7	$\ln Value = \ln\alpha + \beta_1 \ln L + \beta_2 \ln K + \beta_3 \ln R$ $\ln R = k_0 + k_1 \ln RD$
	模型8	$\ln Value = \ln\alpha + \beta_1 \ln L + \beta_2 \ln K + \beta_3 \ln R$ $\ln R = k_0 + k_1 \ln RD$
	模型9	$\ln Value = \ln\alpha + \beta_1 \ln L + \beta_2 \ln K + \beta_3 \ln R$ $\ln R = k_0 + k_1 \ln RD$
	模型10	$\ln Value = \ln\alpha + \beta_1 \ln L + \beta_2 \ln K + \beta_3 \ln R$ $\ln R = k_0 + k_1 \ln RD$

为了预估上述模型的系数，最好是利用个别企业数据推算企业生产函数，但为了便于分析将个别企业的数据汇总到各产业数据中（KSIC 小分类）。因此，使用了统计局的“2015 年经济普查”数据和特许厅的工业产权数据库（见表 4－27）。

表 4－27 变量说明

变 量	说 明	数据来源
附加值（*Value*）	2015 年“人力费＋租赁费＋税金＋折旧费·坏账费＋其他营业费用”	2015 年经济普查全国篇
营业收入（*Sales*）	2015 年营业收入	
从业人员数（*L*）	2015 年从业人员数	
有形资产（*K*）	2015 年“土地＋建筑物＋机器设备·熔炉·窑＋船舶·车辆等运输工具＋其他（工具·其他·备品）＋建设中的资产”	
无形资产（*R*）	2015 年“工业产权＋渔业权＋软件＋开发费＋其他资产”	
R&D 支出额（*RD*）	2015 年技术开发或产品研发而支出的费用	
发明专利持有量（*Pat*）	2011—2014 年新增发明专利授权量	特许厅工业产权数据库和 NICE 数据库关联
商标持有量（*Tra*）	2011—2014 年新增商标注册量	
外观设计专利持有量（*Des*）	2011—2014 年新增外观设计专利授权量	
发明专利密集度（*PatI*）	发明专利持有量/从业人员数	生产量
商标密集度（*TraI*）	商标持有量/从业人员数	
外观设计密集度（*DesI*）	外观设计专利持有量/从业人员数	
知识产权密集型产业集群（*D*）	是否是发明专利密集度、商标密集度、外观设计专利密集度中超过任何一项平均值的产业	

表示生产的 Y 变量使用了营业收入和附加值，劳动（L）和资本（K）变量分别使用了从业人员数和有形资产，营业收入、附加值、从业人员数分别取了自然对数并应用到分析过程。

无形资产 R 首先使用了经济普查中的无形资产金额。为了细化无形资产的影响，将无形资产的代理变量研发费（RD）变更为控制变量，再增加发明专利、商标、外观设计专利持有量和发明专利密集度、商标密集度、外观设计专利密集度等变量。一般来说，企业通过运用所持有的知识产权或创造新的知识产权，试图扩大企业的营业收入和附加值。此时，企业的知识产权持有量等同于知识产权储备，把新增知识产权授权量除以从业人员数算出的知识产权密集度变量当作流量（flow）加入模型上。

也就是各产业发明专利储备、商标储备、外观设计专利储备使用了各产业发明专利持有量、各产业商标持有量、各产业外观设计专利持有量取自然对数的变量。但是，知识产权储备变量和知识产权流量变量对从属变量的影响具有时间差，但本报告由于收集的数据受限，并没有考虑这种时间差。

※［参考资料］R&D 支出额的代理运用性

R&D 活动带来技术创新时，通过专利授权的方式给发明人赋予一定时间内的独占性权利，同时技术创新成果向大众公开并进行推广。但是，专利的增加并不单单靠 R&D 投入，而是需要一定规模的高水平的 R&D 人员，也依赖从发达国家引进领先技术。因此，知识的创造需要较大的费用，所以发达国家的创造数量会更多。

专利等知识产权一般经过其他技术创新的反馈，OECD 详细阐述了此过程。也就是专利授权量增加→可以利用的信息量增加→发明人在特定项目上利用新知识创造利润的概率增加→技术创新带来的经济效益增加→发明人和专利的数量增加，这是一系列良性循环。

但是，从时间序列上来看，不仅是当前 R&D，还有过去的 R&D 也会对专利产生影响。Kortum 分析了 R&D、专利及全要素生产率（Total Factor Productivity，TFP）之间的关系，认为专利的总增加量受当前 R&D 和过去 R&D 储备（stock）的影响，并搭建了模型。

此模型中，过去 R&D 活动（$R(s)$）的储备当作 $K(t)$：

$$K(t) = \int_{-\infty}^{t} R(s)\,\mathrm{d}s$$

R&D 从业人员设定为 $R(t)$，利用 $K(t)$ 获得专利的概率设定为 p，t 期的专利增加率是 $I(t) = R(t)K(t)$。研究结果显示，随着时间的流逝专利的价值越高，使得研发的企业为发明创造支出更多的 R&D 费用。

为了了解知识产权密集型产业的影响，此处增加了知识产权密集型产业集群（dummy）变量。

营业收入、从业人员数、有形资产、无形资产、研发费等大部分产业的值比0大或者为缺失值，因此可以直接使用自然对数值。与此相反，发明专利、商标、外观设计专利储备值为0的情况下，取自然对数值就得出负的无穷，因此SPSS等统计上将此处理为缺失值。实际上，并不是缺失数据，但为了防止分析时被排除的问题，在原来的发明专利、商标、外观设计专利储备值加1再取自然对数，使得没有持有知识产权储备的工商户也可以被赋予0值。

发明专利密集度、商标密集度、外观设计专利密集度的分类标准与此前知识产权密集型产业的分类标准相同，是2011—2015年新增授权量除以从业人员数的值。知识产权密集型产业集群变量是，224个产业中发明专利密集度、商标密集度、外观设计专利密集度任一值高于平均值就分类为密集型产业（100个产业），给那些产业赋予1，反之赋予0，就构成了集群变量。针对发明专利密集型产业、商标密集型产业、外观设计专利密集型产业，根据产业情况赋予0和1，从而增加集群变量进行分析（见表4-28、表4-29）。

表4-28 整体产业各变量的技术统计（$N=224$）

变量	最小值	最大值	平均	标准偏差
LN（附加值）	0.000	17.739	14.345	2.516
附加值（单位：百万韩元）	-36711	50589902	5806567	7627431
LN（营业收入）	0.000	19.711	15.608	2.482
营业收入（单位：百万韩元）	401	363241749	23923938	40442700
LN（从业人员数）	0.000	14.227	10.229	2.093
从业人员数（单位：百万韩元）	13	1509675	94095	147304
LN（有形资产）	0.000	18.921	13.698	3.479
有形资产（单位：百万韩元）	0	164887212	6796168	15217189
LN（无形资产）	0.000	18.086	10.883	3.328
无形资产（单位：百万韩元）	0	71549523	949922	5129037
LN（R&D）	0.000	15.213	9.621	2.825
R&D（单位：百万韩元）	0	2390330	123384	293978
LN（专利数）	-0.693	10.484	4.508	2.647
发明专利数（单位：件）	0	35727	1296	4090
LN（商标数）	-1.099	9.876	5.037	2.195
商标数（单位：件）	0	19458	785	1884

续表

变　量	最小值	最大值	平　均	标准偏差
LN（外观设计专利数）	-2.996	9.296	3.815	2.583
外观设计专利数（单位：件）	0	10894	446	1103
LN（发明专利密集度）	-5.616	6.041	1.275	2.416
发明专利密集度（单位：件/千人）	0.004	420.159	23.370	50.756
LN（商标密集度）	-2.840	6.475	1.783	1.786
商标密集度（单位：件/千人）	0.058	648.649	23.457	57.972
LN（外观设计专利密集度）	-7.254	5.159	0.683	2.292
外观设计专利密集度（单位：件/千人）	0.000	173.917	10.924	22.953
知识产权密集型产业集群	0.000	1.000	0.495	0.498
发明专利密集型产业集群	0.000	1.000	0.223	0.417
商标密集型产业集群	0.000	1.000	0.223	0.417
外观设计专利密集型产业集群	0.000	1.000	0.223	0.417

表4-29　知识产权密集型产业/非密集型产业各变量的技术统计

变　量	知识产权密集型产业（$N=95$）				非知识产权密集型产业（$N=129$）			
	最小值	最大值	平均	标准偏差	最小值	最大值	平均	标准偏差
LN（附加值）	9.297	17.295	14.594	1.702	0.000	17.739	14.161	2.970
LN（营业收入）	10.485	18.805	15.963	1.806	0.000	19.711	15.347	2.859
LN（从业人员数）	5.717	12.693	10.143	1.568	0.000	14.227	10.292	2.411
LN（有形资产）	0.000	18.921	14.529	2.450	0.000	17.577	13.086	3.974
LN（无形资产）	0.000	16.007	11.930	2.446	0.000	18.086	10.112	3.673
LN（R&D）	0.000	15.213	10.711	2.285	0.000	13.799	8.818	2.922
LN（发明专利数）	0.000	10.484	6.225	2.086	-0.693	8.445	3.242	2.282
LN（商标数）	0.693	9.876	6.147	1.656	-1.099	8.331	4.220	2.189
LN（外观设计专利数）	0.000	9.296	5.519	2.012	-2.996	7.935	2.560	2.217
LN（发明专利密集度）	0.000	6.041	3.078	1.407	-5.616	3.899	-.052	2.128
LN（商标密集度）	0.577	5.748	3.005	1.185	-2.840	6.475	.883	1.612
LN（外观设计专利密集度）	-0.757	5.159	2.367	1.319	-7.254	3.990	-.557	2.055
发明专利密集型产业集群	0.000	1.000	0.530	0.502				
商标密集型产业集群	0.000	1.000	0.530	0.502				
外观设计专利密集型产业集群	0.000	1.000	0.530	0.502				

三、分析结果

当前分析 R&D 投资和专利关系的研究中，利用横向分析、时间数列或者平行（panel）数据的情况较多。但是 Mansfield 指出，利用特定年份的产业数据进行横向分析（cross - sectional analysis）时，R&D 投资和专利之间存在时间差，有可能产生数据不均衡的情况。而且专利的国际专利分类（IPC）与经济分析上需要的产业分类（SIC）是不同的分类体系。另外，还有进行 R&D 活动的产业和当年利用该技术的产业不一定一致等问题。这些问题与企业之间或者产业之间进行的技术交易及技术普及、普及效果等都有密切的关系。尽管存在这些问题，Griliches 在进行 R&D 和专利关系的问卷调查、横向分析时，认为两者有很强的相互关系，在时间序列分析上，显示其关系没有横向分析那么明显，但也产生了正向影响。因此，Griliches 认为可以将专利当作技术开发活动的指标，与 R&D 数据或 R&D 的代理变量一起来使用。

本报告利用 2015 年各产业横断面数据（cross - sectional data），也考虑了横向分析的优缺点，最终采用了回归分析模型。

实施回归分析时，独立变量的相互关系较高，容易产生多重共线性（multi - colinearity）问题。例如，将房子的价格设定为从属变量，面积和房间数量设定为独立变量，那么两个变量之间的相互关系很高，因此无法避免多重共线性问题。针对相互关系较高的变量，需要进行剔除一个变量或两个变量合在一起组成新的变量等的处理，才能进行更具有信赖度的分析。

表 4 - 30 提示的相互关系系数是，整体产业的变量之间的皮尔逊相关系数（pearson correlation coefficient）。皮尔逊相关系数的值介于 - 1 与 1 之间。正向相互关系时显示（ + ）值，负向相互关系时显示（ - ）值。正向相互关系是一个变量随着另外一个变量的增加而增加，负向相互关系是一个变量随着另外一个变量的增加而递减。

表 4 - 30　整体产业变量间相互关系分析结果

序号	种类	1	2	3	4	5	6	7	8	9	10	11	12
1	LN（附加值）												
2	LN（营业收入）	0.932											
3	LN（从业人员数）	0.899	0.893										
4	LN（有形资产）	0.627	0.691	0.604									
5	LN（无形资产）	0.608	0.661	0.583	0.856								

续表

序号	种类	1	2	3	4	5	6	7	8	9	10	11	12
6	LN（R&D）	0.727	0.734	0.707	0.572	0.629							
7	LN（发明专利数）	0.464	0.513	0.415	0.525	0.571	0.703						
8	LN（商标数）	0.597	0.609	0.581	0.589	0.652	0.658	0.691					
9	LN（外观设计专利数）	0.424	0.476	0.405	0.485	0.500	0.636	0.847	0.735				
10	LN（发明专利密集度）	-0.084	-0.025	-0.235	0.102	0.163	0.285	0.739	0.251	0.583			
11	LN（商标密集度）	-0.111	-0.084	-0.263	0.086	0.179	0.148	0.389	0.577	0.451	0.572		
12	LN（外观设计专利密集度）	-0.127	-0.059	-0.254	0.056	0.065	0.206	0.514	0.267	0.696	0.765	0.625	
13	密集型产业与否	0.085	0.123	-0.035	0.206	0.271	0.332	0.558	0.435	0.567	0.642	0.589	0.632

表4－31中，78个相互关系中，52个的相关系数在0.4～0.9，系数值较高。相关系数不足0.4的有26个，主要出现在发明专利密集度、商标密集度、外观设计专利密集度、密集型产业集群和附加值、营业收入、有形资产、无形资产、R&D支出的关系上。变量之间的相关系数较高的原因是，本报告的数据不是企业数据而是产业数据，导致标本数量减少，自由度较低，最终得出的相关系数较高。

表4－31　知识产权密集型产业的变量之间相互关系分析结果

序号	种类	1	2	3	4	5	6	7	8	9	10	11	12	13	14
1	LN（附加值）														
2	LN（营业收入）	0.973													
3	LN（从业人员数）	0.905	0.893												
4	LN（有形资产）	0.808	0.837	0.768											
5	LN（无形资产）	0.798	0.801	0.735	0.864										
6	LN（R&D）	0.765	0.762	0.805	0.807	0.842									
7	LN（发明专利数）	0.732	0.731	0.737	0.682	0.671	0.788								
8	LN（商标数）	0.709	0.687	0.727	0.636	0.733	0.605	0.447							
9	LN（外观设计专利数）	0.601	0.615	0.743	0.580	0.496	0.621	0.645	0.580						
10	LN（发明专利密集度）	0.093	0.103	0.000	0.165	0.180	0.276	0.673	-0.139	0.136					
11	LN（商标密集度）	-0.199	-0.217	-0.294	-0.129	0.053	-0.217	-0.352	0.440	-0.178	-0.203				
12	LN（外观设计专利密集度）	-0.100	-0.072	0.005	0.039	-0.056	0.053	0.113	0.074	0.659	0.156	0.082			
13	发明专利密集型产业	0.095	0.066	0.015	0.078	0.145	0.292	0.559	-0.159	0.031	0.812	-0.248	-0.004		
14	商标密集型产业	-0.112	-0.114	-0.184	-0.062	0.068	-0.188	-0.367	0.431	-0.171	-0.348	-0.841	-0.018	-0.351	
15	外观设计专利密集型产业	-0.163	-0.138	-0.087	-0.072	-0.163	-0.091	-0.075	-0.044	0.476	-0.027	0.032	0.818	-0.182	-0.013

大体上，多数变量之间的相关系数都较高，因此需要确认变量之间是否存在多重共线性。为此，需要确认各模型估计系数的方差扩大因子(Variance Inflation Factor，VIF)。VIF 可以对估计系数进行计算，对特定估计变量线性回归其他估计变量得出 R^2。VIF 的计算公式是 $1/(1-R^2)$。其他估计系数因线性依赖性，测算回归系数的扩大（inflated）值确认分散情况，因此被称为“方差扩大因子”。例如，VIF 值为 1.8 表示如果某个估计变量和其他估计变量完全没有关系，那么特定回归系数的分散性(标准误差的平方）比该分散性大 80%。VIF 的最低限是 1，但没有上限。学术界对 VIF 的上限众说纷纭，但一般来说 VIF 处于 5.0 以下，就认为不存在多重共线性。

本报告中，尽管变量之间的相关系数较高，但所有模型的估计系数的 VIF 都小于 5.0，因此认为不存在多重共线性的问题。

表 4-32　非知识产权密集型产业的变量之间相互关系分析结果

序号	种类	1	2	3	4	5	6	7	8	9	10	11
1	LN（附加值）											
2	LN（营业收入）	0.921										
3	LN（从业人员数）	0.907	0.908									
4	LN（有形资产）	0.578	0.643	0.584								
5	LN（无形资产）	0.559	0.612	0.578	0.846							
6	LN（R&D）	0.746	0.737	0.751	0.457	0.500						
7	LN（专利数）	0.431	0.470	0.440	0.443	0.469	0.598					
8	LN（商标数）	0.603	0.602	0.642	0.547	0.575	0.604	0.681				
9	LN（外观设计专利数）	0.417	0.457	0.428	0.416	0.418	0.556	0.857	0.701			
10	LN（发明专利密集度）	-0.259	-0.211	-0.365	-0.101	-0.078	0.033	0.575	-0.005	0.445		
11	LN（商标密集度）	-0.202	-0.187	-0.302	-0.016	0.015	0.003	0.308	0.441	0.351	0.498	
12	LN（外观设计专利密集度）	-0.271	-0.209	-0.392	-0.136	-0.168	-0.026	0.314	-0.042	0.482	0.745	0.516

1. 定量效果模型

定量效果分析模型是了解知识产权密集型产业对营业收入产生多少影响的模型。从业人员数和有形资产在所有模型中，对营业收入产生正向影响。无形资产在模型 1 的统计上显示产生负向影响。但是利用无形资产的代理变量来扩大的模型 2~5 得出的结果是无形资产产生正向影响。

模型 2 和模型 3 中，R&D 支出对营业收入产生正向影响。也就是说，R&D 支出增加 1%，模型 2 的营业收入增长 0.128%，模型 3 的营业收入增长0.09%。例如，假设某个企业年营业收入是100亿韩元，每年R&D支出额为5亿韩元。那么企业增加1%（500万韩元）的R&D支出，模型2的营业收入增加0.128%（1280万韩元），模型3的营业收入增加0.09%（900万韩元）。但是模型3中，知识产权储备变量没有起到正向影响。模型4中，知识产权流量变量中，只有发明专利密集度显示产生正向影响。模型5中，知识产权密集型产业比非密集型产业的营业收入贡献度高0.389（见表4－33）。

表4－33　整体产业定量效果模型回归分析结果

※从属变量：LN（营业收入）

变　量	模型1	模型2	模型3	模型4	模型5
LN（从业人员数）	0.878*** (0.041)	0.789*** (0.048)	0.812*** (0.051)	0.973*** (0.065)	0.846*** (0.053)
LN（有形资产）	0.128*** (0.039)	0.147*** (0.025)	0.137*** (0.026)	0.123*** (0.025)	0.136*** (0.025)
LN（无形资产）	0.056 (0.040)	—	—	—	—
LN（R&D）	—	0.128*** (0.034)	0.090** (0.043)	0.013 (0.044)	0.083** (0.038)
LN（发明专利数）	—	—	0.076 (0.053)	—	—
LN（商标数）	—	—	－0.011 (0.052)	—	—
LN（外观设计专利数）	—	—	0.021 (0.053)	—	—
LN（发明专利密集度）	—	—	—	0.094** (0.046)	—
LN（商标密集度）	—	—	—	0.048 (0.049)	—
LN（外观设计专利密集度）	—	—	—	0.049 (0.047)	—
密集型产业集群	—	—	—	—	0.389** (0.156)
（常量）	4.266*** (0.353)	4.298*** (0.342)	4.349*** (0.352)	3.615*** (0.381)	4.133*** (0.344)
R2	0.834	0.843	0.845	0.854	0.847
修正的R2	0.832	0.841	0.840	0.850	0.844

注：括号内是标准误差。*** $p<0.01$，** $p<0.05$，* $p<0.1$。

为了更深入地了解知识产权密集型产业的定量效果，将全体224个产业分为知识产权密集型产业（$N=95$）和非知识产权密集型产业（$N=129$）进行了回归分析。表4-34、表4-35是分别对知识产权密集型产业和非知识产权密集型产业进行定量效果分析的结果。

表4-34 知识产权密集型产业的定量效果模型回归分析结果

※从属变量：LN（营业收入）

变 量	模型1	模型2	模型3	模型4	模型5
LN（从业人员数）	0.673*** (0.073)	0.752*** (0.082)	0.766*** (0.100)	0.840*** (0.090)	0.803*** (0.089)
LN（有形资产）	0.196*** (0.063)	0.305*** (0.053)	0.288*** (0.052)	0.294*** (0.052)	0.311*** (0.054)
LN（无形资产）	0.104* (0.059)	—	—	—	—
LN（R&D）	—	-0.077 (0.061)	-0.141** (0.065)	-0.127* (0.064)	-0.125* (0.069)
LN（发明专利数）	—	—	0.157** (0.060)	—	—
LN（商标数）	—	—	0.076 (0.065)	—	—
LN（外观设计专利数）	—	—	-0.136** (0.053)	—	—
LN（发明专利密集度）	—	—	—	0.137** (0.058)	—
LN（商标密集度）	—	—	—	0.067 (0.065)	—
LN（外观设计专利密集度）	—	—	—	-0.141** (0.053)	—
发明专利密集型产业集群	—	—	—	—	0.263 (0.178)
商标密集型产业集群	—	—	—	—	0.131 (0.158)
外观设计专利密集型产业集群	—	—	—	—	-0.170 (0.146)
（常量）	5.042*** (0.486)	4.726*** (0.501)	4.837*** (0.563)	4.248*** (0.639)	4.517*** (0.573)
R2	0.858	0.856	0.872	0.871	0.863
修正的R2	0.853	0.851	0.863	0.863	0.854

注：括号内是标准误差。*** $p<0.01$，** $p<0.05$，* $p<0.1$。

表 4-35 非知识产权密集型产业的定量效果模型回归分析结果

※从属变量：LN（营业收入）

变 量	模型 1	模型 2	模型 3	模型 4
LN（从业人员数）	0.958*** (0.053)	0.854*** (0.068)	0.893*** (0.073)	1.022*** (0.086)
LN（有形资产）	0.122** (0.049)	0.121** (0.031)	0.125** (0.032)	0.107** (0.030)
LN（无形资产）	0.001 (0.053)	—	—	—
LN（R&D）	—	0.117** (0.051)	0.106* (0.058)	0.024 (0.059)
LN（发明专利数）	—	—	0.008 (0.090)	—
LN（商标数）	—	—	-0.114 (0.077)	—
LN（外观设计专利数）	—	—	0.075 (0.092)	—
LN（发明专利密集度）	—	—	—	0.020 (0.072)
LN（商标密集度）	—	—	—	-0.008 (0.073)
LN（外观设计专利密集度）	—	—	—	0.196*** (0.073)
（常量）	3.879*** (0.459)	3.948*** (0.447)	3.843*** (0.468)	3.333*** (0.490)
R2	0.843	0.850	0.852	0.864
修正的 R2	0.840	0.846	0.845	0.858

注：括号内是标准误差。*** $p<0.01$，** $p<0.05$，* $p<0.1$。

模型 1 中，知识产权密集型产业的无形资产对营业收入的影响是 0.104，但非知识产权密集型产业的无形资产对营业收入产生了负向影响。从结果上来看，无形资产对知识产权密集型产业的影响比非知识产权密集型产业的大。

模型 2 中，R&D 对知识产权密集型产业产生负向影响，但对非知识产权密集型产业产生正向影响，且对营业收入的 R&D 支出弹性是 0.117。针对该结果，需要更为具体的评估。但是，模型 2～5 的分析结果是 R&D 对知识产权密集型产业产生负向影响，同时比知识产权储备变量和代理变量影响力更小，从分析结果来看，R&D 支出对知识产权密集型产业的营业收入产生的影响不如知识产权储备或流量产生的影响大。

相反，非知识产权密集型产业中 R&D 支出都产生正向的估计系数。知识产权密集型产业的模型 3 和模型 4 中显示，知识产权储备变量中发明专利持有量和外观设计持有量产生正向影响，知识产权流量变量中也是发明专利密集度和外观设计专利密集度产生正向影响。

发明专利数和发明专利密集度是正向的估计系数 0. 157 和 0. 137，外观设计专利数和外观设计专利密集度是负向的估计系数 -0. 136 和 -0. 141。可以看出，针对知识产权密集型产业的营业收入产生影响的知识产权类型中，发明专利的影响最大且带来定量效果，外观设计专利产生负向的影响。外观设计专利呈现负向效果表示，外观设计专利数或外观设计专利密集度增加时，营业收入会下降。关于此现象，特许厅、韩国知识产权研究院（2014）解释为“近年来企业开始注重外观设计专利，但外观设计专利储备系数还处于负向影响，说明韩国大部分企业的外观设计专利竞争力比较低下”。但是，到目前为止没有客观数据说明韩国的外观设计专利竞争力水平到底处于哪个阶段，只凭外观设计专利竞争力低下这样的预测，不能很好地解释本报告的结果。未来还需要更深入的研究。

非知识产权密集型产业的知识产权储备变量都产生负向影响，知识产权流量变量中只有外观设计专利密集度得出正向的估计系数 0. 196。将知识产权密集型产业分为发明专利密集型产业、商标密集型产业、外观设计专利密集型产业，分析了对营业收入的影响，但其结果都显示产生了负向影响。

本报告使用了 2015 年数据，但一般来说企业的知识产权活动不会立即对企业的经济效益产生影响，因此研发费和知识产权流量（密集度）、储备（授权量）采用了滞后变量（time - lagged variables）进行分析。本示例分析和其他分析模型中，使用 2010 年经济普查数据中算出的研发费、知识产权密集度、授权量等变量进行分析的结果显示，各指标上正向、负向影响、R2 值等方面并没有较大的差异。

2. 定性效果分析

定性分析模型是了解知识产权密集型产业对附加值创造产生多少影响的模型。从业人员数在所有模型中对营业收入产生正向效果，有形资产除模型 6 之外其他模型中都显示正向效果。无形资产在模型 6 上显示负向效果，因此利用无形资产的代理变量扩展到模型 7 ~ 9，结果显示产生正向效果。

在模型7、模型8、模型10中，显示R&D支出对附加值创出产生正向效果。但是，在模型9中，显示R&D支出产生负向效果，而商标密集度产生正向效果。此结果与定量模型中，知识产权流量变量里只有发明专利密集度产生正向效果的结论有所不同。在模型10中，显示知识产权密集型产业的附加值创出贡献度比非密集型产业高0.280，略低于定量效果模型的0.389（见表4-36）。

表4-36 整体产业的定性效果模型回归分析结果

※从属变量：LN（附加值）

变量	模型6	模型7	模型8	模型9	模型10
LN（从业人员数）	0.976*** (0.044)	0.878*** (0.050)	0.864*** (0.054)	0.985*** (0.070)	0.919*** (0.056)
LN（有形资产）	0.056 (0.041)	0.070** (0.026)	0.064** (0.028)	0.053** (0.027)	0.062** (0.026)
LN（无形资产）	0.051 (0.042)	—	—	—	—
LN（R&D）	—	0.138*** (0.036)	0.137*** (0.046)	0.076 (0.047)	0.106** (0.041)
LN（发明专利数）	—	—	0.046 (0.056)	—	—
LN（商标数）	—	—	0.072 (0.054)	—	—
LN（外观设计专利数）	—	—	-0.093* (0.055)	—	—
LN（发明专利密集度）	—	—	—	0.061 (0.050)	—
LN（商标密集度）	—	—	—	0.098* (0.053)	—
LN（外观设计专利密集度）	—	—	—	-0.032 (0.051)	—
密集型产业集群	—	—	—	—	0.280* (0.166)
（常量）	3.028*** (0.373)	3.074*** (0.360)	3.100*** (0.370)	2.588*** (0.411)	2.955*** (0.366)
R2	0.820	0.830	0.833	0.835	0.832
修正的R2	0.818	0.828	0.828	0.830	0.829

注：括号内是标准误差。*** $p<0.01$，** $p<0.05$，* $p<0.1$。

针对定性效果模型，分别对知识产权密集型产业和非知识产权密集型产业进行分析的结果如表4－37、表4－38所示。

知识产权密集型产业的定性效果模型6的结果中，在知识产权密集型产业里，有形资产对附加值的创出产生负向效果，但无形资产产生了正向效果，其弹性值为0.144，是高于定量效果模型的0.104的值，表示无形资产比起营业收入对附加值的增加产生更具有弹性的效果。也就是无形资产的增加对定性效果的提升比定量效果的提升更具效率。

表4－37　知识产权密集型产业的定性效果模型回归分析结果

※从属变量：LN（附加值）

变　量	模型6	模型7	模型8	模型9	模型10
LN（从业人员数）	0.712*** (0.068)	0.779*** (0.079)	0.791*** (0.092)	0.887*** (0.084)	0.756*** (0.083)
LN（有形资产）	0.087 (0.059)	0.210*** (0.051)	0.184*** (0.047)	0.191*** (0.048)	0.218*** (0.050)
LN（无形资产）	0.144*** (0.055)	—	—	—	—
LN（R&D）	—	-0.042 (0.059)	-0.107* (0.059)	-0.091 (0.059)	-0.111* (0.065)
LN（发明专利数）	—	—	0.169*** (0.055)	—	—
LN（商标数）	—	—	0.133** (0.059)	—	—
LN（外观设计专利数）	—	—	-0.181*** (0.049)	—	—
LN（发明专利密集度）	—	—	—	0.145*** (0.054)	—
LN（商标密集度）	—	—	—	0.123** (0.060)	—
LN（外观设计专利密集度）	—	—	—	-0.173*** (0.049)	—
发明专利密集型产业集群	—	—	—	—	0.382** (0.166)
商标密集型产业集群	—	—	—	—	0.215 (0.147)
外观设计专利密集型产业集群	—	—	—	—	-0.220 (0.136)
(常量)	4.385*** (0.455)	4.088*** (0.480)	4.173*** (0.516)	3.379*** (0.591)	3.741*** (0.533)
R2	0.860	0.851	0.879	0.876	0.867
修正的R2	0.856	0.846	0.870	0.868	0.858

注：括号内是标准误差。*** $p<0.01$，** $p<0.05$，* $p<0.1$。

表4-38 非知识产权密集型产业的定性效果模型回归分析结果

※从属变量：LN（附加值）

变 量	模型6	模型7	模型8	模型9
LN（从业人员数）	1.067*** (0.058)	0.934*** (0.074)	0.926*** (0.080)	1.007*** (0.098)
LN（有形资产）	0.061 (0.053)	0.052 (0.033)	0.058 (0.035)	0.044 (0.034)
LN（无形资产）	-0.009 (0.058)	—	—	—
LN（R&D）	—	0.147*** (0.056)	0.168*** (0.063)	0.109 (0.066)
LN（发明专利数）	—	—	-0.043 (0.098)	
LN（商标数）			0.004 (0.084)	
LN（外观设计专利数）			-0.003 (0.100)	
LN（发明专利密集度）				-0.019 (0.081)
LN（商标密集度）				0.039 (0.082)
LN（外观设计专利密集度）				0.087 (0.083)
（常量）	2.474*** (0.502)	2.575*** (0.485)	2.522*** (0.512)	2.275*** (0.556)
R2	0.827	0.836	0.837	0.839
修正的R2	0.823	0.832	0.829	0.831

注：括号内是标准误差。*** $p<0.01$，** $p<0.05$，* $p<0.1$。

模型7~10中R&D的附加值弹性都呈现负向（-）估计值，统计上的重要性也不高。也就是R&D支出对附加值的增加并不具有效率性。模型8中，能够确认知识产权储备变量对附加值的创出具有统计上的重要性。尤其，发明专利数、商标数对附加值具有正向（+）弹性（0.169，0.133），能确认发明专利数和商标数对知识产权密集型产业的附加值起到重要的作用。外观设计专利数产生负向（-）效果，具体值为-0.181，与定量效果模型的结果相同。模型9中，知识产权流量变数的结果分别为发明专利密集度是0.145、商标密集度是0.123、外观设计专利密集度是

-0.173。

在模型10中，各产业集群变量中只有发明专利密集型产业集群变量是正向效果，值为0.382，商标密集型产业和外观设计专利密集型产业在统计上显示重要性不高。非知识产权密集型产业的知识产权储备变量、知识产权流量变量都显示统计上不具有重要性。

3. 就业带动效果模型

与知识产权密集型产业的经济效益分析不同，为了分析知识产权密集型产业的就业带动效果，韩国劳动研究院（2012）使用了如下的模型。

$$\ln L = \beta_0 + \beta_1 \ln \omega + \beta_2 \ln Y + \beta_3 \ln K + \beta_4 \ln R$$

上式中，L表示从业人员数，w表示工资，Y表示营业收入，K表示有形资产，R表示无形资产。R的代理变量利用了R&D支出额和知识产权储备变量。

如表4-39所示，在知识产权密集型产业中只有发明专利对就业带动具有重要性，有正向（+）效果。

表4-39 就业带动效果模型回归分析结果

※从属变量：LN（从业人员数）

变 量	全体产业	知识产权密集型产业	非知识产权密集型产业
LN（工资）	-1.069*** (0.085)	-1.218*** (0.154)	-0.867*** (0.115)
LN（营业收入）	0.834*** (0.035)	0.755*** (0.060)	0.785*** (0.048)
LN（有形资产）	-0.042** (0.019)	-0.132*** (0.038)	-0.030 (0.024)
LN（R&D）	0.135*** (0.029)	0.185*** (0.040)	0.134*** (0.039)
LN（发明专利数）	0.006 (0.038)	0.067* (0.040)	0.051 (0.064)
LN（商标数）	-0.009 (0.036)	0.025 (0.042)	0.056 (0.056)
LN（外观设计专利数）	-0.070* (0.037)	0.008 (0.038)	-0.119* (0.063)
LN（常量）	0.315 (0.334)	1.699*** (0.547)	0.090 (0.414)
R2	0.897	0.933	0.903
修正的R2	0.883	0.927	0.898

注：括号内是标准误差。*** $p<0.01$，** $p<0.05$，* $p<0.1$。

第五章　结论

第一节　摘要

本报告主要分析韩国知识产权密集型产业现状及知识产权密集型产业对国民经济的贡献度。本报告在各研究阶段采取了与已有研究不同的方法论，也提出了比已有研究更完善的知识产权密集型产业统计数据。

第二章讨论了当前针对知识产权密集型产业的分类标准的研究方法，试图完善方法论。第一，数据应用方面，知识产权密集型产业的分类及经济贡献度分析各阶段的数据设置了时间差（time - lag）。2006—2009 年为第一阶段，2011—2014 年为第二阶段，在两个阶段对知识产权密集型产业分类，利用 2010 年和 2015 年经济数据分析各阶段经济贡献度，比较各阶段的变化。第二，计算知识产权密集度的过程中，统计知识产权授权量时，采取了申请人识别码和法人代码关联，从企业信息数据库关联产业分类（KSIC）的方法。第三，为了防止各产业知识产权授权量（以企业为单位）和各产业从业人员数（以工商户为单位）的统计单位不一致导致知识产权密集度统计结果出现异常值的情况，将分析单位统一为韩国标准产业小分类。

在第三章对韩国知识产权密集型产业进行分类，韩国标准产业分类（KSIC）小分类上 2006—2009 年（第一期）共有 96 个，2011—2014 年（第二期）增加到 100 个。整体产业（小分类 224 个）中知识产权密集型产业的比例从第一期的 42.9% 增加到第二期的 44.6%，处于美国（24.0%）和欧洲（55.6%）的中间水平。本次调查结果高于特许厅、韩国知识产权研究院（2014）调查的 31.8%，原因是为了缩小知识产权数据库 - 企业信息数据库 - 统计局数据库之间的关联误差，将分析单位整合到小分类，因此包含了更多产业。

第四章根据第三章认定的韩国知识产权密集型产业分类，分析知识产权密集型产业对国民经济产生的经济效果，也就是“经济贡献度”，同时与美国、欧洲的数据进行了对比。知识产权密集型产业的“经济贡献度”

定义为整体产业经济指标中知识产权密集型产业占据的比重。知识产权密集度的经济贡献度分析分为各年度趋势分析、各地区现状分析及经济效果分析3个阶段进行。

第一，各年度趋势分析针对知识产权密集型产业各经济指标（就业、工资、附加值）对国民经济的经济贡献度（全体经济中的占比），分成2010年和2015年进行分析，同时与美国、欧洲的调查结果进行比较。分析指标方面除已有研究中讨论的就业、工资、附加值，还增加了研发费及广告费等指标。

韩国知识产权密集型产业的现状及经济贡献度（各年度趋势、各地区统计）分析结果显示，韩国的知识产权密集型产业是发明专利主导的研发密集型产业。韩国知识产权密集型产业的就业贡献度5年来持续增加，以发明专利密集型产业为中心，引领韩国的就业机会。相反，人均工资的附加值贡献度小幅下降，表示知识产权密集型产业和非知识产权密集型产业之间工资差异缩小。知识产权密集型产业的研发费和广告费也占据较高比例（见表5－1）。

表5－1　主要经济指标上韩国知识产权密集型产业的贡献度分析结果

经济指标（分析年度）	2010年					2015年				
	发明专利	外观设计专利	商标	著作权	密集型产业合计	发明专利	外观设计专利	商标	著作权	密集型产业合计
就业（万人）	240.4	227.5	170.9	39.0	463.1	327.7	248.0	227.7	51.2	607.0
就业比例	13.6%	12.9%	9.6%	2.2%	26.2%	15.7%	11.9%	10.9%	2.5%	29.1%
工资（周薪）（万韩元）	79.7	62.6	66.0	78.0	67.3	96.8	72.7	72.4	83.6	82.1
薪资额外费*（%）	85.1%	46.1%	54.1%	65.1%	57.1%	78.1%	33.7%	33.2%	53.8%	51.1%
附加值（兆韩元）	255.7	179.2	185.2	24.4	439.0	354.6	203.9	219.7	34.9	560.0
GDP比例（%）	25.4%	17.8%	18.4%	2.4%	43.5%	27.3%	15.7%	16.9%	2.7%	43.1%
研发费（兆韩元）	14.0	7.2	5.6	1.1	16.7	20.4	7.0	6.1	1.7	24.0
R&D比例（%）	61.0%	31.5%	24.3%	4.8%	72.8%	66.1%	22.7%	19.9%	5.5%	77.9%
广告费（兆韩元）						5.8	5.5	11.5	1.8	14.3
广告费比例						21.0%	20.2%	42.0%	6.7%	52.3%

*（薪资额外费）表示知识产权密集型产业与非知识产权密集型产业的平均工资差异。

第二，第四章第二节，各地区现状比较中，利用韩国17个主要市和道的经济普查数据，针对各地区就业、工资、附加值等指标分析知识产权密集型产业的贡献度，筛选“知识产权密集地区”。

第三，经济效果分析是，实例分析企业的知识产权活动对营业收入和附加值、就业创出产生的影响，本报告利用以产业为单位整合的2015年数据进行了回归分析。结果如其他多数研究采取的假设或理论一样，企业的定性、定量成果及就业带动效果中研发投入较为重要。知识产权密集型产业比非知识产权密集型产业，尤其是知识产权密集度越高的产业，创造的营业收入、附加值等经济效益更好。发明专利密集度主要对营业收入产生正向影响，商标密集度对附加值产生积极的影响（见表5－2）。

表5－2　计量分析的启示

独立变量	整体产业			知识产权密集型产业			非知识产权密集型产业		
	营业收入	附加值	就业	营业收入	附加值	就业	营业收入	附加值	就业
R&D	+	+	+	−	−	+	+	+	+
无形资产				+	+				
IP储备				+（发明专利）	+（发明专利，商标）	+（发明专利）			
IP密集度	+（发明专利）	+（商标）		+（发明专利）	+（发明专利，商标）		+（外观设计专利）		
IP密集型产业	+	+			+（发明专利）				

第二节　启示

众所周知，美国和欧洲定期发布知识产权密集型产业的研究报告，本报告的目的是提供韩国知识产权密集型产业分类及经济贡献度分析结果。本报告的意义是从国家层面分类知识产权密集型产业，分析知识产权密集型产业的经济贡献度，定期发布研究报告，定量分析知识产权对国民经济产生的影响。

2007年起，美国将具有高于产业平均以上的“发明专利授权量/研发费”的产业定义为“知识产权密集型制造业”，通过研究确认知识产权密集型制造业对美国经济的贡献度较高（Shapiro et al.，2007；Pham，2010），也通过2010年美国商务部发布的报告奠定了知识产权密集型产业的研究基础。欧洲专利局根据美国的发布周期，将具有欧盟产业特点的知识产权引入知识产权分类里，定义了知识产权密集型产业，在欧盟成员国进行了知识产权各类型经济贡献度分析结果的对比和分析。韩国在2014年的研究报告和本报告中确定了知识产权密集型产业分类标准，将知识产权密集型产业的贡献度趋势分析结果与美国、欧洲进行比较，同时分析了韩国的知识产权密集型产业的特点及与美国、欧洲的不同点。

本报告的统计分析及实例分析结果提供如下的启示：

第一，与美国、欧洲的研究结果进行比较分析，掌握韩国知识产权密集型产业的特点。也就是美国和欧洲主要通过商标密集型产业（服务业）创造就业机会及提高GDP，韩国以发明专利密集型产业（制造业）为中心的经济结构可以提高就业机会，但薪资额外费和GDP贡献度递减（见表5-3）。未来韩国需要以高附加值服务业为中心，带动就业和创造附加值。

表5-3 各年度趋势分析的启示

	韩国分析结果	启 示	特 点
就业	-知识产权密集型产业的就业岗位增加率（31.3%）> 全体产业平均增加率（18.4%）	知识产权密集型产业的就业带动效果较高	美国、欧洲的商标密集型产业就业带动效果较高，而韩国的发明专利密集型产业的就业带动效果更高
	-知识产权密集型产业的就业贡献度2010年26.2%→2015年29.1%	知识产权密集型产业的就业比例增加	
人均工资	-人均工资增长率是知识产权密集型产业（22%）< 产业平均（26.6%）< 非知识产权密集型产业（26.8%）	密集型产业和非密集型产业之间工资差异缩小	尤其，韩国的发明专利密集型产业的工资增幅（21.5%）较高
附加值	-知识产权密集型产业的附加值增加率（27.6%）< 全体产业平均增加率（27.6%）	韩国以发明专利密集型制造业为中心引领附加值创出	美国和欧洲的商标密集型产业的附加值创出结果较高
	-知识产权密集型产业的附加值贡献度2010年43.5%→2015年43.1%小幅下降		
研发投入	知识产权密集型产业的研发投入比例2010年72.8%→2015年77.9%大幅增加	发明专利密集型产业的研发投入占据66%	外观设计专利密集型产业的研发投入减少（3.3%↓）

第二，从知识产权密集型产业的贡献度分析结果的地区分布来看，就业、工资、附加值贡献度等方面，排名前5的地区（首尔、京畿道、忠清南道、庆尚南道、蔚山）是“知识产权密集型地区”。江原道和济州岛在各经济指标上，显示是知识产权密集度较低的“非知识产权密集型地区”

(见表5-4)。

表5-4 各地区现状分析的启示

	知识产权密集型地区	非知识产权密集型地区
就业	蔚山、京畿道、忠清南道	江原道、济州岛
人均工资	蔚山、忠清南道、世宗、首尔	江原道、大邱、济州岛
附加值	蔚山、忠清南道、庆尚北道、忠清北道	济州岛、江原道

第三，经济贡献度分析的定量统计结果不能很好地展示知识产权和经济变量之间的因果关系，或者各种知识产权保护类型的不同效果。因此，通过实例分析了这种关系。知识产权密集型产业的分析结果显示，在知识产权密集型产业，针对增加营业收入和附加值方面，企业进行资本运营比研发投入更具有效率。发明专利和商标储备和密集度对营业收入和附加值扩大产生正向效果，发明专利密集型产业的附加值更高。尤其，发明专利储备越多，发明专利密集型产业创造就业岗位的效果越好。分析非知识产权密集型产业的结果，在非密集型产业里研发投入依然对营业收入、附加值、创造就业岗位都具有重要的作用。也就是说，研发成果除了知识产权还可以通过商业秘密来进行保护，创出收益。对于企业营业收入产生重要影响的变量只有外观设计专利密集度。

另外，在讨论方法论和分析过程中，也发现了一些不足，未来需要通过研究持续修正和完善。

第一，本报告对知识产权密集型产业在全体经济中占据的总体贡献（collective contribution）进行了定量化。尤其，分析过程中只采用了知识产权密集型产业的企业获得授权的“知识产权”。并不是针对个别企业持有的知识产权价值进行分析，而是在整个产业层面进行分析，同时分析知识产权对国家经济的贡献度。在特定产业里，某些企业可能相对集中地使用知识产权，但本报告没有考虑这种个别案例。而且，在相同的产业，有些企业可能更注重商业秘密而不是发明专利、外观设计专利，这是企业的知识产权保护策略，本报告也没有考虑这些具体情况。知识产权有多种类型，各类型的保护目的和对象都不一样，因此考虑各知识产权密集型产业的市场环境，根据各产业提出适当的知识产权政策方向，比在整个产业层面进行分析更具有效率。

第二，知识产权数据库关联企业信息数据库，以申请人所属的主行业分类（KSIC）为标准，统计各产业知识产权授权量，在以细分类和微分类为单位进行分析时发现了问题点。例如，KISLINE 上 POSCO 和现代制铁的主行业分类为炼铁业（24111），因此该企业持有的知识产权统计为炼铁业的知识产权。计算知识产权密集度时，使用的各产业从业人员数是统计局的全国工商户调查（每年）和经济普查（每5年）数据，2015年炼铁业（24111）的从业人员数被统计为538人。全国工商户调查和经济普查的特点上，根据业务场所按照产业分类代码统计从业人员数，因此POSCO和现代制铁的员工被分配到多种业务领域上。结果，炼铁业（24111）的2011—2014年发明专利密集度显示为17484件，远远高于该时间段的产业平均值（45.4件）。

出现这种结果的原因是全国工商户调查和经济普查的统计单位并不是“企业”而是“工商户”。也就是说，“企业”是指生产财物及提供服务的法律或制度上的最小经营单位，是具有资源分配相关决策的自律性，独立维持和管理收入、支出及资金管理相关财务报表（损益表、资产负债表、其他记录）的单位。可以从KISLINE获得企业信息，POSCO、现代制铁等都是企业。“工商户”是指在一定物理场所或一定地区内一个单一或独立从事主要经济活动的企业或组成企业的部分单位。主要包括公司（总公司、总店、分公司、分店、工厂、营业所、办事处）、商店、饭店、医院、行政机构、学校、酒馆、仓库、物流中心、宗教团体、报社、电视台、金融机构等。

本报告为了避免这种问题点，将分析单位设定为小分类，但是为了计算更准确的知识产权密集度，也可以考虑从企业信息数据库中获取从业人员数信息。

第三，有必要保障知识产权密集型产业分类标准的强健性（robustness）。韩国的各阶段知识产权密集型产业的变动很大，但美国和欧洲在相同知识产权密集型产业上有增减，但知识产权各类型密集型产业的数量保持不变（欧洲版权密集型产业除外）。美国依据该结果强调知识产权密集型产业的分类标准的鲁棒性，从这个层面上韩国的知识产权分类标准有必要再进行讨论。

作为对策，计算“知识产权密集度”的公式由“知识产权授权量/从业人员数”修改为“知识产权授权量/营业收入”变量或“知识产权授权量/研发费”等指标。“知识产权授权量/营业收入”的案例为，以2006—2009年授权量和2010年营业收入数据为基础，认定第一期知识产权密集型产业，与本报告的方法进行了比较。结果显示，认定为知识产权密集型产业（发明专利、外观设计专利、商标）的87个产业中，与本报告的结果（本报告筛选的知识产权密集型产业）一致的是71.3%。知识产权各类型中，发明专利是 71.9%（23 个产业一致/32 个密集型产业）、外观设计专利是 70.8%（34/38）、商标是 71.4%（5/7），尤其商标密集型产业的数量较少，只有 7 个（本报告中商标密集型产业共有 51 个）。

第四，为了与美国、欧洲及每年发布调查报告的中国同步，韩国想要定期更新知识产权密集型产业的调查报告，就需要各部委之间的紧密合作。如果想以 2 ~3 年为周期发布知识产权密集度及经济贡献度分析报告，韩国公布的经济指标上存在一定的限制。经济贡献度分析所使用的统计局的经济普查数据发布周期为 5 年，虽然每年都公布产业关联表，但存在 4 年左右的时间差（例如，2018 年末发布 2015 年产业关联表）。如果分析每年经济贡献度，就需要各年度工资、附加值等数据，但整体产业的数据只有经济普查数据。即使关联采矿业统计、服务业调查等，但还缺通信业等一部分产业的数据，在经济贡献度分析上存在一定困难（见表 5 –5）。

表 5 –5　各年度未能提供经济指标的产业领域

统计名称	产业代码	产业内容
	A	农业、林业及渔业
矿业制造业调查	B	采矿业
	C	制造业
	D	电气、煤气、蒸汽及水的供应
服务业调查	E	污水处理、废物、材料回收和环境治理
建筑业调查	F	建筑业
批发零售调查	G	批发和零售业
运输业调查	H	运输业
批发零售调查	I	住宿及餐饮服务活动
服务业调查	J	出版、播放、通信及信息服务业（除 J 61 通信）
信息通信技术产业统计	J61	通信业
	K	金融和保险业
服务业调查	L	房地产及租赁业
专业科学技术服务业调查	M	专业、科学及技术服务活动（除 M70 研发）
	M70	研发
服务业调查	N	商业设备管理及商业支持服务
	O	公共管理和国防，强制性社会保障
服务业调查	P	教育服务业
	Q	医疗保健及社会工作活动
	R	艺术、体育及休闲相关服务
	S	协会及团体，维修及其他个人服务活动（除 S94 协会及团体）
	S94	协会及团体

最后，知识产权密集型产业的经济贡献度分析是通过知识产权密集型

产业在全体产业上的比重计算贡献度。但是根据各知识产权类型的特点，影响各产业的营业收入的因素各不相同。世界知识产权组织（WIPO）调查了相互依存性版权及部分版权产业的细分产业的著作权要素（或者要素比例），制作了版权密集型产业指南，供分析贡献度时作为权重值来使用（WIPO，2016）。发明专利、外观设计专利、商标密集型产业也有必要调查各产业知识产权（发明专利、外观设计专利、商标）要素，应用到经济贡献度分析上。

美国和欧洲研究人员持续进行通过企业计量分析了解知识产权密集型产业特点的研究（Band and Gerafi，2013；OHIM，2015；Pham，2017）。未来，韩国也有必要和美国、欧洲一样，定期发布知识产权密集型产业的经济贡献度分析报告，扩大知识产权密集型产业相关研究范围。但是，各国的知识产权密集型产业分类标准，以及包含的知识产权类型、产业分析单位、分析年度等有所不同，比较绝对值方面存在一定的问题。因此提供一种建议，制定知识产权密集型产业的分类及经济贡献度分析相关的国际性指南，通过使用大多数国家可适用的方法论进行分析和调查，比较各国的分析结果。例如，WIPO 发布了“版权产业的经济贡献度分析”的调查指南，成员国根据该指南每年发布经济贡献度分析结果，使得在版权产业领域可以比较各国的调查结果。因此，建议韩国与主要国家合作，主导向 WIPO 提议进行“知识产权密集型产业的统计公布指南制定”相关的研究。

参考文献

1. 韩国论文

[1] 박선영,박현우,조만형(2006)"특허분석을 통한 기술혁신과 기업성과의 관계 분석",기술혁신학회지,9(1),pp.1-25.

[2] 이범석(2018)지리적표시의 법적보호 방안에 관한 연구:지리적표시권과 상표권을 중심으로,한양대학교 대학원,박사학위논문.

[3] 조경희(2009)미국 증명표장제도와 일본의 관련제도(상표제도,인증제도)에 대한 고찰,지식재산연구,4(2),pp.93-124.

2. 韩国研究报告

[4] 국가지식재산위원회 (2018) 2018년 지식재산 이슈 정책화 추진계획(안)(제22차 국가지식재산위원회 심의안건, 2018. 5. 10.).

[5] 이원영, 박용태 (2004) 특허 데이터베이스를 활용한 기술산업간 연계구조분석과 한국기업의 특허전략평가, 과학기술정책연구원.

[6] 통계청 (2016) 2016 경제총조사 및 사업체조사 조사지침서.

[7] 특허청 (2012) 지식재산권의 손쉬운 이용.

[8] 특허청 (2016) 지식재산권의 손쉬운 이용.

[9] 특허청 (2017) 4차 산업혁명 시대의 지식재산 정책방향: 지식재산을 통한 혁신성장과 일자리 창출.

[10] 특허청 (2018) 4차 산업혁명 대비 특허청 정책(2017. 11).

[11] 특허청 · 한국지식재산연구원 (2013) 특허 · 상표 · 디자인의 심사처리기간 단축의 경제적 효과.

[12] 특허청 · 한국지식재산연구원 (2014) 지식재산 집약산업의 경제적 파급효과 분석.

[13] 한국노동연구원 (2012) 지식재산의 고용창출효과 분석과 정책방안연구.

[14] 한국저작권위원회 (2013) 70년으로 변경되는 저작인접권 보호기간에 대한 바로알기.

[15] 한국저작권위원회 (2014) 「저작권산업 특수분류」 개선방안 연구.

[16] 한국저작권위원회 (2016) 2016년도 부분저작권산업 요소비중조사.

[17] KT경제경영연구소 (2017) 한국형 4차산업혁명의 미래, 한스미디어.

3. 海外论文

[18] Allegrezza, S., and Guarda - Rauchs, A. (1999) "The determinants of trademarks deposits: an econometric investigation", Economie Appliquee, 52 (2), pp. 51 - 68.

[19] Blind, K., Edler, J., Frietsch, R., and Schmoch, U. (2006) "Motives to patent: empirical evidence from Germany", Research Policy, 35 (5), pp. 655 - 672.

[20] Blind K., and Grupp, H. (1999) "Interdependencies between the science and technology infrastructure and innovation activities in German regions: empirical findings and policy consequences", Research Policy, 28 (5), pp. 451 - 468.

[21] Cockburn, I., and Griliches, Z. (1987) "Industry effects and appropriability measures in the stock markets valuation of R&D and patents", American Economic Review, 78 (2), pp. 419 - 423.

[22] Deyle, H., and Grupp, H. (2005) "Commuters and the regional assignment of innovative activities: a methodological patent study of German districts", Research Policy, 34 (2), pp. 221 - 234.

[23] Erdogan, A. (2012) "Innovative capacity determinants: an empirical study of Turkish firms", International Business Research, 5 (9), pp. 113 - 119.

[24] Feeny, S. (2000) "Determinants of profitability: an empirical investigation using Australian tax entities", Melbourne Institute of Applied Economic and Social Research.

[25] Feeny, S., and Rogers, M (2003) "Innovation and performance: benchmarking Australian firms", Australian Economic Review, 36 (3), pp. 253 - 264.

[26] Griliches, Z. (1981) "Market value, R&D, and patents", Economics Letters, 7 (2), pp. 183 - 187.

[27] Hagedoorn, J., and Schakenraad, J. (1994) "The effect of strategic technology alliances on company performance", Strategic Management Journal, 15 (4), pp. 291 - 309.

[28] Hall, B. (1993) "The stock market's valuation of R&D investment during the 1980's", American Economic Review, pp. 259 - 264.

[29] Halperin, M. and Chakrabarti, A. (1987) "Firm and industry characteristics influencing publications of scientists in large American companies", R&D Management, 17 (3), pp. 167 - 173.

[30] Helmers, C., and Rogers, M. (2010) "Trademarks and performance in UK Firms", in: Lopes, T. and Duguid, P., eds., Trademarks, Brands and Competitiveness, Routledge: New York, pp. 55 - 76.

[31] Hu, A., and Png, I. (2009) "Patent rights and economic growth: cross - country evidence", Proceedings of the Annual Conference of Empirical.

[32] Jensen, P. and Webster, E. (2006) "Firm size and the use of intellectual property rights", Economic Record, 82 (256), pp. 44 - 55.

[33] Kransnikov, A., Mishra, S., and Orozco, D. (2009) "Evaluating the financial im-

pact of branding using trade marks: a framework and empirical evidence", Journal of Marketing, 73, pp. 154 – 166.

[34] Lang, H. , and Stulz, R. (1994) "Tobin's q, corporate diversification, and firm performance", Journal of Political Economy, 102, pp. 1248 – 1280.

[35] Mendonca, S. , Pereira, T. , and Godinho, M. (2004) "Trademarks as an indicator of innovation and industrial change", Research Policy, 33 (9), pp. 1385 – 1404.

[36] Piergiovanni, R. , and Santarelli, E. (2001) "Patents and the geographic localization of R&D spillovers in French manufacturing", Regional Studies, 35 (8), pp. 697 – 702.

[37] Salinger, M. (1984) "Tobin's q, unionization, and the concentration – profits relationship", Rand Journal of Economics, 15 (2), pp. 159 – 170.

[38] Sandner, P. , and Block, J. (2011) "The market value of R&D, patents, and trademarks", Research Policy, 40 (7), pp. 969 – 985.

[39] Ulku, H. (2007) "R&D, innovation, and growth: evidence from four manufacturing sectors in OECD countries", Oxford Economic Papers, 59 (3), pp. 513 – 535.

[40] Wagner, R. P. , and Parchomovsky, G. (2005) Patent Portfolios. University of Penn. Law School, Public Law Working Paper, 56, pp. 04 – 16.

4. 海外调查报告

[41] Ahn, K. , Kim, J. , Kim, J. , and Kang, D. (2012) The Economic Contribution of Copyright – based Industries in the Republic of Korea, World Intellectual Property Organization.

[42] Band, J. and Gerafi, J. (2013) Foreign Ownership of Firms in IP – Intensive Industries.

[43] DG AGRI (2012) Value of Production of Agricultural Products and Foodstuffs, Wines, Aromatised Wines and Spirits Protected by Geographical Indication (GI).

[44] European Patent Office and Office for Harmonization in the Internal Market (2013) IPR – Intensive Industries: Contribution to Economic Performance and Employment in the European Union.

[45] European Patent Office and European Union Intellectual Property Office (2016) Intellectual Property Rights Intensive Industries and Economic Performance in the European Union, 2nd Edition.

[46] European Union Intellectual Property Office (2016) Infringement of Protected Geographical Indicators for Wine, Spirits, Agricultural Products and Foodstuffs in the European Union.

[47] Frontier Economics (2017) The Economic Contribution of Trademark – Intensive Industries in Indonesia, Malaysia, the Philippines, Singapore, and Thailand, Report prepared for the International Trademark Association (INTA).

[48] Greenhalgh, C. , and Rogers, M. (2007) Trade Marks and Performance in UK Firms: Evidence of Schumpeterian Competition through Innovation, Discussion Paper. Department

of Economics, University of Oxford.

[49] Greenhalgh, C., Rogers, M., Schautschick, P., and Sena, V. (2011) Trade Mark Incentives. UK Intellectual Property Office.

[50] Hall, B. (2000) "Innovation and market value", in: Ray, B., Mason, G. and O'Mahoney, M., eds., Productivity, Innovation and Economic Performance, Cambridge University Press: Cambridge.

[51] Millot, V. (2009) "Trademarks as an indicator of product and marketing innovations", OECD Science, Technology and Industry Working Papers, 2009/06, OECD Publishing.

[52] Office for Harmonization in the Internal Merket (2015) Intellectual Property Rights and Firm Performance in Europe: An Economic Analysis.

[53] Organization for Economic Cooperation and Development (1996) Knowledge-Based Economy.

[54] Pham, N. (2010) The Impact of Innovation and the Role of Intellectual Property Rights on U.S. Productivity, Competitiveness, Jobs, Wages, and Exports, NDP Consulting.

[55] Pham, N. (2017) The Innovative Pharmaceutical Manufacturing Industry: Driving Economic Growth, NDP Analytics.

[56] SEO Economic Research (2014) Economic Contribution of Copyright-Relevant Industries in the Netherlands, World Intellectual Property Organization.

[57] Shapiro, J., Pham, N. and Blinder, A. (2007) Economic Effects of Intellectual Property-Intensive Manufacturing in the United States, World Growth.

[58] US Department of Commerce (2012) Intellectual Property and the U.S. Economy.

[59] US Patent and Trademark Office (2016) Intellectual Property and the U.S. Economy: 2016 Update.

[60] World Intellectual Property Organization (2002) Guide on Surveying the Economic Contribution of the Copyright-Based Industries.

[61] World Intellectual Property Organization (2015) Guide on Surveying the Economic Contribution of the Copyright-Based Industries.

5. 其他参考资料

[62] IP Intensive Industries Forum during 2017 Zijin International IP Summit in Nanjing, China (2017.11.9.—10.).

附　录

附录1　北美行业分类系统（NAICS）和韩国版权密集型产业特殊分类中核心版权密集型产业（KSIC）关联表

NAICS		KSIC		是否包含
代码	分类名称	代码	分类名称	1＝包含，0＝未包含
5111	报纸、刊物、图书及词典出版	58111	教科书及学习书籍出版	1
		58112	漫画出版	1
		58119	其他书籍出版	1
		58121	报纸发行	1
		58122	杂志及定期刊物发行	1
		58123	定期广告刊物发行	1
		58123	其他印刷品出版	0
5121	电影及视频产业	59111	一般电影及视频制作	1
		59112	动漫电影及视频制作	0
		59113	广告、电影及视频制作	1
		59141	电影院运营	1
		59142	视频鉴赏室运营	1
		59202	录音设施运营	0
		59120*	电影、视频及广播节目制作相关服务	0
		59130*	电影、视频及广播节目配售	0
5122	录音产业	59201	音乐及其他音频出版	1
5151	无线电广播及电视广播	60100	广播播放	1
		60210	电视台播放	1
		60221	节目供给	1
		59114*	广播节目制作	1
		59120*	电影、视频及广播节目制作相关服务	0

续表

NAICS		KSIC		是否包含
代码	分类名称	代码	分类名称	1＝包含，0＝未包含
5152	有线播放及其他播放	60222	有线播放	1
		60229	卫星及其他播放	1
		61210	有线通信	0
		61230	卫星通信	0
5191	其他信息服务（新闻辛迪加及网页）	63910	新闻提供	1
5414	专业外观设计服务（形象平面造型艺术）	73203	视觉设计	1
		75911*	文件制作	1
5415	电脑系统设计及相关服务（软件及数据库）	58211	线上、手机游戏软件开发及供给	1
		58219	其他游戏软件开发及供给	1
		58221	系统软件开发及供给	1
		58222	应用软件开发及供给	1
		62010	电脑编程服务	1
		62021	电脑系统整合咨询及搭建服务	1
		62022	电脑设施管理	0
		62090	其他信息技术及电脑运营服务	0
		63111	资料处理	0
		63112	托管及相关服务	0
		63120	门户及其他网络信息媒介服务	0
		63991	数据库及线上信息提供	0
5418	广告、出版相关服务	71310	广告	1
		71391	室外及展示广告	1
		71392	广告媒介销售	0
		71393	广告制作	1
		71399	其他广告	0
		71400	市场调查及舆论调查	1
5419	其他专业、科学、技术服务（照片及翻译）	69400	无形资产租赁	0
		73301	人物摄影及活动用视频摄影	1
		73302	商业用摄影	1
		73303	照片处理	0
		73903	无形资产中介	0
		73902*	翻译及同传服务	1
		94120*	专家团体	0

续表

NAICS		KSIC		是否包含
代码	分类名称	代码	分类名称	1=包含，0=未包含
7111	表演团体	90110	表演设施运营	0
		90121	戏剧团体	1
		90122	舞蹈及音乐团体	1
		90123	其他表演团体	1
		90192	表演及制作相关外包	0
		90131*	表演艺术家	1
		90191*	表演企划	0
7115	独立艺术家、作家、表演家	90131*	表演艺术家	1
		90132*	非表演艺术家	1
	其他核心版权产业（从版权密集型产业排除）	18111	轻印刷	0
		18112	屏幕印刷	0
		18119	其他印刷	0
		18122	装订	0
		33933	装裱及抄写处理制造	0
		46453	书籍、杂志及报纸批发	0
		47611	书籍及杂志类零售	0
		47841	艺术品及股东零售	0
		69291	书籍租赁	0
		73901	经纪中介	0
		85612	娱乐休闲教育机构	0
		91223	练歌厅运营	0
		01201	舞厅运营	0
		18121*	制版及排版	0
		18129*	其他印刷相关产业	0
		18200*	记录媒介复制	0
		46461*	唱片及视频批发	0
		46510*	电脑及周边设施，软件批发	0
		47311*	电脑及周边设施，软件零售	0
		47612*	文具用品零售	0
		47620*	唱片及视频零售	0
		59130*	电影、视频及广播节目配售	0
		69220*	唱片及视频租赁	0
		75999*	其他未分类的经营支援服务	0
		90199*	其他创作及艺术相关服务	0
		90211*	图书馆及记录保管机构运营	0
		91299*	其他未分类娱乐相关服务	0

*表示对应 KSIC 的一部分品类。

附录2　利用韩国版权密集型产业的营业收入，在细分类、微分类认定版权密集型产业

版权密集型产业（微分类）		营业收入		KSIC 细分类		版权密集型产业的销售比例		KSIC 小分类		版权密集型产业的销售比例	
		2010 年	2015 年			2010 年	2015 年			2010 年	2015 年
58111	教科书及学习书籍出版	2165481	1962612	5811	书籍出版	100%	100%	581	书籍、杂志及其他印刷品出版	97.6%	97.9%
58112	漫画出版	72143	73924								
58119	其他书籍出版	1444237	1705832								
58121	报纸发行	2618859	2821336	5812	报纸、杂志及定期刊物出版	100%	100%				
58122	杂志及定期刊物发行	896338	1058354								
58123	定期广告刊物发行	396011	347134								
58211	线上、手机游戏软件开发及供给	3288332	8168216	5821	游戏软件开发及供给	100%	100%	582	软件开发及供给	100%	100%
58219	其他游戏软件开发及供给	341745	244835								
58221	系统软件开发及供给	12695770	14988315	5822	系统·应用软件开发及供给	100%	100%				
58222	应用软件开发及供给	6899357	8360357								
59111	一般电影及视频制作	545468	733691	5911	电影、视频及广播节目制作	100%	100%	591	电影、视频、广播节目制作及配售	50.9%	50.2%
59112	动漫电影及视频制作	309624	464543								
59113	广告电影及视频制作	473027	829164								
59114	广播节目制作	955707	1520818								
59201	音乐及其他音频出版	368592	491028	5920	音频出版及原版录音	86.9%	86.9%	592	音频出版及原版录音	86.9%	81.0%
60100	无线广播	140313	240339	6010	无线广播	100%	100%	601	无线广播	100%	100%
60210	电视台广播	3728011	4016445	6021	电视台广播	100%	100%	602	电视广播	100%	100%
60221	节目供给	980546	2614842	6022	有线、卫星及其他广播	100%	100%				
60222	有线广播	3100740	3532295								
60229	卫星及其他广播	667781	744622								

续表

版权密集型产业（微分类）		营业收入		KSIC 细分类		版权密集型产业的销售比例		KSIC 小分类		版权密集型产业的销售比例	
		2010 年	2015 年			2010 年	2015 年			2010 年	2015 年
62010	电脑编程服务	2741557	4141061	6201	电脑编程服务	100%	100%	620	电脑编程，系统整合及管理	93.1%	94.2%
62021	电脑系统整合咨询及搭建服务	12877304	23678630	6202	电脑系统整合咨询、搭建及管理	94.7%	96.3%				
63910	新闻提供	219811	235470	6391	新闻提供	100%	100%	639	其他信息服务	11.5%	7.9%
71310	广告	4470608	7970126	7131	广告	100%	100%	713	广告	92.7%	95.8%
71391	室外及展览广告	579992	811968	7139	其他广告	76.2%	84.8%				
71393	广告制作	942215	1776916								
71400	市场调查及舆论调查	536685	795571	7140*	市场调查及舆论调查	100%	100%	714	市场调查及舆论调查	100%	100%
73203	视觉设计	564888	771181	7320	专业设计	26.5%	26.3%	732	专业设计	26.5%	26.3%
73301	人物摄影及活动视频摄影	497293	712372	7330	摄影及加工	77.7%	86.9%	733	摄影及加工	77.7%	86.9%
73302	商业用摄影	69302	127094								
73902	翻译及同传服务	107753	225856	7390*	其他专业、科学及技术服务	9.2%	8.7%	739	其他专业、科学及技术服务	9.2%	8.7%
75911	文件制作	103224	88331	7591*	行政支援服务	13.2%	4.2%	759	行政支援服务	1.4%	0.7%
90121	表演团体	60565	168693	9012	表演团体	100%	100%	901	创作及艺术相关服务	12.9%	16.2%
90122	舞蹈及音乐团体	100552	204857								
90123	其他表演团体	10219	19182								
90131	表演艺术家	1322	2940	9013	艺术家	100%	100%				
90132	非表演艺术家	21642	39192								

资料：统计厅经济普查报告中各产业营业收入。

注：阴影部分表示产业整合后从著作权密集型产业中排除。

原文表中“营业收入”无单位。——译者注

附录3 韩国知识产权密集型产业（KSIC 第9版）

序号	KSIC（小分类）	KSIC 第9版产业名称	发明专利密集型产业		外观设计专利密集型产业		商标密集型产业		版权密集型产业
			第1期	第2期	第1期	第2期	第1期	第2期	
1	101	屠宰、肉类加工及储藏处理					○	○	
2	103	水果、蔬菜加工及储藏处理						○	
3	105	农产品及食用冰制造			○	○	○	○	
4	106	谷物加工品、淀粉及淀粉制品制造					○	○	
5	107	其他食品制造			○	○	○	○	
6	108	动物饲料及调制品制造					○	○	
7	111	酒精饮料制造				○	○	○	
8	112	非酒精饮料及食用冰制造			○	○	○	○	
9	120	香烟制造		○	○	○	○	○	
10	132	织物织造及织物制品制造			○	○			
11	133	编织原材料及编织制品制造				○			
12	134	纤维制品染色、整理及加工			○	○			
13	139	其他纤维制品制造				○			
14	141	定制服装制造				○	○	○	
15	142	毛皮加工及毛皮制品制造					○		
16	144	服装装饰品制造				○		○	
17	151	皮革、包及相似产品制造			○	○	○	○	
18	152	制鞋及制鞋部件制造			○	○	○	○	
19	162	木制品制造			○	○			
20	163	软木及组合制品制造	○	○	○	○			
21	179	其他纸张及纸壳制品制造			○	○	○	○	
22	182	记录媒介复制	○		○		○		
23	192	石油炼油品制造					○	○	
24	201	基础化学物质制造	○	○					
25	202	化肥及氮化合物制造					○	○	
26	203	合成橡胶及塑料物质制造	○	○	○	○	○	○	
27	204	其他化学制品制造	○	○	○	○	○	○	
28	205	化学纤维制造	○	○	○	○	○	○	
29	211	基础医药及生物制剂制造	○	○			○	○	
30	212	药品制造		○			○	○	
31	213	医疗用品及其他医药相关制品制造	○	○		○	○	○	

续表

序号	KSIC（小分类）	KSIC 第 9 版产业名称	发明专利密集型产业		外观设计专利密集型产业		商标密集型产业		版权密集型产业
			第 1 期	第 2 期	第 1 期	第 2 期	第 1 期	第 2 期	
32	221	橡胶制品制造	○	○	○				
33	222	塑料制品制造			○	○			
34	231	玻璃及玻璃制品制造			○				
35	232	陶瓷及其他窑业制品制造			○	○			
36	233	水泥、石灰、石膏及其制品制造			○	○	○		
37	241	基本钢铁制造	○	○					
38	242	基本非铁金属的制造			○				
39	243	金属铸造			○				
40	251	结构用金属制品、水槽及蒸汽发生器制造		○	○	○			
41	252	武器及枪炮制造		○					
42	261	半导体制造	○	○					
43	262	电子零部件制造	○	○					
44	263	电脑及周边设施制造	○	○	○	○		○	
45	264	通信及广播设备制造	○	○	○	○	○	○	
46	265	视频及音响仪器制造		○	○	○			
47	266	磁及光学媒介制造	○	○			○		
48	271	医疗用仪器制造	○	○	○	○	○	○	
49	272	测量、实验、航海、控制及其他精密仪器制造，光学仪器除外	○	○	○	○			
50	273	眼镜、摄像设备及其他光学仪器制造	○	○	○	○			
51	274	钟表及钟表零部件制造			○	○	○	○	
52	281	电动机、发电机及电机变换、供给、控制设备制造	○	○	○	○			
53	282	锂电池及蓄电池制造	○	○					
54	283	绝缘线及光缆制造					○		
55	284	灯泡及照明设备制造	○	○	○	○			
56	285	家庭用仪器制造	○	○	○	○	○	○	
57	289	其他电气设备制造	○	○	○	○		○	
58	291	一般目的用机器制造	○	○	○				
59	292	特殊目的用机器制造	○	○					

续表

序号	KSIC（小分类）	KSIC 第 9 版产业名称	发明专利密集型产业		外观设计专利密集型产业		商标密集型产业		版权密集型产业
			第 1 期	第 2 期	第 1 期	第 2 期	第 1 期	第 2 期	
60	301	汽车引擎及汽车制造	○	○	○	○			
61	302	汽车车体及拖车制造	○	○	○				
62	303	汽车零部件制造	○	○					
63	311	船舶及快艇制造		○					
64	312	铁路设备制造	○	○	○	○			
65	313	航空飞行器、宇宙飞船及零部件制造	○	○		○			
66	319	其他运输设备制造		○	○	○	○		
67	320	家具制造			○	○			
68	331	贵金属及装饰品制造			○	○	○	○	
69	332	乐器制造				○		○	
70	333	运动及游戏用品制造	○	○	○	○	○	○	
71	334	玩偶、玩具及娱乐用品制造			○	○	○	○	
72	339	其他制品制造			○	○			
73	351	电气		○					
74	390	环境治理	○	○	○				
75	422	建筑设备设置施工			○				
76	424	房屋建筑及其他房屋建筑工程			○	○			
77	463	饮料食品及香烟批发						○	
78	464	家庭用品批发				○	○	○	
79	466	建筑材料、五金及供暖设施批发			○	○			
80	468	商品综合批发			○	○	○	○	
81	495	管道运输		○			○		
82	501	海上运输					○		
83	581	书籍、杂志及其他印刷品出版					○	○	○
84	582	软件开发及供给	○	○			○	○	○
85	591	电影、视频、广播节目制作及配售					○	○	○
86	592	音频出版及原版录音					○	○	○
87	601	无线广播							○
88	602	电视广播					○	○	○

续表

序号	KSIC（小分类）	KSIC 第 9 版产业名称	发明专利密集型产业		外观设计专利密集型产业		商标密集型产业		版权密集型产业
			第 1 期	第 2 期	第 1 期	第 2 期	第 1 期	第 2 期	
89	612	电气通信	○	○			○	○	
90	620	电脑编程、系统整合及管理							○
91	631	资料处理、托管、门户及其他网络信息媒介服务	○	○	○		○	○	
92	639	其他信息服务	○	○			○	○	
93	642	投资机构						○	
94	649	其他金融					○	○	
95	681	房地产租赁及供给					○	○	
96	694	无形资产租赁						○	
97	701	自然科学及工学研发	○	○					
98	702	人文及社会科学研发	○	○					
99	713	广告							○
100	714	市场调查及舆论调查							○
101	715	总公司、持股公司及经营咨询服务	○		○		○	○	
102	721	建筑技术、工程及相关技术服务	○	○					
103	729	其他科学技术服务		○					
104	732	专业外观设计			○	○	○		
105	733	摄影及处理							○
106	739	其他专业、科学及技术服务		○			○	○	
107	759	其他经营支援服务	○	○					
108	857	教育支援服务					○	○	

注：第一期（2006—2009 年），第二期（2011—2014 年）。

附录 4　韩国知识产权密集型产业（KSIC 第 10 版）

序号	KSIC（小分类）	KSIC 第 10 版产业名称	发明专利密集型产业		外观设计专利密集型产业		商标密集型产业		版权密集型产业
			第 1 期	第 2 期	第 1 期	第 2 期	第 1 期	第 2 期	
1	101	屠宰、肉类加工及储藏处理					○	○	
2	103	水果、蔬菜加工及储藏处理						○	
3	105	农产品及食用冰制造			○	○	○	○	

续表

序号	KSIC（小分类）	KSIC 第 10 版产业名称	发明专利密集型产业		外观设计专利密集型产业		商标密集型产业		版权密集型产业
			第 1 期	第 2 期	第 1 期	第 2 期	第 1 期	第 2 期	
4	106	谷物加工品、淀粉及淀粉制品制造					○	○	
5	107	其他食品制造			○	○	○	○	
6	108	动物饲料及调制品制造					○	○	
7	111	酒精饮料制造				○	○	○	
8	112	非酒精饮料及食用冰制造			○	○	○	○	
9	120	香烟制造		○	○	○	○	○	
10	132	织物织造及织物制品制造			○	○			
11	133	编织原材料制造				○			
12	134	纤维制品染色、整理及加工			○	○			
13	139	其他纤维制品制造				○			
14	141	定制服装制造				○	○	○	
15	142	毛皮制品制造					○		
16	144	服装装饰品制造				○		○	
17	151	皮革、包及相似产品制造			○	○	○	○	
18	152	制鞋及制鞋部件制造			○	○	○	○	
19	162	木制品制造			○	○			
20	163	软木及组合制品制造	○	○	○	○			
21	179	其他纸张及纸壳制品制造			○	○	○	○	
22	182	记录媒介复制	○		○		○		
23	192	石油炼油品制造					○	○	
24	201	基础化学物质制造	○	○					
25	202	合成橡胶及塑料物质制造					○	○	
26	203	化肥、农药及杀菌、杀虫剂制造	○	○	○	○	○	○	
27	204	其他化学制品制造	○	○	○	○	○	○	
28	205	化学纤维制造	○	○	○	○	○	○	
29	211	基础医药及生物制剂制造	○	○			○	○	
30	212	药品制造		○			○	○	
31	213	医疗用品及其他医药相关制品制造	○	○		○	○	○	
32	221	橡胶制品制造	○	○	○				
33	222	塑料制品制造			○	○			

续表

序号	KSIC（小分类）	KSIC 第 10 版产业名称	发明专利密集型产业		外观设计专利密集型产业		商标密集型产业		版权密集型产业
			第 1 期	第 2 期	第 1 期	第 2 期	第 1 期	第 2 期	
34	231	玻璃及玻璃制品制造			○				
35	232	耐火、非耐火窑业制品制造			○	○			
36	233	水泥、石灰、石膏及其制品制造			○	○	○		
37	241	基本钢铁制造	○	○					
38	242	基本非铁金属的制造			○				
39	243	金属铸造			○				
40	251	结构用金属制品、水槽及蒸汽发生器制造		○	○	○			
41	252	武器及枪炮制造		○					
42	261	半导体制造	○	○					
43	262	电子零部件制造	○	○					
44	263	电脑及周边设施制造	○	○	○	○		○	
45	264	通信及广播设备制造	○	○	○	○	○	○	
46	265	视频及音响仪器制造		○	○	○			
47	266	磁及光学媒介制造	○	○			○		
48	271	医疗用仪器制造	○	○	○	○	○	○	
49	272	测量、实验、航海、控制及其他精密仪器制造，光学仪器除外	○	○	○	○			
50	273	摄像设备及其他光学仪器制造	○	○	○	○			
51	274	钟表及钟表零部件制造			○	○	○	○	
52	281	电动机、发电机及电机变换、供给、控制设备制造	○	○	○	○			
53	282	锂电池及蓄电池制造	○	○					
54	283	绝缘线及光缆制造					○		
55	284	灯泡及照明设备制造	○	○	○	○			
56	285	家庭用仪器制造	○	○	○	○	○	○	
57	289	其他电气设备制造	○	○	○	○		○	
58	291	一般目的用机器制造	○	○	○				
59	292	特殊目的用机器制造	○	○					
60	301	汽车引擎及汽车制造	○	○	○	○			

续表

序号	KSIC（小分类）	KSIC 第 10 版产业名称	发明专利密集型产业		外观设计专利密集型产业		商标密集型产业		版权密集型产业
			第 1 期	第 2 期	第 1 期	第 2 期	第 1 期	第 2 期	
61	302	汽车车体及拖车制造	○	○	○				
62	303	汽车新品零部件制造	○	○					
63	311	船舶及快艇制造		○					
64	312	铁路设备制造	○	○	○	○			
65	313	航空飞行器、宇宙飞船及零部件制造	○	○		○			
66	319	其他运输设备制造		○	○	○	○		
67	320	家具制造			○	○			
68	331	贵金属及装饰品制造			○	○	○	○	
69	332	乐器制造				○		○	
70	333	运动及游戏用品制造	○	○	○	○	○	○	
71	334	玩偶、玩具及娱乐用品制造			○	○	○	○	
72	339	其他制品制造			○	○			
73	351	电气		○					
74	390	环境治理	○	○	○				
75	422	建筑设备设置施工			○				
76	424	房屋建筑及其他房屋建筑工程			○	○			
77	463	饮料食品及香烟批发						○	
78	464	家庭用品批发				○	○	○	
79	466	建筑材料、五金及供暖设施批发			○	○			
80	468	商品综合批发			○	○	○	○	
81	495	管道运输		○			○		
82	501	海上运输					○		
83	581	书籍、杂志及其他印刷品出版					○	○	○
84	582	软件开发及供给	○	○			○	○	○
85	591	电影、视频、广播节目制作及配售					○	○	○
86	592	音频出版及原版录音					○	○	○
87	601	无线广播							○
88	602	电视广播					○	○	○

续表

序号	KSIC（小分类）	KSIC 第 10 版产业名称	发明专利密集型产业		外观设计专利密集型产业		商标密集型产业		版权密集型产业
			第 1 期	第 2 期	第 1 期	第 2 期	第 1 期	第 2 期	
89	612	电气通信	○	○			○	○	
90	620	电脑编程、系统整合及管理							○
91	631	资料处理、托管、门户及其他网络信息媒介服务	○	○	○		○	○	
92	639	其他信息服务	○	○			○	○	
93	642	信托及集合投资						○	
94	649	其他金融	○	○			○	○	
95	681	房地产租赁及供给					○	○	
96	701	自然科学及工学研发						○	
97	702	人文及社会科学研发	○	○					
98	713	广告	○	○					
99	714	市场调查及舆论调查							○
100	721	建筑技术、工程及相关技术服务	○	○					
101	729	其他科学技术服务		○					
102	732	专业外观设计			○	○	○		
103	733	摄影及处理							○
104	739	其他专业、科学及技术服务		○			○	○	
105	759	其他经营支援服务	○	○					
106	764	无形资产租赁						○	
107	857	教育支援服务					○	○	

注：第一期（2006—2009 年），第二期（2011—2014 年）。

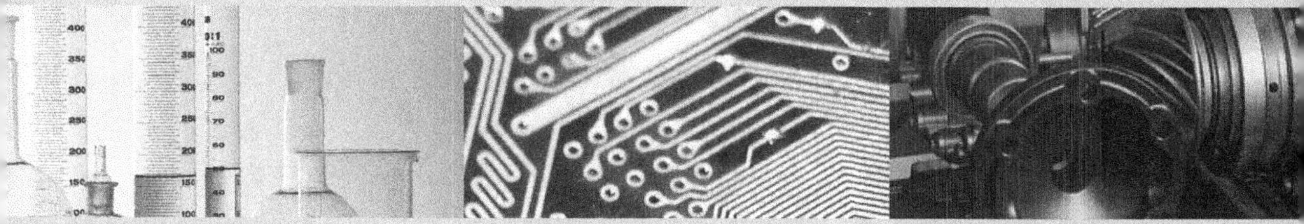

拉丁美洲国家知识产权密集型产业与经济贡献

拉丁美洲国家知识产权密集型产业与经济贡献
ISBN 978 - 92 - 9156 - 309 - 8 DOI：10.2814/456595 TB - 06 - 22 - 005 - EN - N

前　言*

2021 年 8 月，拉丁美洲知识产权关键项目（IP Key）圆满结束了第一阶段的工作。工作一共持续了 48 个月，欧盟知识产权局（EUIPO）在欧盟委员会的领导下，与知识产权专家、知识产权机构以及欧盟和拉美的利益相关者共同努力，为改善该地区的知识产权制度做出了贡献。

这项工作开展了一百多项活动，覆盖了成千上万的目标受众，并为我们留下了高质量的知识产权内容，体现在研究、视频和电子学习课程中。但更重要的是，依靠这一成果，拉丁美洲知识产权关键项目在减少欧盟公司在拉美地区的市场障碍方面发挥了作用。

知识产权关键项目的主要目标之一是提高公众、相关机构和政策制定者对知识产权的社会和经济重要性的认识。来自欧洲和其他地区的证据表明，知识产权支持企业提供就业岗位，并在我们购买商品和服务时保证质量和安全。

在知识产权关键项目的最后几天，出版了一系列致力于衡量知识产权在该区域不同国家（包括墨西哥、阿根廷、秘鲁、智利和乌拉圭）经济贡献的研究报告。这些研究采用了欧盟知识产权局（EUIPO）和欧洲专利局（EPO）以及美国专利商标局（USPTO）之前撰写的出版物的方法。知识产权关键项目在观察站经济及统计处同事的宝贵技术支持下开展了这些研究。

这些研究的重要性是显而易见的：因为这些研究，我们现在获得了以前从未发表过的数据，以估计知识产权对拉丁美洲国家国内生产总值（GDP）、就业、工资和国际贸易的贡献。此外，由于取得的结果证实了知识产权在该地区的重要性，与我们在欧盟和美国已经观察到的情况一致，它们为公众和政策制定者提供了关于知识产权在不同国家的经济重要性的简单和直接的说明。

此外，这些研究的存在，为新的分析形式打开了大门。事实上，我们现在有机会分析和了解不同国家之间的相似性和差异。

为此，观察站在这份题为《拉丁美洲国家知识产权密集型产业与经济贡献》的报告中提出的比较分析是必要的，也是非常受欢迎的。例如，它使我们能够看到所研究的具体知识产权（发明专利、商标、版权、外观设

* 中文版严格遵从原文，出现的数据均与原文保持一致，未做任何修改。——译者注

计专利）的贡献，并有助于开始更好地了解每个国家在知识资本方面的优势。

最后，我想强调的是，机构与合作部很高兴也很荣幸能继续与欧盟委员会合作，实施将于2022年开始的下一阶段的知识产权关键项目。此外，我深信，这将使我们能够继续运用观察站同事以及EUIPO其他部门的成熟的专业技术和知识，在寻求改善欧盟企业在全世界范围内获取和便利使用知识产权制度方面取得新的成就。

桑德里斯·拉加诺夫斯基

EUIPO机构与合作部主任

鸣　谢

本文由 EUIPO 组织观察部经济学家卡罗琳娜·阿里亚斯·布尔戈斯（Carolina Arias Burgos）和 EUIPO 首席经济学家内森·沃斯曼（Nathan Wajsman）编写。

作者感谢来自分析咨询公司（Reflexión, S. R. L.）的里卡多·德尔加多（Ricardo Delgado）对本文上一版本的评论。

目 录

图表目录

缩略语表

缩略语	中文名称
COMTRADE	国际贸易统计数据库
CONICET	阿根廷共和国国家科学技术研究委员会
CR	版权
DES	外观设计专利
DNPI	乌拉圭国家知识产权局
EU	欧盟
EPO	欧洲专利局
EUIPO	欧盟知识产权局
GDP	国内生产总值
GI	地理标志
IMPI	墨西哥知识产权研究所
INAPI	智利国家工业产权研究所
INDEC	阿根廷共和国国家统计和普查研究所
INDECOPI	秘鲁国家竞争和知识产权保护研究所
INE	国家统计局
IP	知识产权
IPR	知识产权
n. e. c.	未分类
OHIM	内部市场协调局
PT	发明专利
PVR	植物新品种权
RICYT	美洲和伊比利亚美洲科学技术指标网络
SNA	国民账户体系
TM	商标
UN	联合国
USD	美元
USPTO	美国专利商标局
WIPO	世界知识产权组织

执行摘要

欧盟知识产权局（EUIPO）和欧洲专利局（EPO）已经发表了几份联合研究报告（OHIM[1]/EPO 2013；EUIPO/EPO 2016、2019），介绍了知识产权（IPR）密集型产业在行业层面对欧盟（EU）经济和成员国（MS）的贡献，包括商标（TM）、发明专利、外观设计专利（DES）、版权（CR）、地理标志（GI）和植物新品种权（PVR）密集型产业。

这些报告确定了欧盟的知识产权密集型产业，并估计其对国内生产总值（GDP）、就业、国际贸易和工资的贡献。这些报告采用的方法沿用了美国专利商标局以前报告的方法（USPTO，2012、2016），并基于商标、发明专利、外观设计专利和植物新品种权密集度超过平均水平为确定密集型产业的标准。版权密集型产业的确定是基于 WIPO（2015），而地理标志密集型产业的确定则是基于先前委托欧盟委员会农业和农村发展总司进行的地理标志保护商品价值的分析[2]。

欧盟资助的 5 项研究采用了可比的方法来估计拉美五国（墨西哥、阿根廷、秘鲁、智利和乌拉圭）的知识产权密集型产业的贡献。这 5 项研究涵盖了商标、发明专利和外观设计专利密集型产业。此外，阿根廷、智利和乌拉圭的数据包括版权密集型产业，一些国家还包括植物新品种权[3]、地理标志[4]和/或实用新型[5]密集型产业。本文汇编了这 5 份报告中关于商标、发明专利、外观设计专利和版权密集型产业的主要结论，并与欧盟的主要结果进行了比较。植物新品种权、地理标志和实用新型的结果在此不作介绍，但由于它们涉及多项知识产权，其经济重要性对总体影响不大。

拉美五国的人口数差异很大，其经济规模和结构也不同。墨西哥是最大的国家，2019 年的人口数超过 1.2 亿，占拉美五国总人口数的一半以

---

❶ 在 2016 年 3 月 23 日（欧盟）第 2015/2424 号条例生效后，欧盟内部市场协调局（OHIM）更名为欧盟知识产权局（EUIPO）。

❷ “受地理标志保护的农产品和食品、葡萄酒、芳香葡萄酒和烈酒的产值”，2012 年 10 月。

❸ 阿根廷、秘鲁和乌拉圭包括植物新品种。

❹ 墨西哥、阿根廷、秘鲁和乌拉圭包括地理标志。

❺ 只有秘鲁包括了实用新型。

上，而乌拉圭只有300万居民（见图1）。

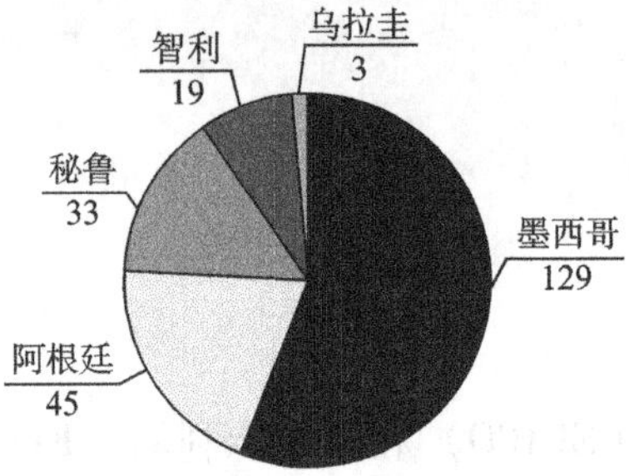

图1　2019年拉美五国人口数（单位：百万人）

资料来源：世界银行。

这5份报告的主要发现之一是，每个国家的知识产权申请量不同。考虑到年均每百万居民的商标、发明专利和外观设计专利数量，各国排名与人均GDP排名相吻合。

另一个有趣的发现是，除墨西哥外，阿根廷、秘鲁、智利和乌拉圭非居民注册的知识产权比例都很高。进一步的调查结果表明，拉美五国申请量占比最高的是商标，除智利外，墨西哥、阿根廷、秘鲁和乌拉圭的国内申请量占比最低的是发明专利（见表1）。

表1　居民商标、发明专利和外观设计专利申请量占比❶

居民申请量占比（%）	墨西哥	阿根廷	秘鲁	智利	乌拉圭
商标	94	77	51	64	39
发明专利	75	12	3	12	3
外观设计专利	86	无（NA）	23	8	10

在确定知识产权密集型产业后（根据国家的不同，可以选择不同的行业），报告根据官方统计资料测算了它们对经济的贡献。

知识产权密集型产业对GDP的贡献从阿根廷的42%*到秘鲁的55%不等。拉美五国，以及欧盟和美国，商标密集型产业是对GDP和就业贡献最高的知识产权密集型产业（见表2）。

表2　知识产权密集型产业对GDP的贡献

GDP占比（%）	墨西哥	阿根廷	秘鲁	智利	乌拉圭	合计	欧盟*
商标密集型产业	44.7	26.8	46.0	45.4	43.3	41.4	37.4
发明专利密集型产业	23.0	13.5	23.0	8.4	22.8	19.3	17.0

❶ 除非另有说明，本文中的所有表格和数字均基于IP Key（2021年）上述5份报告中提供的信息。

* 原文如此，表内为41.9%。——译者注

续表

GDP 占比（%）	墨西哥	阿根廷	秘鲁	智利	乌拉圭	合计	欧盟*
外观设计专利密集型产业	19.2	15.1	10.0	2.9	0.6	14.8	16.9
版权密集型产业		15.3		6.3	4.3	3.9	6.6
知识产权密集型产业	**47.8**	**41.9**	**55.0**	**49.9**	**48.9**	**47.7**	**45.3**

* EU27：根据 EUIPO/EPO（2019）第三版欧盟知识产权贡献报告中的详细国家数据自行计算。

拉美五国研究结果有显著的不同。

- 墨西哥的外观设计专利密集型产业对 GDP 和出口的贡献在拉美五国中最高。这是由机动车和零部件制造所带动的。
- 阿根廷的版权密集型产业对 GDP 和就业贡献最高。
- 采矿业对秘鲁和智利的 GDP 和出口的贡献非常明显。这些行业在秘鲁是商标和发明专利密集型产业，但在智利只是商标密集型产业。出现这种情况的原因是，秘鲁在确定专利密集型产业时不区分权利人居住地情况，而是将所有专利都考虑在内。
- 乌拉圭的知识产权密集型产业对商品出口的贡献最低。

1 引言

本文介绍了拉美的知识产权关键项目（IP Key）和比较了知识产权局/研究所（IMPI、INAPI、INDECOPI 和 DNPI）的 5 项研究结果。这些研究采用了类似的方法来衡量知识产权密集型产业的贡献，与 EUIPO、EPO 和 USPTO 的研究具有可比性。然而，由于一些数据的限制，使得就业和工资贡献的可比性降低。这些限制将在附录中加以解释。必要时，我们会列出调整后的就业人员数占比，工资占比没有在国家之间进行比较，但在不同国家内部知识产权密集型产业的比较仍是有用的。

除非另有说明，本文中的所有表格和数字都是基于拉美国家的 5 份报告以及参考文献中的最后一份 EUIPO/EPO 报告所提供的信息。

参考期并不总是相同，但它们足够接近，可以比较所有的结果。为了进行更详细的分析，这 5 份报告都包含在参考文献部分。

本文所比较的拉美五国（墨西哥、阿根廷、秘鲁、智利和乌拉圭）的人口数超过 2 亿，国内生产总值近 2 万亿美元（相当于欧盟人口数的一半，国内生产总值与意大利相似）。

它们的经济在规模和结构上都有很大的不同。作为参考，图 2 显示了每个国家的 GDP 占比，墨西哥的人口数和 GDP 都超过了一半，而乌拉圭的经济规模最小。

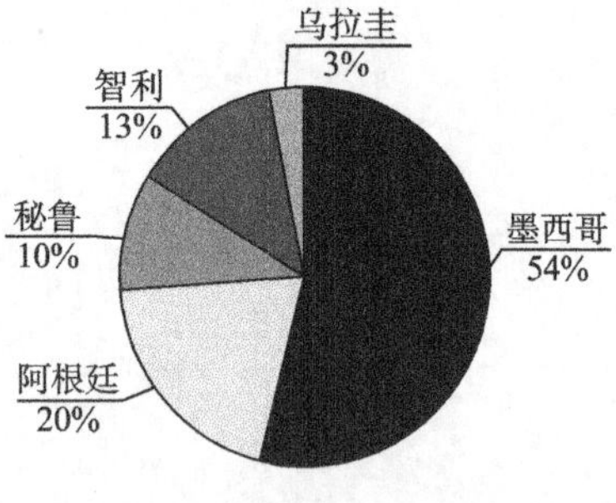

图 2　2019 年拉美五国 GDP 占比

资料来源：世界银行。

就人均 GDP 而言，这一经济指标值最高的是乌拉圭，2019 年超过

1.6 万美元，最低的是秘鲁，人均约6000美元。

墨西哥占GDP总量的54%，占人口数的56%，但其对国际贸易的贡献（贡献率❶为80%，智利为57%，秘鲁为40%，乌拉圭和阿根廷为30%）甚至更高，几乎达到拉美五国商品出口总额的四分之三（见图3）。

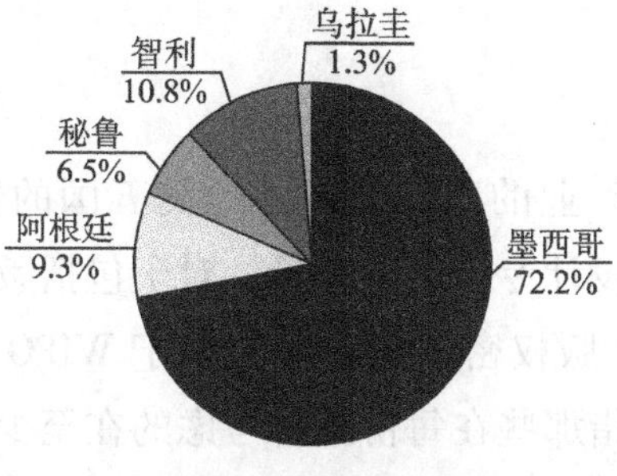

图3　2019 年拉美五国商品出口总额占比

资料来源：世界银行。

第2节对拉美五国知识产权申请的不同情况作了简要说明。第3节概述了用于确定知识产权密集型产业的知识产权数据库。在第4节比较了知识产权密集型产业对就业、GDP、国际贸易和工资的贡献，仅限于可比的比率和最相关的指标，更多的细节将在报告中介绍。第5节包括对各国知识产权密集型产业中对经济贡献最突出的知识产权密集型产业做简要描述。第6节中提出了结论。最后，附录中介绍了一些影响5个研究报告可比性的方法说明。

---

❶ 贡献率是指货物和服务净出口占GDP的比重。

* 因小数点进位的原因，百分比之和不为100%，相同情形不再说明。——译者注

2 商标、发明专利及外观设计专利申请

知识产权密集型产业的确定是基于拉美五国的知识产权局注册的商标、发明专利和外观设计专利的申请量。对于包括版权的3个国家（阿根廷、智利和乌拉圭），版权密集型产业是基于WIPO（2015）确定的。知识产权密集型产业是指那些在每份报告考虑的在至少一项知识产权方面是密集型产业的行业。由于有些行业涉及多项知识产权，单个知识产权行业数量的和超过了知识产权密集型产业的总和。

本节比较了拉美五国知识产权局的商标、发明专利和外观设计专利申请量的一些有趣的特点。更多的细节详见5份报告。

知识产权申请量和经济指标所用的参考期是：阿根廷、乌拉圭和智利为2014—2019年；秘鲁为2015—2018年；墨西哥的知识产权申请量的参考期为2010—2019年，但经济指标仅为2019年。

拉美五国每年的申请量各有不同，人口数和经济规模也不同。表3显示了每百万居民年均商标、发明专利和外观设计专利的申请量。

表3 每百万居民知识产权申请量

每百万居民申请量（件）	墨西哥	阿根廷	秘鲁	智利	乌拉圭
商标	683	2048	520	1948	2182
发明专利	76	93	12	99	163
外观设计专利	21	26	11	29	27

资料来源：5份报告的申请量来自IP Key（2021年）；人口数来自世界银行。

在研究报告所考虑的不同时期，阿根廷、智利和乌拉圭的人均商标、发明专利和外观设计专利的年均申请量最高。按国家对年人均知识产权申请量进行排名与人均GDP的排名一致：乌拉圭、智利、阿根廷、墨西哥和秘鲁，如图4所示。

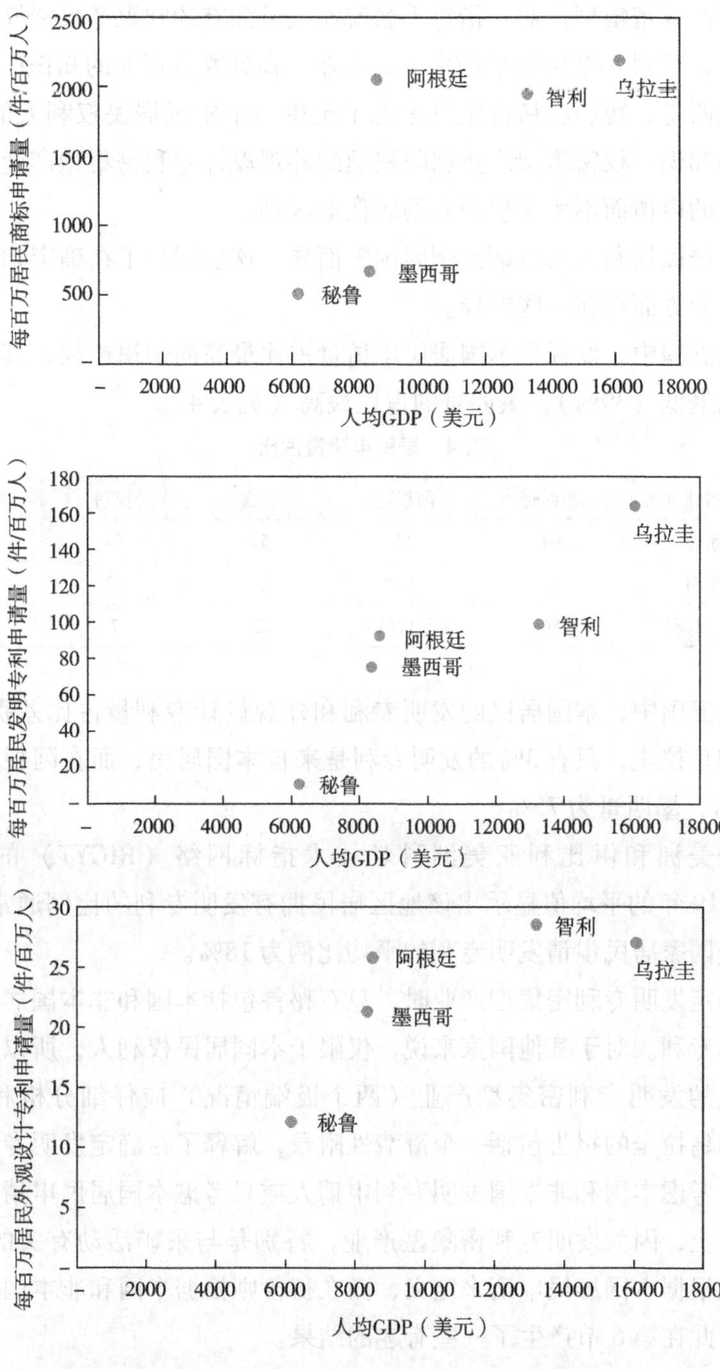

图 4　每百万居民商标、发明专利和外观设计专利申请量与人均 GDP 比较

资料来源：5 份报告的申请量来自 IP Key（2021 年）；人口数和国内生产总值来自世界银行。

拉美五国中，申请量最多的是商标。秘鲁的发明专利和外观设计专利申请量最少，与其他拉美四国差距明显，而乌拉圭的发明专利申请量则明显的较高。

知识产权密集型产业是指每千名就业人员拥有的知识产权授权量（相对密集度）超过每个国家平均水平的行业。在计算各行业的知识产权密集度时，墨西哥、智利和乌拉圭只考虑了至少一个本国居民权利人的申请。但秘鲁的知识产权密集型产业和阿根廷的外观设计专利密集型产业，则涵盖了所有的申请而不考虑权利人的居住地区别。

来自居民权利人的申请比例因国家而异，这也解释了在确定知识产权密集型产业方面存在一些差异。

拉美五国中，商标是本国居民申请量占比最高的知识产权，其中乌拉圭的占比最低（39%），墨西哥的占比最高（见表4）。

表4　居民申请量占比

居民申请量占比（%）	墨西哥	阿根廷	秘鲁	智利	乌拉圭
商标	94	77	51	64	39
发明专利	75	12	3	12	3
外观设计专利	86	无（NA）	23	7	10

拉美五国中，本国居民的发明专利和外观设计专利量占比差别很大。在秘鲁和乌拉圭，只有3%的发明专利是来自本国居民，而在阿根廷和智利为12%，墨西哥为75%。

根据美洲和伊比利亚美洲科学技术指标网络（RICYT）的数据，2014—2019年的平均值显示出该地区居民拥有发明专利的比例通常较低，所有拉美国家居民申请发明专利的平均比例为18%。

在确定发明专利密集型产业时，只有秘鲁包括本国和非本国居民权利人的发明专利。对于其他国家来说，仅限于本国居民权利人，所以对秘鲁和乌拉圭的发明专利密集型产业（两个极端情况）应仔细分析和比较。阿根廷和乌拉圭的报告包括一个澄清性附录，解释了在确定发明专利密集型产业时考虑本国和非本国发明专利申请人或只考虑本国居民申请人的结果。事实上，因为发明专利密集型产业，特别是与采矿活动有关的行业，在智利仅根据本国居民申请来定义，而在秘鲁则根据本国和非本国申请来定义，因此在第6节产生了一些有趣的结果。

在智利和乌拉圭，至少一名申请人为本国居民的外观设计专利占比很小（分别为7%和12%），因此被选为外观设计专利密集型产业的行业非常少。

3 知识产权密集型产业

商标密集型产业、发明专利密集型产业和外观设计专利密集型产业是根据每个行业每千名就业人员平均知识产权数量来确定的，因此每个国家知识产权密集型产业的行业数量取决于行业间相对密集度的分布，也取决于所使用的不同分类。

对于版权密集型产业，密集型产业的确定是相同的（基于 WIPO），但行业数量取决于数据的分类和详细程度。

由于有些行业涉及多项知识产权，在本节的所有表格中，单个知识产权行业数量的和超过了知识产权密集型产业的总和。

在秘鲁的 101 个行业中，有 74 个被确定为知识产权密集型产业，其中 68 个是商标密集型产业（见表 5），对就业和 GDP 的贡献最大。秘鲁被确定为商标密集型产业的数量较多，原因是与其他知识产权密集型产业相比，商标密集型产业的分布更加对称❶。

表 5 知识产权密集型产业行业数

行业数量	墨西哥	阿根廷	秘鲁	智利	乌拉圭	欧盟
商标密集型产业	389	123	68	203	124	280
发明专利密集型产业	176	84	33	57	33	148
外观设计专利密集型产业	167	80	32	16	6	161
版权密集型产业		43		61	58	79
知识产权密集型产业	445	180	74	237	173	353
所有行业	822	291	101	408	411	615
知识产权密集型产业占比	54%	62%	73%	58%	42%	57%

另外，乌拉圭只有 42% 的行业的知识产权申请量超过平均水平。至少有一名居民权利人申请发明专利或外观设计专利的行业数量非常少。对

❶ 当少数行业注册了许多知识产权时，分布更加不对称，正向或右偏，导致平均数（或平均值）高于中位数（在对称分布中，平均值 = 中位数）。因此，在非对称分布中，知识产权密集型产业的门槛（基于均值）会更高，选择的数量也会更多。

于商标密集型产业来说，相对密集度较高的前20位行业包括金融服务业的一些行业，以及除版权外的知识产权租赁等其他服务业和控股企业活动。由于数据有限，无法查明总部企业的主要活动，这也解释了这些行业知识产权数量较多的原因。

在墨西哥，有经济数据的行业中有54%被确定为知识产权密集型产业；智利有58%的行业被确定为知识产权密集型产业；而阿根廷有62%。这3个拉美国家更接近欧盟，欧盟有57%的行业被确定为知识产权密集型产业。

总的来说，商标密集型产业在服务业和制造业之间是平衡的，阿根廷服务业占主导地位，乌拉圭制造业占主导地位。墨西哥、阿根廷、秘鲁和智利的发明专利和外观设计专利密集型产业主要为制造业。但乌拉圭的发明专利密集型产业以服务和商业活动为主，其中也包括两项农业活动❶。

知识产权密集型产业重复行业是指涉及多项知识产权的行业，不同国家的知识密集型产业存在显著差异。在秘鲁（对知识产权密集型产业的确定是基于所有申请人，而不仅仅是本国居民），2/3的密集型产业涉及多项知识产权（与欧盟的比例相同）。阿根廷位居第二，有57%的行业涉及多项知识产权。墨西哥有44%的行业涉及多项知识产权，而智利和乌拉圭，涉及多项知识产权的行业分别为37%和31%。

地理标志（包括墨西哥、阿根廷、秘鲁、乌拉圭）和实用新型（仅包括秘鲁）这两项知识产权的所有密集型产业也集中于商标、外观设计专利和/或发明专利。因此，它们的加入并没有增加知识产权密集型产业的经济贡献。植物新品种权（PVR）密集型产业（包括阿根廷、秘鲁和乌拉圭）通常也是其他知识产权密集型产业，最多只有2个行业（在乌拉圭）是植物新品种权密集型产业。因此，与所有知识产权密集型产业相比，将它们加入知识产权密集型产业后，其所产生的经济贡献可以忽略不计。

❶ 这些活动与葡萄栽培和芳香、药物和制药作物的种植有关。

4 知识产权密集型产业对经济的贡献

应谨慎分析知识产权密集型产业对就业的贡献（见表6），因为数据的局限性影响到结果的可比性，附录中对此作了解释。由于一些数据问题，各国的总就业人员数没有可比性，只评论了总就业人员数的占比。

表6　知识产权密集型产业对就业的贡献

就业人员数占比（%）	墨西哥	阿根廷*	秘鲁	智利*	乌拉圭*	欧盟**
商标密集型产业	16.7	25.3	30.8	31.0	27.4	21.7
发明专利密集型产业	7.1	14.6	6.9	7.3	11.8	11.3
外观设计专利密集型产业	7.5	16.7	5.5	2.5	0.8	14.8
版权密集型产业		18.4		5.3	6.7	5.5
知识产权密集型产业	20.5	45.2	33.2	33.7	35.9	29.4

* 附录中解释了使用阿根廷、智利和乌拉圭的就业占比的一些注意事项。

** 欧盟27国：根据《欧盟知识产权密集型产业与经济贡献》报告第三版中的详细国家数据自行计算，EUIPO/EPO（2019）。

墨西哥的就业占比较低是因为非知识产权密集型产业的就业占比较高，如农业（12%）、建筑业（8%）以及社会和个人服务业（20%）[1]，这些行业提供的就业岗位是知识产权密集型产业的两倍以上。

报告将阿根廷知识产权密集型产业的就业情况与私营、正规经济就业人员（不包括公共、非正规经济和自营职业）进行了比较。因此，表中所列占比不具有可比性。当根据阿根廷总就业人员数重新计算占比时，知识产权密集型产业占该国总就业人员数的24.5%，这一数字与拉美地区其他国家对GDP的贡献更为一致。

同样，乌拉圭也缺少一些公共就业人员的数据，智利不包括非正规经济就业，因此，在乌拉圭和智利，国家统计局（Instituto Nacional de Estadística）估计知识产权密集型产业对总就业的贡献分别为23.5%和27.5%。

表7显示了调整后的就业人员数占比，以便更好地进行比较。关于这

[1] 数据来自INEGI（Instituto Nacional de Estadística y Geografía）。

些调整后就业人员数占比的更多细节见附录。

表 7　知识产权密集型产业对就业的贡献（调整后）

就业人员数占比（%）	墨西哥	阿根廷	秘鲁	智利	乌拉圭	欧盟*
商标密集型产业	16.7	13.7	30.8	25.3	17.9	21.7
发明专利密集型产业	7.1	7.9	6.9	5.9	7.8	11.3
外观设计专利密集型产业	7.5	9.1	5.5	2.0	0.5	14.8
版权密集型产业		10.0		4.3	4.4	5.5
知识产权密集型产业	20.5	24.5	33.2	27.5	23.5	29.4

*欧盟 27 国：根据第三版《欧盟知识产权密集型产业与经济贡献》报告，EUIPO/EPO（2019）中的详细国家数据自行计算。

总的来看，知识产权密集型产业对就业贡献最大的两个国家是秘鲁和智利，如下文所述，这两个国家也是知识产权密集型产业对 GDP 贡献最大的两个国家。

GDP 的统计是按照国民账户体系（SNA）计算的，因此，尽管官方统计数据的质量和规则的适用性存在差异，但仍具有相当的可比性。

表 8 列出了拉美五国知识产权密集型产业对 GDP 的贡献，以及拉美五国加权总计的总额和欧盟平均水平，并对确定各国知识产权密集型产业的差异和各国经济指标的可能差异作了所有说明。

表 8　知识产权密集型产业对 GDP 的贡献

GDP 占比（%）	墨西哥	阿根廷	秘鲁	智利	乌拉圭	总计	欧盟*
商标密集型产业	44.7	26.8	46.0	45.4	43.3	41.4	37.4
发明专利密集型产业	23.0	13.5	23.0	8.4	22.8	19.3	17.0
外观设计专利密集型产业	19.2	15.1	10.0	2.9	0.6	14.8	16.9
版权密集型产业		15.3		6.3	4.3	3.9	6.6
知识产权密集型产业	47.8	41.9	55.0	49.9	48.9	47.7	45.3

*欧盟 27 国：根据第三版《欧盟知识产权密集型产业与经济贡献》报告，EUIPO/EPO（2019）中的详细国家数据自行计算。

知识产权密集型产业对 GDP 的贡献从阿根廷的 42% 到秘鲁的 55% 不等。阿根廷知识产权密集型产业对 GDP 的贡献最低，这是由于阿根廷商标密集型产业对 GDP 的贡献较低。尽管版权没有包括在秘鲁的报告中，但秘鲁的知识产权密集型产业对 GDP 的贡献最高，尤其是商标和发明专利密集型产业对 GDP 的贡献最高。

当考虑单个知识产权密集型产业时，除了阿根廷（27%），商标密集型产业始终是拉美五国中贡献最大的知识产权密集型产业，乌拉圭为43%，秘鲁为46%。贡献第二高的是发明专利密集型产业，但阿根廷贡献第二大的是版权密集型产业，这一数字比其他拉美三国平均水平高出3倍多，比欧盟平均水平高出1倍多。部分原因是教育服务（见附录），但去掉教育服务后，阿根廷版权密集型产业对GDP的贡献仍为9%，高于其他拉美三国和欧盟平均水平。

知识产权密集型产业对GDP贡献和对就业贡献的比值通常高于1，即对GDP的贡献高于对就业的贡献，因为在知识产权密集型产业中，就业人员人均增加值（VA）最高。唯一的例外是阿根廷（解释见附录），但是，如果比较是基于调整后的就业数据（见表7），则更符合其他研究。

最后，各国知识产权密集型产业对商品出口的贡献更为多样化，对商品出口的贡献从乌拉圭的44%到秘鲁的84%不等。

秘鲁对商品出口的贡献较大，原因是发明专利密集型产业（对GDP的贡献也很大）对商品出口的贡献较大。智利商标密集型产业对出口的贡献超过70%。与其他国家相比，墨西哥外观设计专利密集型产业的贡献也非常高，而版权密集型产业的贡献总是非常小，这是由于仅包括商品出口不包括服务出口的制约，如表9所示。秘鲁、智利和墨西哥知识产权密集型产业对商品出口的贡献较高的原因将在第5节作更详细的解释。

阿根廷为知识产权密集型产业对商品出口和服务出口的贡献，这使得表9所示的占比无法进行比较。

表9　知识产权密集型产业对商品出口的贡献

商品出口占比（%）	墨西哥	阿根廷*	秘鲁	智利	乌拉圭
商标密集型产业	54.6	37.4	49.0	71.3	40.4
发明专利密集型产业	63.8	30.1	75.0	37.8	4.0
外观设计专利密集型产业	56.3	23.9	14.0	2.8	3.8
版权密集型产业		1.0		1.5	0.3
知识产权密集型产业	74.7	56.4	84.0	73.3	44.0

* 对商品出口和服务出口的贡献。

5 拉美五国知识产权密集型产业特点

5.1 墨西哥：外观设计专利密集型产业对 GDP 和商品出口贡献最高

墨西哥知识产权密集型产业对就业的贡献较低，但其对 GDP 的贡献非常接近拉美五国的平均水平。由于缺乏某些行业的数据（如附录所述），墨西哥报告中使用的经济统计数据有一些注意事项，但对就业的贡献是根据总就业人员数计算的，可以与其他研究进行比较。

发明专利和外观设计专利密集型产业对 GDP 的贡献是拉美五国中最高的，外观设计专利密集型产业对 GDP 的贡献相当于秘鲁发明专利密集型产业对 GDP 的贡献。外观设计专利密集型产业对墨西哥商品出口的贡献最高，是排名第二的阿根廷的两倍多，而发明专利密集型产业对商品出口的贡献仅次于秘鲁。

图 5 反映了墨西哥的一些经济指标与其他拉美四国总和的比较。为了便于比较，其他拉美四国的条形图始终是 100，墨西哥的条形图则可调整。例如，其他拉美四国的 GDP 标准化为 100，对应于墨西哥的 GDP 标准化为 120，表明这个国家的 GDP 比本文所包括的其他拉美四国的总和高 20%。墨西哥的商品出口总额比其他拉美四国商品出口总额高 2.6 倍。如果只比较知识产权密集型产业的商品出口时，墨西哥的出口额是其他拉美四国的 4.6 倍，如果以外观设计专利密集型产业的商品出口为基础进行比较，墨西哥的出口额比其他拉美四国总和高出近 10 倍。

2010—2019 年，墨西哥居民的外观设计专利申请分布在注册了至少一项外观设计专利的 349 个行业中，其中有 167 个行业为外观设计专利密集型产业。在外观设计专利密集型产业中，仅有 25 个行业（15%）是外观设计专利密集；89 个行业（一半）同时在外观设计专利、发明专利和商标方面密集；56 个行业在发明专利和外观设计专利方面密集；38 个行业在商标和外观设计专利方面密集，1 个行业在商标、地理标志和外观设计专利方面密集。

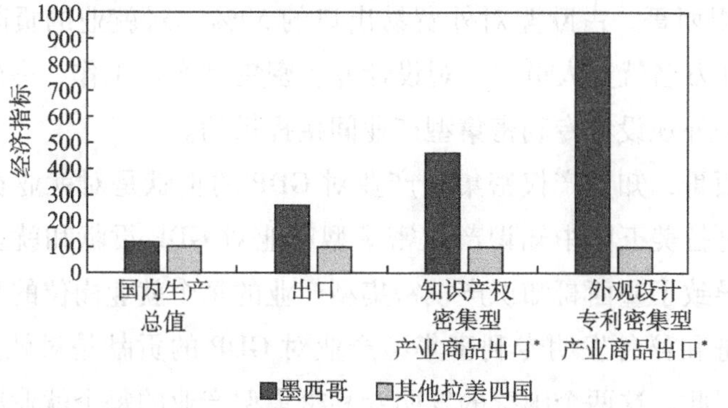

图 5　墨西哥经济指标与其他拉美四国比较

来源：出口数据来自 IP Key（2021 年）；GDP 数据来自世界银行。

* 阿根廷为商品出口和服务出口。

根据外观设计专利的相对密集度排名，制造业占主导地位，20 个外观设计专利密集型产业中有 13 个是制造业。确定外观设计专利密集型产业的密集度门槛是每 1000 名就业人员拥有至少于 1 项外观设计专利，有 3 个行业每 1000 名就业人员注册的外观设计专利超过 100 项："软件""农业和制造机械租赁"和"朗姆酒和其他蒸馏饮料制造"。

墨西哥外观设计专利密集型产业对国内生产总值的贡献为 19%，阿根廷为 15%，秘鲁为 10%，智利和乌拉圭的贡献更低。2014—2016 年，欧盟外观设计专利密集型产业对 GDP 的贡献（16.9%）低于墨西哥，其成员国外观设计专利密集型产业对 GDP 的贡献从捷克 25.5% 到塞浦路斯 6.2% 不等，而对 GDP 有贡献的国家最接近墨西哥的是波兰（19.8%）和斯洛文尼亚（19.5%），以及非欧盟国家瑞士（19.6%）。

出人意料的是，外观设计专利密集型产业的高贡献并不是由行业数量的多少来解释的，在对 GDP 贡献较大的 20 个知识产权密集型产业中，只有 8 个是外观设计专利密集型产业。

外观设计专利密集型产业的另一个显著经济指标是其对商品出口的贡献。在墨西哥，外观设计专利密集型产业占出口额的一半以上，有 640 亿美元的重要贸易顺差，是商标和发明专利密集型产业贸易顺差的两倍，几乎与"汽车制造"这个商标、发明专利和外观设计专利密集型产业的顺差相同。事实上，在贸易顺差较高的知识产权密集型产业中，10 个行业中有 9 个是外观设计专利密集型产业，只有原油开采是个例外。在这 9 个贸易顺差较大的行业中，有 4 个与汽车、零部件和车身制造有关，占知识产权密集型产业商品出口总额的 30% 以上。

2016 年，外观设计专利密集型产业对欧盟商品出口的贡献略高于

2019年的墨西哥，占欧盟对外贸易出口的59%，对就业的贡献较低。然而，近400万名就业人员在外观设计专利密集型产业工作，另外300万个就业岗位是外观设计专利密集型产业间接提供的。

在墨西哥，知识产权密集型产业对GDP的贡献是对就业贡献的两倍以上，它是拉美五国中知识产权密集型产业对GDP贡献和就业贡献比值最高的，导致了墨西哥知识产权密集型产业的每个就业岗位的高增加值。

墨西哥和秘鲁发明专利密集型产业对GDP的贡献是对就业贡献的3倍以上。因此，这两个国家的发明专利密集型产业的每个就业岗位的增加值最高。

就业岗位的增加值较高通常反映在较高的工资上[1]，在除阿根廷以外，墨西哥、秘鲁、智利和乌拉圭的发明专利密集型产业工资是知识产权密集型产业中最高的。然而，工资溢价在各国之间没有可比性，就墨西哥而言，在822个有经济数据的行业和400多个知识产权密集型产业的行业中，有280个行业的数据属于制造业。

5.2 阿根廷：版权密集型产业对GDP和就业贡献最高

阿根廷以外观设计专利密集型产业和版权密集型产业为首的知识产权密集型产业对就业的贡献最高。如附录所述，就业数据存在一些局限性，调整后的知识产权密集型产业对就业的贡献见表7。在阿根廷，知识产权密集型产业就业人员数占总就业人员数的24.5%（拉美五国的贡献中位数），外观设计专利密集型产业和版权密集型产业就业人员数占总就业人员数的9.1%和10.0%，是拉美五国中贡献最高的。

版权密集型产业是仅次于商标密集型产业的第二大知识产权密集型产业，外观设计专利密集型产业紧随其后，位居第三。

另一个数据的局限性是一些行业的经济数据的汇总水平，特别是“教育”没有分类，因此被列为核心版权产业（而不是像欧盟、智利和乌拉圭的版权密集型产业那样是“文化教育”）。

在知识产权密集型产业中，对就业贡献最大的只有版权密集型产业的两个行业：“教育”（近50万就业人员数）和“其他成员组织活动”（20万就业人员数）。“教育”也是知识产权密集型产业中增加值最高的行业，占GDP的6.2%。没有“教育”的版权密集型产业对就业的贡献仍然是

[1] GDP收入法的计算方法是劳动者报酬（工资）、企业利润（营业盈余）和租金收入之和。在知识产权密集型产业中，与高工资不对应的高岗位增加值将意味着与劳动者报酬不同的高利润或高租金。

最高的，占就业人员数的11%（占总就业人员数的6%）和GDP的9%。

作为参考，在阿根廷，就业和GDP占比较高的知识产权密集型产业，有4/5是版权密集型产业❶（按就业占比计算的前20位行业中有9个，按GDP计算的前20位行业中有8个）。然而，在智利，按就业人员数或GDP计算的前20个知识产权密集型产业中，没有一个是版权密集型产业，在乌拉圭，按就业人员数计算的前20位行业中有5个是版权密集型产业，按GDP计算的前20位行业中有2个是版权密集型产业。

正如阿根廷报告所解释的那样，将“教育”列为版权密集型产业的另一个直接后果是，阿根廷版权密集型产业的就业人员平均工资较低，比非知识产权密集型产业低5%。

欧盟版权密集型产业对GDP的贡献小于阿根廷，2014—2016年，这些产业占欧盟GDP的6.9%，马耳他（17.3%）和爱尔兰（13%）的贡献较高，瑞典（9.2%）最接近阿根廷。

在本报告比较的拉美五国中，商标密集型产业对就业贡献最低的是阿根廷，占总就业人员数的13.7%（根据总就业人员数重新计算的比例）和国内生产总值的26.8%。

阿根廷商标密集型产业对商品出口的贡献也最低。一定程度上是因为农产品为阿根廷主要行业，农产品几乎占阿根廷出口额的一半，但这一占比包括商品出口和服务出口，通常知识产权密集型产业对服务进出口的贡献小于商品❷。

值得强调的是，阿根廷每年注册的商标申请量最多，人均商标申请量位列第二，与乌拉圭和智利非常接近。此外，至少有一名权利人为本国居民的商标申请量占比为77%，仅次于墨西哥商标的94%。在匹配工作中，79%的申请已经被确定，不仅包括企业（墨西哥匹配工作的限制），还包括个人，因此可能是因为以拥有最完整数据集的知识产权来确定知识产权密集型产业，在分析的291个行业中，有289个在阿根廷注册了商标，但只有123个（43%）被认为是商标密集型产业（每1000名就业人员中有56个以上的商标申请）。这种高门槛可以解释为商标的不对称分布，其导致商标密集型产业对GDP、就业和贸易的贡献较低。

---

❶ 在阿根廷知识产权密集型产业中，按就业人员数和国内生产总值分列的排前5位的4个版权密集型产业的行业是：“教育”“其他成员组织活动”“其他商业活动”和“电信”。

❷ 参见EUIPO/EPO（2019）。

5.3 秘鲁：发明专利密集型产业对 GDP 和商品出口贡献最高，金属矿开采表现突出

在秘鲁，制药业注册的发明专利和商标最多，但发明专利密集型产业对国内生产总值和出口的贡献很大，主要是金属矿开采带来的。这是由于知识产权密集型产业的筛选是根据全部申请人，包括国内和国外权利人，而且只有3%的发明专利申请人和51%的商标申请人居住在秘鲁。

医药行业注册专利600件，商标8000多件，是两项知识产权相对密集度最高的行业。然而，对秘鲁经济贡献最大的发明专利密集型产业是采矿业：金属矿开采占发明专利密集型产业增加值的1/3。

采矿业不是劳动密集型产业。因此，发明专利密集型产业对就业的贡献要小得多（7%），并主要集中在服务业：科学和专业技术服务（23 万个就业岗位）、电信（13 万个就业岗位）和金属矿开采（11.7 万个就业岗位）。发明专利密集型产业对就业和 GDP 的贡献不均衡，导致在拉美五国中，秘鲁知识产权密集型产业对 GDP 贡献和对就业贡献之间的比值最高，并且每个就业岗位的增加值也很高。这也反映在这些行业较高的工资上，工资几乎达到200%，因此，秘鲁发明专利密集型产业就业人员平均工资是非知识产权密集型产业工资的3倍。在秘鲁，发明专利密集型产业就业人员平均工资是非知识产权密集型产业就业人员平均工资的10倍以上，这些行业包括：“石油炼制和开采”“麦芽和啤酒制造”和“养老金服务”。

发明专利密集型产业为秘鲁的国际贸易做出了贡献，占商品出口总额的75%和商品进口总额的78%，其中最重要的行业是金属矿开采（占发明专利密集型产业出口总额的一半）、贵金属和有色金属（出口总额相当于发明专利密集型产业的1/3）。

在欧盟，发明专利密集型产业对 GDP 的贡献（16.1%）低于秘鲁，对商品出口的贡献略高（76%）。发明专利密集型产业对 GDP 贡献最大的国家是捷克（26%）和挪威（28.4%），与秘鲁最接近的国家是德国（23.6%）。然而，除了保加利亚，采矿业不是对 GDP 贡献最大的行业，NACE 小类行业 0729（其他有色金属矿开采）占发明专利密集型产业 GDP 的11.4%。

秘鲁知识产权密集型产业的另一个有趣的特点是，秘鲁知识产权密集型产业高度重复，只有两个发明专利密集型产业和一个外观设计专利密集型产业为只涉及一项知识产权。

5.4 智利：商标密集型产业对商品出口贡献最高，金属矿开采占5成以上

到目前为止，商标密集型产业对智利商品出口的贡献最大，产生了300亿美元的贸易顺差（总的贸易顺差额为210亿美元）。商品出口最多的行业是采矿、食品制造、饮料和化工。两个最大的商品出口行业是贵金属和有色金属矿的初级产品制造（商标和发明专利密集型）和有色金属矿开采（仅商标密集型），占智利商品出口总额的52%。

在智利，金属矿（铜除外，它被列入一个独立的行业）开采只涉及商标密集型产业，而在秘鲁（选择了包括居民和非居民权利人的知识产权密集型产业），则涉及发明专利密集型产业和商标密集型产业。这就解释了智利商标密集型产业对出口的贡献较高的原因，其贡献几乎是发明专利密集型产业贡献的两倍。

智利只有12%的发明专利权利人为本国居民。按相对密集度计算，排名第一的行业就业人员人均发明专利数量是排名第二的行业的15倍（除版权作品外的知识产权产品租赁），这导致了分布非常不对称，解释了为什么在拉美五国中，智利的发明专利密集型产业对GDP的贡献最低。

然而，发明专利密集度最高的行业（除版权外的知识产权产品租赁）也是商标密集度最高的行业，其相对密集度也仅比排名第二和第三的商标密集型产业高10%，显示出不对称分布程度较低，导致入选的行业超过200个（几乎是发明专利密集型产业数量的4倍），对GDP的贡献高出5倍。

一半的知识产权密集型产业只是商标密集型产业，任何知识产权密集型产业的重复率都很低（如乌拉圭），知识产权密集型产业中只有37%是涉及多项知识产权的知识产权密集型产业。

5.5 乌拉圭：知识产权密集型产业对商品出口贡献较低

乌拉圭是拉美五国中人均商标和发明专利申请量最高的国家。尽管如此，乌拉圭居民注册的商标、发明专利和外观设计专利占比最低，只有39%的商标、10%的外观设计专利和3%的发明专利至少有一个权利人居住在该国。这并不奇怪，因为乌拉圭经济规模小，其GDP仅占拉美五国GDP的3%，占秘鲁GDP的1/4，占墨西哥GDP的5%。乌拉圭只有300万居民，人均GDP最高，人口数仅占五国总人口数的2%。此外，乌拉圭仅占五国商品出口总额的1%。

本国居民在发明专利和外观设计专利申请人中所占比例较低，导致申请这两项知识产权的行业非常少（分别为49个和15个），因此两项知识产权密集型产业也非常少（分别为33个和6个行业）。

另外，在173个知识产权密集型产业中，72个行业仅涉及商标，30个行业仅涉及版权，25个行业同时涉及两项知识产权。在知识产权密集型产业中，只有31%的行业在一项以上的知识产权领域是密集型的，这在拉美五国中是最低的。

在乌拉圭，房地产和建筑业是商标密集型产业和发明专利密集型产业，对GDP的贡献最大（17%）。其他对GDP有贡献的商标密集型产业包括“一般公共管理活动”（不包括在相对密集度排前20位的商标密集型产业）、“烟草制品业”和“电信”。在这些行业中，只有烟草制品业是商品出口行业。

与欧盟知识产权密集型产业相比，公共行政服务是非知识产权密集型产业，建筑业中只有一个NACE行业是商标密集型产业（建筑项目开发）。“自有房产出租和经营”是欧盟唯一一个被确定是知识产权密集型产业的NACE房地产业，包括由业主自住住宅的估算租金产生的增加值。乌拉圭房地产活动（以收费或合同为基础，拥有自有或租赁财产）对知识产权密集型产业增加值的贡献为24.7%，建筑业的贡献为9.8%，公共行政服务的贡献为4.9%，因此，这3个行业占乌拉圭知识产权密集型产业增加值的比重为39.4%。

在商标密集型产业中，制造业占主导地位，而在33个发明专利密集型产业中，商业和服务活动占主导地位。这与知识产权密集型产业通常的行业分布情况相反。

乌拉圭知识产权密集型产业对商品出口的贡献在拉美五国中最低，仅为44%，但对服务出口的贡献为75%。知识产权密集型产业的国际贸易逆差为13亿美元，而乌拉圭经济的贸易逆差总额估计不到10亿美元。然而，相对贸易不平衡最大的是发明专利密集型产业，进口额为12亿美元，出口额为3亿美元。

这个出口导向型国家是牛肉、蔬菜和奶制品的最大出口国之一，这些产品通常不是知识产权密集型产品，共占商品出口总额的近一半。

结　论

关于知识产权密集型产业对拉美五国经济贡献的报告表明，知识产权在该区域的重要性与欧盟和美国以前的研究一致。

拉美五国在经济规模和结构方面差别很大，特定知识产权的贡献尤其显著：墨西哥的外观设计专利密集型产业、阿根廷的版权密集型产业、秘鲁的发明专利密集型产业和智利的商标密集型产业。

一些知识产权密集型产业对商品出口的贡献巨大，其成为墨西哥、秘鲁和智利经济发展的重要推动力。

至少有一个居民权利人的发明专利和外观设计专利申请量占比非常低，这表明有必要在阿根廷、智利、秘鲁和乌拉圭进行进一步分析。

附录1：影响可比性的方面

本附录总结了在分析拉美国家知识产权密集型产业经济贡献时，影响5项研究可比性的方面。有关更多细节，请参见参考文献部分中提到的研究。

5项研究中选择商标、发明专利和外观设计专利申请量以及采用的经济指标的参考期各有不同：

阿根廷、智利和乌拉圭为2014—2019年；

秘鲁为2015—2018年；

墨西哥的经济指标参考期为2019年，不同知识产权申请量参考期为2010—2019年。

由于数据的限制，墨西哥、阿根廷、智利和乌拉圭确定知识产权密集型产业的依据是至少有一个本国居民权利人的申请。但是在秘鲁，无论权利人的居住状况如何，所有申请都被采用。在阿根廷，无法区分外观设计专利申请的居住地，因此外观设计专利密集型产业的确定是根据所有申请（阿根廷居民和非本国居民）进行的，而商标和发明专利密集型产业的确定基于居住地申请。

这些方法具有可比性，但就业统计（统计范围有限的官方统计数据）存在一些数据的局限性，可能会影响可比性。本附录包括一个具体的小节，详细解释了阿根廷就业统计的局限性。

阿根廷的就业人员数占比是根据私人正式就业人员计算的。这一数据的局限性影响了就业人员数占比的可比性，而就业人员数占比是根据官方的总就业人员数重新计算的。

乌拉圭和智利用于计算就业贡献的就业数据仅限于正式就业人员，因此占比较高。

在墨西哥，1084个行业中有262个没有提供经济数据。尽管报告中没有关于这些行业的详细信息，无法评估信息缺失可能带来的偏差，但缺失的行业与其他行业合在一起，影响应该不大。

阿根廷、智利和乌拉圭的国际贸易数据基于联合国的国际贸易统计数据库（COMTRADE）。墨西哥和秘鲁使用国家统计数据。与 COMTRADE 总额相比，墨西哥的出口和进口占比分别为 1% 和 4%，秘鲁的出口和进口占比分别为 0.1% 和 1%。这些占比是可比的，尽管墨西哥的进口细节应该谨慎对待。

只有阿根廷和乌拉圭对国际贸易做出了贡献，包括商品进出口和服务的进出口。为了便于比较，这里包括了乌拉圭的货物贸易流量，但阿根廷报告中没有关于货物进出口的数据，因此应谨慎进行该国贸易的比较。

工资溢价是根据不同的就业定义和有限的数据估算的，这些数据使我们无法在各国之间进行比较。正如不同报告所解释的：墨西哥比较了 285 个制造业的数据（822 个行业中有经济数据）；阿根廷的就业数据非常有限，因此只能进行部分比较，平均工资可能存在偏差；智利和乌拉圭根据总就业而不是从业人员来估算平均工资，因此，按行业划分的自营职业占比不同，将导致工资溢价的估算存在偏差。由于这些限制性，各国之间不进行溢价工资比较，只能考虑同一国家不同知识产权之间的工资比较。

附录2：阿根廷就业数据的局限性

公共服务就业

阿根廷没有公布某些行业的详细就业数据，例如“一般公共服务活动”，该行业在报告期内注册了100多项发明专利和近4000个商标，5%的居民发明专利申请和1%的居民商标申请由国家科学技术研究委员会（CONICET）提交。

然而，根据阿根廷国家统计局（INDEC）的数据，公共服务业的就业人员数约为50万，因此相对密集度将低于发明专利密集型产业和商标密集型产业相对密集度平均水平。

还必须考虑到，在EUIPO/EPO的报告中，在计算知识产权密集型产业的平均水平时，为了避免降低知识产权密集型产业的平均水平，公共行政服务和其他公共服务被忽略。此外，尚不清楚CONICET是否应被归类为公共管理业或与研究与试验发展有关的行业。

其他数据分类限制

《阿根廷就业和经济指标报告》使用了两种经济分类，一些服务业没有详细的就业数据。例如，“教育”没有分类。这意味着所有类别的教育行业都被列为版权密集型产业的核心产业。然后，为了提高版权密集型产业对其他国家（智利和乌拉圭）贡献的可比性，在放弃教育行业的情况下对就业人员数占比进行了调整。

知识产权密集型产业对就业的贡献

阿根廷知识产权密集型产业所提供的就业岗位占比是根据私人和正式就业人员数来估计的［占“城市群”（Urban Conglomerates）总就业人员数的54%，约占全国总就业人员数的40%］。这一就业定义也不包括公共和自营职业。根据阿根廷国家统计局，阿根廷“城市群”的总就业人员数约为1200万，全国为1600万，因此，知识产权密集型产业的贡献被调整为总就业。

如果缺失的就业岗位被分配到知识产权密集型产业，那么调整后的就业贡献将减少。然而，公共服务不是知识产权密集型产业，非正规和自营职业主要分布在一些非知识产权密集型产业，如雇主、个人服务、零售业、住宿、餐饮或建筑等。

根据公布的占比，发明专利、外观设计专利和版权密集型产业对就业的贡献高于其对 GDP 的贡献。这是与直觉相反的，它与所有其他国家的结果不同。然而，当使用调整后的就业人员数占比（基于总就业人员数）时，就业人员数占比均低于 GDP 占比，这意味着知识产权密集型产业的人均增加值要高于其他经济行业。

智利和乌拉圭的知识产权密集型产业的就业人员数占比也是根据正式就业计算的。

参考文献

[1] EUIPO/EPO (2019) IPR – intensive industries and economic performance in the European Union. Industry level analysis report, third edition.

[2] EUIPO/EPO (2016) IPR – intensive industries and economic performance in the European Union. Industry level analysis report, second edition.

[3] OHIM/EPO (2013) IPR – intensive industries: contribution to economic performance and employment in the European Union. Industry level analysis report.

[4] IP Key (2021) The economic contribution of the IPR intensive industries in Argentina.

[5] IP Key and DNPI (2021) The economic contribution of the IPR intensive industries in Uruguay.

[6] IP Key and IMPI (2021) La contribución económica de la propiedad intelectual en México.

[7] IP Key and INAPI (2021) La contribución económica de las industrias intensivas en derechos de propiedad intelectual en Chile.

[8] IP Key and INDECOPI (2021) La contribución económica de la propiedad intelectual en Perú.

[9] USPTO (2016) Intellectual Property and the U. S. economy: 2016 update. Economics and statistics administration and USPTO.

[10] USPTO (2012) Intellectual Property and the U. S. economy: industries in focus. Economics and statistics administration and USPTO.

拉丁美洲国家知识产权密集型产业与经济贡献
国际标准书号